BIDENOMICS
NOS TRÓPICOS

André Roncaglia
Nelson Barbosa
ORGANIZADORES

BIDENOMICS
NOS TRÓPICOS

FGV | EDITORA IBRE

Copyright © 2021 André Roncaglia e Nelson Barbosa

Direitos desta edição reservados à
FGV EDITORA
Rua Jornalista Orlando Dantas, 9
22231-010 | Rio de Janeiro, RJ | Brasil
Tel.: 21-3799-4427
editora@fgv.br | www.editora.fgv.br

Todos os direitos reservados. A reprodução não autorizada desta publicação, no todo ou em parte, constitui violação do copyright (Lei nº 9.610/98).

Os conceitos emitidos neste livro são de inteira responsabilidade dos autores.

1ª edição – 2021

Preparação de originais: Ronald Polito
Revisão: Renata Magdaleno
Diagramação: Abreu's System
Capa: Estúdio 513

Dados Internacionais de Catalogação na Publicação (CIP)
Ficha catalográfica elaborada pela Biblioteca Mario Henrique Simonsen/FGV

Bidenomics nos trópicos / André Roncaglia, Nelson Barbosa (Orgs.). – Rio de Janeiro : FGV Editora, 2021.
328 p. : il.
Inclui bibliografia.
ISBN: 978-65-5652-142-8
1. Política econômica. 2. Política econômica – Brasil. 3. Desenvolvimento econômico – Brasil. I. Carvalho, André Roncaglia de. II. Barbosa, Nelson. III. Fundação Getulio Vargas.
CDD – 330.9

Elaborada por Rafaela Ramos de Moraes – CRB-7/6625

"País de sobremesa. Exportamos bananas, castanhas-do-pará, cacau, café, coco e fumo. País laranja! (...). Os nossos economistas, os nossos políticos, os nossos estadistas deviam refletir sobre este resultado sintético da história pátria. Somos um país de sobremesa. Com açúcar, café e fumo só podemos figurar no fim dos menus imperialistas. Claro que sobremesa nunca foi essencial."
Oswald de Andrade, 1937.

"Quando a capacidade criativa do homem se volta para a descoberta de suas potencialidades, e ele se empenha em enriquecer o universo que o gerou, produz-se o que chamamos de desenvolvimento."
Celso Furtado, O Capitalismo Global, 1998.

Sumário

Introdução 9
    André Roncaglia e Nelson Barbosa

PARTE I

1. O retorno do Estado planejador 19
    André Roncaglia e João Romero

2. O II Plano Nacional de Desenvolvimento:
uma interpretação schumpeteriana 33
    Luis Felipe Giesteira

3. A doença industrial brasileira 51
    André Roncaglia

4. Complexidade e mudança estrutural 63
    Felipe Augusto Machado e Paulo Gala

5. Redistribuição como racionalidade social e econômica 81
    Débora Freire Cardoso

PARTE II

6. O Complexo Econômico-Industrial da Saúde (Ceis):
uma nova abordagem da política de desenvolvimento para o Brasil 99
    Carlos A. Grabois Gadelha

7. American Families Plan e investimento em educação:
lições para o caso brasileiro 115
    Gustavo Pereira Serra

8. Investimentos em infraestrutura de cuidado: considerações para um projeto de desenvolvimento igualitário para o Brasil 131
    Luiza Nassif-Pires

9. Bidenomics e o gargalo da infraestrutura no Brasil 149
    Gabriel Muricca Galípolo

10. A revolução das cidades 163
    Roberto Andrés

11. O verde nas medidas para recuperação da economia nos EUA
    e reflexões para o Brasil 175
    Camila Gramkow e Guilherme Magacho

12. Emprego e a transição verde 195
    Julia Braga

13. Ciência, tecnologia e inovação como alavancas para o desenvolvimento 209
    Tulio Chiarini

14. Semicondutores, informação e automação 223
    Uallace Moreira

PARTE III

15. Resgate da progressividade tributária no Plano Biden e alternativas
    para o Brasil 245
    Rodrigo Octávio Orair

16. A reforma tributária de Biden e o Brasil 259
    Nelson Barbosa

17. Aplicação do novo consenso fiscal para o Brasil 273
    Manoel Pires

18. Bidenomics na era pós-Covid: o papel da política monetária
    no mundo e no Brasil 289
    Bráulio Borges

19. Como financiar o investimento público? 305
    Luiz Carlos Bresser-Pereira e Nelson Marconi

Epílogo 315
    André Roncaglia e Nelson Barbosa

Sobre os organizadores 319

Sobre os autores 321

Introdução

André Roncaglia
Nelson Barbosa

O governo Biden lançou um plano ambicioso de política econômica nos EUA, centrado em três planos objetivos de política fiscal e medidas complementares de apoio aos trabalhadores e combate à desigualdade.

Do lado fiscal, a primeira medida foi um "Plano de Resgate", de US$ 1,9 trilhão, focado em transferências de renda às famílias mais pobres e com o impacto concentrado em 2021-22, para tirar a economia norte-americana mais rápido da recessão da Covid. A iniciativa já foi aprovada pelo Congresso e tem dado resultado, com rápido crescimento do PIB, ainda que com aceleração de preços.

Alguns meses após o "Plano de Resgate", Biden anunciou um "Plano de Empregos" (American Jobs Plan), de US$ 2,3 trilhões, focado em investimentos em infraestrutura e inovação, incluindo mais gasto público na "economia dos cuidados" (*care economy*) e na transição para fontes sustentáveis de energia (*green economy*). O gasto do plano de empregos se distribuirá ao longo oito anos e, segundo a proposta de Biden, será parcialmente financiado por um aumento progressivo de tributação sobre grandes corporações, com aumento do combate à evasão tributária via paraísos fiscais.

A terceira iniciativa fiscal veio em abril, em um Plano de Auxílio às Famílias Americanas (American Families Plan), no valor de US$ 1,8 trilhão, distribuído em 10 anos, e focado no gasto social com educação e saúde, além de desoneração tributária para famílias de baixa renda. Segundo a proposta de Biden, este terceiro plano será parcialmente pago pelo aumento de imposto de renda sobre as famílias mais ricas.

Os planos de Biden para emprego e auxílio às famílias ainda estão em discussão pelo Congresso americano. Tudo indica que, como é praxe em democracias, haverá modificações legislativas em várias medidas, mas sem comprometer o objetivo geral na política econômica de Biden, qual seja: fazer a econômica crescer de "baixo para cima" e "do meio para fora", gerando mais empregos e inovação tecnológica nos EUA.

Independentemente do grau de sucesso legislativo de Biden, suas propostas representam uma ruptura com a lógica de política econômica adotada nos EUA desde os anos 1980, que apostou em desoneração da renda do capital e incentivos para os mais ricos, na expectativa de que isso iria geraria aumento substancial de investimento e emprego e, desta forma, benefícios para o topo da distribuição de renda eventualmente vazariam para baixo (*trickle down*), beneficiando a classe média e os mais pobres.

O resultado foi o oposto do pretendido. Houve crescimento e redução da taxa de desemprego em relação ao final dos anos 1970, mas a maior parte do ganho de renda desde então foi apropriada pelos 1% mais ricos nos EUA (Piketty, 2017; Giridharadas, 2018; Reich, 2020). Houve, também, aumento da volatilidade financeira e uma crise financeira gigante em 2008 (Sorkin, 2010; McLean e Nocera, 2011), o que acabou esgotando a paciência dos eleitores norte-americanos com propostas de desenvolvimento para poucos.

A eleição de Trump já tinha sido um sinal de mudança nos EUA, ainda que na direção de um populismo identitário de extrema direita que acentua desigualdades econômicas e reduz o papel do Estado na economia. Com Biden o eixo da discussão parece ter mudado, ainda que temporariamente, para um papel mais ativo do governo na economia, via políticas públicas de investimento, tecnologia e redução de desigualdades sociais.

Do ponto de vista econômico, a agenda proposta de Biden recuperou quatro princípios de política econômica que haviam sido esquecidos ou menosprezados durante o predomínio neoliberal dos últimos 40 anos, quais sejam:

1. Ressureição keynesiana: na saída de uma grande recessão, vale a pena gastar hoje e tributar depois (*tax and spend*), pois os juros reais são baixos e o próprio crescimento da economia paga parte da emissão de dívida, haja vista que o produto potencial se adequa à demanda efetiva no longo prazo.
2. Retorno da política industrial: há complementaridade entre Estado e Mercado na geração de inovações e aumento de produtividade, uma vez que o apoio público a pesquisa básica está na base de várias "inovações privadas", como demonstrou o rápido desenvolvimento de vacinas contra a Covid.

3. Estado do bem-estar social verde: o aquecimento global, a mudança demográfica e o aumento da desigualdade de renda e riqueza requerem uma atualização do papel do Estado na economia, com mais peso para investimentos e regulação pró-sustentabilidade ambiental, e inclusão de serviços públicos universais de apoio às famílias no conceito de infraestrutura econômica.
4. Desigualdade excessiva é um risco: a desoneração da renda de capital e liberalização de mercados concentram os ganhos do crescimento no topo da distribuição de renda, o que compromete a sustentabilidade do crescimento devido ao aumento de desigualdade de oportunidades e acirramento de conflitos políticos, incluindo risco para manutenção da democracia. Cabe ao Estado corrigir os excessos do mercado, colocando um piso para a pobreza, mas também um teto à concentração de renda e riqueza.

Além dos aspectos políticos e sociais, as iniciativas de Biden também fazem parte de uma resposta norte-americana ao avanço econômico e tecnológico da China. De um lado, há uma corrida mundial por inovação em novas fontes de energia e aplicações de tecnologia de informação em um mundo cada vez mais digital, áreas onde a supremacia dos EUA enfrenta competição crescente da China. Do outro lado, o sonho americano de que todos podem ter uma vida segura de classe média se tornou cada vez mais irreal nos últimos 40 anos, com aumento de insegurança de renda e redução de expectativa de vida, o que por sua vez mina a atratividade e viabilidade do modelo ocidental de democracia.

Ainda é obviamente muito cedo para saber se as propostas de Biden darão certo, mas podemos dizer que o eixo de discussão política e econômica mudou rapidamente em 2021. As recentes iniciativas dos EUA levam a uma pergunta comum em vários países: seria possível fazer a mesma coisa aqui? A questão não é simples e o objetivo deste livro é oferecer algumas respostas para o caso do Brasil.

Proposta do livro

Motivado pela mudança na direção das políticas econômicas nos EUA, este livro reúne contribuições de diversos especialistas em áreas centrais do Plano Biden.

A organização se dividiu em três partes, a saber: (1) reflexões teóricas e históricas sobre desenvolvimento econômico; (2) análises setoriais; (3) políticas econômicas e de financiamento. A sequência busca oferecer uma visão de conjunto sobre o problema do desenvolvimento econômico brasileiro à luz da iniciativa de Joe Biden. Todavia, os capítulos podem ser lidos de forma independente, de acordo com o gosto e com a prioridade da leitora.

A primeira parte levanta questões mais amplas relacionadas com o problema do desenvolvimento econômico de longo prazo. João Romero e André Roncaglia abrem a reflexão, mostrando a recente mudança tectônica na legitimidade do Estado como planejador da atividade econômica, depois de 40 anos de domínio do receituário neoliberal, tendo a pandemia como um importante catalisador deste processo.

Na sequência, Luis Felipe Giesteira rebate a alegação de que o Plano Biden seria uma proposta inadequada ao Brasil, em face do histórico malfadado do II PND. Giesteira mostra, no capítulo 2, que o desempenho econômico do Brasil quando o Estado direcionava e estimulava os investimentos, foi muito superior ao do período regido pela ortodoxia econômica pós-1980, sob o domínio da agenda do Consenso de Washington.

O capítulo 3 aborda a hipótese da "doença industrial brasileira", de autoria do saudoso professor David Kupfer. André Roncaglia discorre sobre as causas da tendência à minimização dos investimentos que caracteriza o comportamento empresarial brasileiro e que constituiu uma das engrenagens do acelerado processo de desindustrialização brasileira. Ainda na primeira parte do livro, Felipe Augusto Machado e Paulo Gala analisam, no capítulo 4, a relação entre o histórico de políticas industriais brasileiras e a necessidade de subirmos a escada tecnológica da economia mundial. Na raiz do desafio encontra-se a necessidade de construir complexidade produtiva para o melhor aproveitamento dos recursos naturais e humanos do país, sempre com vistas a uma inserção internacional mais protagonista, em vez de subordinada.

Débora Freire completa a primeira parte do livro, analisando a relação entre desigualdade de renda e crescimento de longo prazo (capítulo 5). Evidenciam-se os efeitos de políticas redistributivas sobre a composição setorial da demanda e, por conseguinte, da oferta agregadas. Com efeito, ganha-se novo entendimento sobre como a redistribuição pode auxiliar um projeto de reindustrialização do país, pautando-se pelo que há de mais atual nos estudos da área.

INTRODUÇÃO

A segunda parte se destina às políticas setoriais. Motivados pelo Plano Biden, cada capítulo joga um olhar sobre os desafios brasileiros. Carlos Gadelha inicia com sua robusta abordagem sistêmica do sistema de saúde, setor dinâmico do desenvolvimento tecnológico, com amplos e profundos efeitos do ponto de vista do bem-estar social, por meio da oferta de serviços de saúde. Um *complexo econômico-industrial da saúde* é peça-chave de uma estratégia de saúde pública que possa proteger a sociedade contra futuras pandemias, enquanto coloca o país no topo da escada tecnológica das ciências da vida (capítulo 6).

Além do setor de saúde, a pandemia revelou imensos déficits na educação e na infraestrutura de cuidados. Gustavo Serra analisa, no capítulo 7, os desafios da educação brasileira em face das desigualdades internas e das demandas da economia do conhecimento. O autor evidencia que os avanços no acesso ao ensino superior no Brasil nas últimas décadas não eliminaram a necessidade significativa de sua expansão. Com efeito, apresentar níveis de ensino com qualidade compatíveis com demais países de renda similar ou superior requer a elevação do investimento em educação.

Luiza Nassif-Pires mostra como a desconsideração do trabalho doméstico revela desigualdades abissais no mercado de trabalho, em particular nas condições de trabalho das mulheres. O capítulo 8 salienta que investir nos cuidados não é um ato de caridade, mas um imperativo de uma sociedade que aspira ao desenvolvimento socioeconômico efetivo.

Na sequência, o livro mergulha nas infraestruturas físicas do país. Gabriel Galípolo destrincha, no capítulo 9, os obstáculos ao financiamento da infraestrutura doméstica, apontando modelos alternativos de coordenação de iniciativas públicas e privadas.

Roberto Andrés salienta, no capítulo 10, como o Plano Biden promove um redirecionamento da organização das cidades, oferecendo uma oportunidade rica para problematizar os desafios do desenvolvimento urbano no Brasil nas próximas décadas.

O capítulo 11 amplia o escopo da análise para a transição verde. Camila Gramkow e Guilherme Magacho analisam as possibilidades de "esverdenamento" da matriz produtiva brasileira e indicam alguns caminhos para o financiamento. O papel do BNDES é, neste sentido, fundamental, dada a competência técnica do banco estatal na formulação e desenvolvimento de projetos em áreas inovadoras.

Julia Braga apresenta, no capítulo 12, o desafio de adaptar o mercado de trabalho brasileiro à transição verde. Diferentemente da economia dos EUA, o Brasil convive há décadas com um vasto setor informal, com serviços de baixa qualificação, enquanto a desindustrialização, motivada por um modelo econômico intensivo em recursos naturais, engole empregos de qualidade em diversos setores e nos distancia das exigências ambientais dos novos tempos. A autora pontua que a transição brasileira exige um esforço coordenado de investimentos maciços em infraestrutura, saúde e educação, bem como a priorização de gastos sociais e ambientais, e o incentivo ao investimento privado em setores verdes. Em uma palavra: *Green up or perish*!

Os capítulos 13 e 14 lançam o olhar sobre as capacitações tecnológicas do Brasil. Túlio Chiarini ilustra com detalhes como o nosso sistema de inovações depende do protagonismo estatal, mostrando ser ilusória a expectativa de uma liderança única do setor privado nesta área. Novamente, a coordenação de esforços privados e públicos é o caminho incontornável caso se queria construiu um sistema nacional de inovação digno do nome.

Na sequência, Uallace Moreira mergulha no setor de semicondutores e economia da informação, um foco explícito do governo Biden, dados os recortes geopolíticos do setor. O autor detalha os segmentos produtivos, a importância do apoio estatal na inovação, bem como a intensa disputa internacional pela dianteira nesta fronteira tecnológica. Por fim, analisa os esforços brasileiros neste setor e como é urgente uma revisão da atual opção, sem qualquer fundamento razoável, do governo brasileiro de liquidar a estatal Ceitec, produtora brasileira de microchips.

A terceira parte do livro discute os desafios da política econômica à luz das propostas do Plano Biden. Rodrigo Orair avalia, no capítulo 15, alternativas para elevar a progressividade da estrutura tributária brasileira por meio da tributação de lucros e dividendos e dos rendimentos do patrimônio acumulado.

Nelson Barbosa amplia o escopo da análise, no capítulo 16, para propor um desenho de reforma centrada na redução da ineficiência tributária, a qual inibe o dinamismo empresarial, estreita a capacidade de arrecadação do Estado e reforça desigualdades socioeconômicas. O autor oferece um diagnóstico detalhado dos desafios à racionalização dos impostos indiretos, à progressividade dos impostos diretos sem estimular a *pejotização* da economia e, finalmente, expõe alguns obstáculos ao avanço na tributação de heranças no Brasil.

INTRODUÇÃO

No capítulo 17, Manoel Pires incorpora às análises anteriores o lado do gasto público e avalia o novo consenso da política fiscal. Catalisada pela crise pandêmica, a forte expansão fiscal, intensiva em investimento público, levantou a necessidade de se ampliar a arrecadação governamental para compatibilizar o esforço de proteção social a uma trajetória de estabilização da dívida pública. No caso brasileiro, o autor propõe uma retomada da economia condicionada pela redução das desigualdades socioeconômicas, agravadas pela pandemia. Para tanto, propõe rediscutir o regime fiscal para privilegiar gastos de alto retorno social, abrindo condições para mais investimentos, bem como para uma política anticíclica que possa atenuar a volatilidade criada pela dinâmica das *commodities*.

A estabilidade fiscal tem efeitos sobre a trajetória da política monetária, tema do capítulo 18. Bráulio Borges avalia o novo momento da política monetária mundo afora e conclui, de forma realista, a impermeabilidade do debate brasileiro às novas tendências mundiais. O autor defende haver um espaço muito maior para a acomodação monetária da retomada da economia do que alega o "consenso de mercado". Segundo este, a definição de "estabilização macroeconômica que importa" é a manutenção da inflação (cheia, em vez dos núcleos) na meta no horizonte relevante e o gasto primário total do setor público estável em termos reais. Esta concepção rígida (e míope) da estabilidade macroeconômica ignora indicadores relevantes que sinalizam um espaço maior para a operação da política monetária, tais como o hiato do produto, as medidas de déficit estrutural, bem como a composição das despesas públicas e suas implicações sobre o potencial de crescimento, entre outras. Sem um entendimento mais alinhado à fronteira do conhecimento sobre questões de política monetária, esta última inibirá e, eventualmente frustrará os esforços de retomada da economia brasileira em bases robustas e produtivamente inclusivas.

O capítulo 19 traz a contribuição de Luiz Carlos Bresser-Pereira e Nelson Marconi, com sua proposta de financiamento monetário do investimento público, em face da inadiável necessidade da sociedade brasileira de superar sua estagnação econômica. Baseando-se nos novos consensos macroeconômicos nos campos da política monetária e fiscal, os autores sugerem um plano ousado: que o Congresso aprove uma emenda constitucional autorizando o Banco Central a adquirir anualmente até 5% do PIB em títulos públicos, montante este a ser direcionado exclusivamente a gastos em investimentos públicos na infraestrutura. Estes valores deverão estar previstos pelo orçamento da República e seu dispêndio deve ser avaliado em cada reunião trimestral do Conselho Monetário Nacional, de forma a manter o gasto compatível com o controle da inflação.

Dada a complexidade da economia brasileira, o livro não se pretende exaustivo acerca de todas as propostas de desenvolvimento, bem como de suas possíveis implicações. Trata-se apenas de um convite à reflexão fundamentada nos mais recentes avanços do saber econômico. Com ele, desejamos ampliar a inclusão do público não especializado ao debate que informará a formulação de políticas públicas nos próximos anos. Sem a participação do povo no orçamento público e nas prioridades da política econômica, nossa democracia não passará de perigoso passeio "na corda bamba de sombrinha".

Referências

GIRIDHARADAS, A. *Winners take all*: the elite charade of changing the world. Nova York: Vintage, 2018.

MCLEAN, B.; NOCERA, J. *All the devils are here*: the hidden history of the financial crisis. Nova York: Portfolio, 2011.

PIKETTY, T. *Capital in the 21st century*. Cambridge, MA: Belknap Press, 2017.

REICH, R. B. *The system*: who rigged it, how we fix it. Nova York: Vintage, 2020.

SORKIN, A. R. *Too big to fail*: the inside story of how Wall Street and Washington Fought to save the financial system—and themselves. Nova York: Penguin, 2010.

PARTE I

1. O retorno do Estado planejador

André Roncaglia
João Romero

1. Introdução

Planejamento econômico é algo que perpassa inúmeras áreas. O debate mais acalorado a respeito de intervenções do Estado na economia se relaciona a políticas industriais e de inovação. Contudo, é possível enumerar diversas outras áreas nas quais o planejamento estatal ocupa papel central. Alguns outros importantes exemplos são encontrados nas políticas de desenvolvimento regional, no planejamento urbano e de ocupação do solo, e nas estratégias de provisão de serviços públicos de saúde e educação.

O nível de intervenção estatal na atividade econômica varia consideravelmente ao longo do tempo, seja no mundo como um todo ou em cada país separadamente. Políticas públicas voltadas para promover o desenvolvimento socioeconômico em alguma de suas diversas dimensões estão sempre presentes em todos os países, em maior ou menor grau. Porém, em alguns períodos é possível identificar um padrão de intervenções mais frequentes, ainda que com intensidade variada. As décadas que antecederam a Primeira Guerra Mundial, por um lado, foram marcadas por uma forte tendência liberal em âmbito mundial. Já no pós-guerra reinou o intervencionismo keynesiano, que a partir da década de 1980 foi substituído por uma nova onda de liberalismo em nível global.

Conforme ressaltam Bailey e colaboradores (2019), períodos de baixo crescimento ou de crises econômicas são frequentemente seguidos por períodos de maior intervencionismo. Isso ocorreu nos Estados Unidos, no século XVIII, com Alexander Hamilton, na Europa e na Ásia, após a Segunda Guerra Mundial, e também no Brasil, depois do período de liberalização econômica da década de 1990. Recentemente, os amplos e profundos impactos econômicos e sociais da pandemia de Covid-19 inauguraram uma nova fase de atuação mais ativa do Estado. Contudo, enquanto na Europa e nos Estados Unidos ações concretas nesse sentido já estão sendo anunciadas, o Brasil ainda caminha no sentido oposto.

Esse capítulo se propõe a apresentar brevemente alguns dos aspectos da mudança de paradigma atualmente em curso nas economias desenvolvidas, e discutir a possibilidade de retomada do planejamento econômico no Brasil.

2. Mudança de paradigmas

A teoria econômica convencional se notabilizou por criar um ferramental analítico com forte poder de convencimento. Ancorada nos modelos econômicos neoclássicos, até os anos 1960, buscou comprovar a possibilidade lógica de o mercado equilibrar a economia e mantê-la estável num ponto único de equilíbrio ótimo. Conforme crescia a lista de situações nas quais o mercado falhava em gerar o resultado ótimo para a sociedade (externalidades, falhas de coordenação, de informação, e daí por diante), procurava-se uma justificativa para evitar intervenções do Estado na economia. As falhas de governo, alegava-se, poderiam ser ainda piores do que as do mercado.

A vilanização teórica da atuação do Estado se alinhou perfeitamente com a emergente filosofia política no início dos anos 1980. Até então, o grande aparato estatal criado no pós-guerra visava dar suporte às políticas de desenvolvimento econômico e bem-estar social. O choque do petróleo de 1979 se converteu em uma crise econômica mundial. No bojo desta crise, a história ofereceu uma "oportunidade" à ideologia política nutrida desde as reuniões em Mont Pélérin, na década de 1940. Parafraseando Keynes: o neoliberalismo ganhou o Ocidente como a Inquisição ganhou a Santa Sé. As funções do Estado foram gradualmente reduzidas a um papel passivo de suporte ao setor privado, ainda que em diferentes medidas nos diversos países. Desta forma, o mercado tornou-se uma engrenagem tão idealizada que submeteu a sociedade às suas regras mesmo após a era de ouro do capitalismo: as três décadas de reinado keynesiano do pós-guerra, que geraram as maiores taxas de crescimento mundial da história.

Um dos problemas da redução drástica do tamanho do Estado, porém, é que quando se precisa dele, sua capacidade de resposta é limitada. A dificuldade de organizar uma resposta eficiente à epidemia de Covid-19 deixou isso muito claro, despertando renovados questionamentos sobre a forma de atuação do Estado na sociedade.

Como ressaltou Karl Polanyi ([1944] 2000) em seu brilhante livro *A grande transformação*, após cada onda de políticas de liberalização de mercados segue-se uma retomada da atuação reguladora do Estado para proteger a sociedade das pressões e efeitos negativos da ampla subordinação das atividades humanas à lógica estrita de mercado.

Depois da crise financeira de 2008 e da crise europeia de 2010, observou-se um primeiro movimento de retomada do planejamento estatal. Nos Estados Unidos, essa retomada foi mais tímida, marcada sobretudo pela proposta de ampliação da provisão de saúde pública, com o Obamacare. Na Europa, por sua vez, foi adotado em 2011 um programa de especialização produtiva inteligente, voltado para a promoção do desenvolvimento de regiões mais atrasadas de países do bloco, ao mesmo tem que mudanças importantes eram adotadas no padrão de atuação do Banco Central Europeu.

Contudo, foi a epidemia de Covid-19 que colocou em xeque os quase 40 anos de domínio das ideias liberais sobre a organização econômica do Ocidente. Ao colocar a agenda de saúde pública no centro das atenções de todos os países, o vírus deflagrou uma pane no sistema de mercado e nas normas de sociabilidade. Pela primeira vez em décadas, a economia foi forçada a trabalhar para a sociedade.

A restrição de recursos que sempre dotou de força moral o discurso econômico convencional deu lugar a reações inesperadas dos mais celebrados expoentes da economia convencional. Até Kenneth Rogoff (2020), o sacerdote do limite ao endividamento público, em entrevista à PBS, afirmou: "se tivermos inflação, e daí?".

Entrou em cena a economia do *lockdown*, que requer uma paralisia forçada dos setores não essenciais para se evitar o contato entre pessoas. Nessa situação, perde-se parte do motor principal da economia, que é o efeito multiplicador da renda que vem com o fluxo circular do sistema. Afinal, a despesa de um é a renda do outro e, assim, sucessivamente. O sistema produtivo é estressado até o limite para garantir à população o acesso a bens elementares à manutenção das instituições básicas que regulam a sociedade.

A crise sanitária se impõe, portanto, como a mãe das falhas de mercado: uma enorme falha de coordenação que requer um amplo uso do aparato de planejamento estatal, em suas mais diversas dimensões. Para tornar possível o isolamento social, o Estado precisa prover os recursos necessários para que os cidadãos fiquem isolados, exatamente para prevenir a sobrecarga de um setor específico, o de saúde. Em paralelo, torna-se também crucial o apoio financeiro às firmas de setores paralisados, para que elas sobrevivam até o fim da epidemia. A reclusão domiciliar implica a necessidade de uma drástica realocação produtiva rumo ao sistema de saúde, à produção dos bens requeridos para o funcionamento desse sistema e a outros setores essenciais, enquanto inúmeras atividades são interrompidas e/ou afetadas pela queda de demanda por bens e serviços menos essenciais. Como a realocação é temporária, dificilmente os elevados custos desse processo de reconversão produtiva justificam os benefícios financeiros. Ademais, a cobrança de preços elevados nesse momento é moralmente rejeitada, prejudicando o tão aplaudido mecanismo de preços. Recai, portanto, sobre o Estado a necessidade de planejamento e coordenação dos esforços de enfrentamento à epidemia e seus efeitos socioeconômicos.

Tal qual o aparato imunológico do corpo, o Estado precisa estar equipado adequadamente para proteger a sociedade em momentos críticos, como Mariana Mazzucato (2020) salientou com clareza, em texto recente para *The Guardian*.

A crise da Covid-19 trouxe o prenúncio da retomada da capacidade de planejamento por parte do Estado. Esta competência é fundamental não só para orientar o processo de desenvolvimento econômico, mas também para responder aos desafios sistêmicos que se apresentam à sociedade de tempos em tempos. Em particular, a crise ambiental vem reforçando ainda mais a importância de atuação estatal orientada para lidar com o processo de mudança climática.

Nos últimos anos os debates a respeito de políticas de desenvolvimento regional, políticas industriais e de inovação ganharam novo ímpeto (*e.g.*, Bailey at al., 2019; Aiginger e Rodrik, 2020; Chang e Andreoni, 2020). Reconhecendo a importância da mudança estrutural, especialmente rumo a setores de alta tecnologia, para o desenvolvimento econômico (*e.g.*, Furtado, 1964; Kaldor, 1966), com base nas evidências a respeito da importância da complexidade econômica para a aceleração do crescimento (Hausmann et al., 2014), para a redução da desigualdade (Hartmann et al., 2017) e para a mitigação da mudança climática (Romero e Gramkow, 2021), inúmeros trabalhos têm buscado utilizar indicadores de complexidade para a formulação de estratégias de desenvolvimento produtivo (*e.g.*, Hausmann, Santos e Obach, 2017; Balland et al., 2019).

A importância da criação de capacidade estatal para coordenar políticas públicas vem ganhando peso até mesmo na economia convencional. A proposta de Frydman e Phelps (2020) de criação de um "seguro sistêmico" de curto prazo, por exemplo, transcende o gasto governamental na sustentação da despesa agregada e no alívio de condições financeiras das empresas. Trata-se de uma mudança qualitativa que prevê "intervenções em larga escala para direcionar a produção e a distribuição de bens e serviços" no sentido da reconversão industrial prevista no Defense Production Act (DPA) dos EUA.

Para a retomada do crescimento pós-pandemia, Europa e Estados Unidos estão adotando planos extremamente ambiciosos de desenvolvimento econômico ancorados em políticas públicas e planejamento. Nos Estados Unidos, o Plano Biden busca focalizar não só 2 trilhões de dólares em transferências às famílias afetadas (*El País*, 2021), como propõe também um plano de investimentos públicos em infraestrutura, ciência e tecnologia verdes, moradia entre outras áreas (*Valor Econômico*, 2021). De forma semelhante, o Green Deal europeu focalizará 1,8 trilhão de euros para o desenvolvimento de tecnologias verdes e apoio às políticas de desenvolvimento regional e industrial (*Valor Econômico*, 2020).

Na maior parte dos países, porém, o planejamento estatal e as políticas públicas associadas às suas diferentes dimensões têm sido implementados de forma descoordenada. Isso pode ser explicado em parte pelas dificuldades de coordenação das ações do Estado em seus diferentes níveis e dimensões, e em parte pela dificuldade de manter estratégias coesas de atuações em função da necessidade de formação de coalizações políticas nas democracias modernas. Além disso, a alternância de poder dificulta a continuidade de projetos, prejudicando o aprendizado tácito das instituições de planejamento e dificultando aprimoramentos na coordenação.

Nos últimos anos, contudo, tem-se aprofundado o entendimento da necessidade de maior coordenação das diferentes áreas de atuação estatal. Na Europa, em especial, a integração de diferentes políticas (industrial, de inovação, de desenvolvimento regional e social) já vinha sendo pensada a partir do aprimoramento das políticas de especialização inteligente iniciadas em 2011 (Foray et al., 2019).

Para a retomada do crescimento pós-pandemia, a adoção de estratégias de desenvolvimento orientadas por missões provê novo ímpeto para ampliar a integração das diversas formas de planejamento estatal para o desenvolvimento e para a superação do debate a respeito de falhas de mercado e de governo. Mazzucato

(2019) sublinha que a abordagem das falhas de mercado como justificativa para intervenções estatais deve ser abandonada, uma vez que mercados são criados e moldados pela atuação do Estado. Seguindo essa abordagem, o programa Horizon Europe foi desenvolvido em busca de mitigar a mudança climática e ao mesmo tempo colaborar para atingir os Objetivos do Desenvolvimento Sustentável da ONU (Comissão Europeia, 2021). Para atingir esses objetivos, entre 2021 e 2027, prevê-se a destinação de 95,5 bilhões de euros para fomentar cinco missões: (1) adaptação à mudança climática; (2) câncer; (3) limpeza dos oceanos; (4) cidades inteligentes e verdes; (5) qualidade do solo e agricultura.

Nos Estados Unidos o Plano Biden vai em direção semelhante, direcionando 2 trilhões de dólares para investimento em: (i) infraestrutura e veículos elétricos; (ii) ciência, tecnologia e indústria verde; (iii) assistência a idosos e deficientes; (iv) banda larga e capacitação do trabalho (*Valor Econômico*, 2020). Ainda que partindo de uma base completamente diferente de organização dos sistemas de inovação e planejamento, há também um claro aumento da intervenção buscando coordenar esforços em diferentes áreas.

Conforme ressaltado por Mazzucato (2013) e Wade (2014), embora os Estados Unidos tenham uma ampla rede de instituições voltadas para desenvolvimento tecnológico e suporte competitivo da indústria norte-americana, esse aparato permaneceu disfarçado e atuando de forma pouco coordenada durante muito tempo. Se, por um lado, o governo americano adotou um discurso pró-mercado e contra intervenção ao longo das últimas décadas, por outro, vultosos investimentos foram destinados a apoiar instituições como a Nasa, a Defense Advanced Research Projects Agency (Darpa), a Sematech, o National Institute of Health (NIH), a National Nanotehcnology Initiative (NNI), a Small Business Innovation Research (SBIR), entre outros exemplos. A novidade agora é a construção de um programa mais integrado de investimentos voltados ao desenvolvimento produtivo e tecnológico.

3. O Brasil contra a corrente

Com o fim da ditadura militar, em 1985, a Constituição Cidadã de 1988 promoveu melhoras significativas no estado de bem-estar social brasileiro. Entre as conquistas sociais, podemos destacar a criação do Sistema Único de Saúde

(SUS), a garantia constitucional de recursos para saúde e educação, e a criação de um sistema amplo de seguridade social e de aposentadoria.

Paradoxalmente, porém, ao longo de toda a década de 1990, uma ampla agenda de liberalização econômica foi adotada, seguindo os preceitos do malfadado Consenso de Washington (Williamson, 2008). Os resultados pífios das políticas adotadas nesse período quanto ao crescimento da renda acabaram levando a uma mudança nos anos 2000 (Stiglitz, 2008; Ostry et al., 2016).

Nos 10 anos de governo trabalhista (2003-13) que se seguiram às reformas liberalizantes da década de 1990, verificou-se pela primeira vez na nossa história do país a combinação de crescimento da renda *per capita* com redução da desigualdade. Houve expansão considerável do ensino superior, com a implantação de quotas e políticas voltadas à valorização do salário mínimo e à distribuição da renda, em busca de dirimir desigualdades de renda e de oportunidades. Todavia, as diversas iniciativas de política industrial adotadas durante o período não foram capazes de alterar a trajetória de encolhimento da indústria nacional, iniciada com a liberalização da década de 1990.

Em 2013, porém, assistimos à erupção repentina de uma rebelião social motivada pelo encarecimento do transporte público: os famosos "20 centavos". Paradoxalmente, esse evento deflagrou uma crescente rejeição ao sistema político tradicional, culminando em uma onda anti-Estado e antipolítica.

Em 2014, a operação Lava Jato assumiu a narrativa implacável de combate à corrupção e devassou diversas empresas do setor de construção civil e a Petrobras. Apesar da louvável motivação, inúmeros erros e irregularidades na condução da operação provocaram a impactos econômicos consideráveis (Dieese, 2021). Por um lado, o descaso na proteção das atividades das empresas acusadas de envolvimento em esquemas de corrupção acabou gerando um enorme colapso nos setores de construção civil e de petróleo. Por outro lado, a atuação politicamente motivada do então juiz Sérgio Moro na condução da operação, conforme confirmado na decisão do STF por sua suspeição, foi crítica para o *impeachment* controverso da presidenta Dilma Rousseff. Esses fatores, combinados ainda à queda do preço das *commodities* nos mercados internacionais e aos erros de política econômica do governo Dilma, acabaram levando a uma severa crise nos anos 2015-16.

O *impeachment* de Dilma Roussef em agosto de 2016 abriu o caminho para uma agenda de "reformas" com um claro objetivo: reduzir o papel do Estado ao de um auxiliar subalterno do mercado. Esta agenda já era defendida de forma difusa pelos setores mais conservadores da economia e, com Michel Temer, ganhou um governo para chamar de seu e para avançar em sua execução. A principal medida para alcançar esse objetivo, adotada já ao final de 2016, foi a implementação de um "teto de gastos" que, via emenda constitucional, congelou os gastos públicos primários reais por 10 anos e estabeleceu a desvinculação de receitas para a saúde e para a educação, como estabelecia a Constituição Cidadã de 1988, colocando um piso fixo em seu lugar. No ano seguinte, uma drástica reforma trabalhista foi implementada, voltada em especial para a redução de direitos e para a redução do financiamento dos sindicatos. Finalmente, em 2019, foi então implementada a reforma previdenciária.

Nesse contexto, apesar da virada mundial rumo a uma atuação mais ativa e coordenada por parte do Estado para a recuperação econômica pós-pandemia, o Brasil insiste contra o sentido da história. Ao longo dos últimos anos, o Ministério do Planejamento perdeu relevância, até ser extinto no início do governo Bolsonaro. O BNDES, outra importante instituição de planejamento do país, sofreu um abrupto e drástico encolhimento desde o *impeachment* de Dilma Rousseff. Além disso, em setembro de 2019 foi aprovada pelo Congresso Nacional a Lei da Liberdade Econômica. Entre as várias medidas de flexibilização adicional das leis trabalhistas, a lei aprovada embute duas importantes revogações que passaram ao largo das atenções da imprensa. A primeira é a extinção do Fundo Soberano, criado em 2008 para estabilizar as oscilações dos preços das *commodities*. A segunda é a revogação da Lei Delegada 4/62, a versão brasileira da DPA dos EUA.

Sob o viés neoliberal da equipe econômica do governo Bolsonaro, o Estado brasileiro renunciou à prerrogativa de coordenar diretamente os processos econômicos, essenciais em momentos como o atual. Particularmente relevante no contexto da crise sanitária, a Lei Delegada 4/62 atribuiu ao Estado a prerrogativa de garantir "a livre distribuição de mercadorias e serviços essenciais ao consumo e uso do povo", em especial para os casos de crises de abastecimento. A Lei 13.979, de 6 de fevereiro de 2020, que dispõe sobre as medidas para enfrentamento da emergência de saúde pública, por sua vez, não estabeleceu o retorno de tais instrumentos de maior alcance, e ficou limitada aos mecanismos de controle sanitário (isolamento, quarentena, realização compulsória de testes e exames) e administrativos (requisição de bens e serviços e dispensa de licitação). Com efeito, o que vemos no Brasil é a mesma timidez e hesitação que o governo

Trump demonstrou em lançar mão do arsenal do Estado para enfrentar esta emergência humanitária em solo pátrio.

4. Missões em economias subdesenvolvidas

O poder da abordagem do desenvolvimento orientado por missões reside na combinação de escolha popular da missão (direção) com os esforços de desenvolvimento socioeconômico e tecnológico.

Contudo, a adaptação dessa abordagem para países subdesenvolvidos requer alguns ajustes, uma vez que essas economias enfrentam restrições mais severas. Em países subdesenvolvidos há menor capacidade de investir por parte dos empresários, menor escolaridade, menor nível de conhecimento científico, menor capacidade estatal e diversas instituições são pouco desenvolvidas ou simplesmente inexistentes (Hirschman, 1958). Além disso, Hausmann e Rodrik (2003) ressaltam que a inexistência de diversos setores cria incerteza para os empresários sobre as estruturas de custo de cada setor. Isso desincentiva o investimento, uma vez que essa descoberta envolve custos que não são pagos por empresários seguidores.

As restrições enfrentadas por países periféricos implicam também menor disponibilidade de recursos, uma vez que estímulos fiscais se convertem mais rapidamente em pressões inflacionárias. Políticas de estímulo de demanda encontram gargalos da estrutura produtiva subdesenvolvida, o que acaba acionando políticas monetárias restritivas para desaquecer a atividade. Adicionalmente, períodos de rápido crescimento tendem também a criar déficits comerciais. Afinal, a menor capacidade produtiva da economia requer a complementação da oferta doméstica por meio da necessidade de importações. Desequilíbrios persistentes entre exportações e importações podem culminar em crises cambiais e/ou de dívida externa, as quais inibem o crescimento para assim reestabelecer o equilíbrio da conta externa (Thirlwall, 1979).

Consequentemente, em função das características das economias subdesenvolvidas, nesses países, as estratégias de desenvolvimento orientadas por missões devem ser mais focadas e, ao menos inicialmente, menos ambiciosas. Com o passar do tempo, à medida que os objetivos das missões começarem a ser atingidos, capacidades vão sendo construídas, o desenho da estratégia vai sendo reforçado, e com isso torna-se possível expandir e remodelar as missões.

Figura 1
Objetivos do Desenvolvimento Sustentável (ODS) das Nações Unidas

1 ERRADICAÇÃO DA POBREZA	2 FOME ZERO E AGRICULTURA SUSTENTÁVEL	3 SAÚDE E BEM-ESTAR	4 EDUCAÇÃO DE QUALIDADE	5 IGUALDADE DE GÊNERO	6 ÁGUA POTÁVEL E SANEAMENTO
7 ENERGIA LIMPA E ACESSÍVEL	8 TRABALHO DECENTE E CRESCIMENTO ECONÔMICO	9 INDÚSTRIA, INOVAÇÃO E INFRAESTRUTURA	10 REDUÇÃO DAS DESIGUALDADES	11 CIDADES E COMUNIDADES SUSTENTÁVEIS	12 CONSUMO E PRODUÇÃO RESPONSÁVEIS
13 AÇÃO CONTRA A MUDANÇA GLOBAL DO CLIMA	14 VIDA NA ÁGUA	15 VIDA TERRESTRE	16 PAZ, JUSTIÇA E INSTITUIÇÕES EFICAZES	17 PARCERIAS E MEIOS DE IMPLEMENTAÇÃO	

Fonte: Elaboração própria.

Nesse contexto, cabe aos países subdesenvolvidos buscarem escolher uma *missão central* que seja capaz de mobilizar esforços que colaborem para alcançar múltiplos objetivos. As Nações Unidas destacam 17 Objetivos do Desenvolvimento Sustentável (ODS), conforme demonstrado na figura 1. A missão central do projeto de desenvolvimento deve então buscar contemplar o maior número possível de objetivos, estabelecendo uma hierarquia de prioridades que pode ser expandida ou alterada com o passar do tempo.

5. A retomada do planejamento no Brasil

Está em curso, em âmbito global, uma forte tendência de adoção de maior planejamento estatal e maior intervencionismo na economia, como resposta à pandemia de Covid-19 e ao processo de mudança climática. Na Europa, em especial, estratégias de desenvolvimento baseadas em missões já estão sendo implementadas.

No Brasil, porém, desde 2016 o aparato de planejamento tem sido desmontado, ao passo que políticas liberalizantes e de redução do Estado vêm sendo implementadas. Pensando no futuro, buscou-se aqui então delinear algumas diretrizes iniciais para o planejamento do desenvolvimento do Brasil. A importância de um "projetamento" das novas atividades econômicas reside nas restrições que incidem sobre países periféricos, as quais estreitam o espaço de escolha de políticas orientadas por missões.

As restrições enfrentadas por países periféricos, porém, impõem condições particularmente adversas ao desenvolvimento. Em países subdesenvolvidos são menores as capacidades produtiva, estatal e de investir (dos empresários — Hirschman, 1958). O nível de conhecimento científico é também inferior, e diversas instituições são pouco desenvolvidas ou simplesmente inexistentes. Além disso, há também menor disponibilidade de recursos, uma vez que estímulos fiscais se convertem mais rapidamente em pressões inflacionárias. Nesse contexto, políticas de estímulo de demanda encontram gargalos na estrutura produtiva subdesenvolvida, acionando políticas monetárias restritivas para desaquecer a atividade. Adicionalmente, períodos de rápido crescimento tendem também a criar déficits comerciais. Afinal, a menor capacidade produtiva da economia requer a complementação da oferta doméstica por meio de importações. Assim, desequilíbrios persistentes entre exportações e importações podem culminar em crises (cambiais e/ou de dívida externa) ou políticas restritivas voltadas a reestabelecer o equilíbrio da conta externa (Thirlwall, 1979).

Para recolocar o Brasil numa trajetória de desenvolvimento capaz de contribuir para solucionar os problemas que nossa sociedade enfrenta, implementando estratégias de desenvolvimento bem delineadas, é fundamental recuperar o aparato institucional de planejamento do país e promover a modernização das práticas e dos instrumentos utilizados na promoção do desenvolvimento econômico e tecnológico. Só assim será possível coordenar os esforços de desenvolvimento produtivo e tecnológico, direcionando-os também para a superação dos entraves característicos das economias periféricas.

Em primeiro lugar, é crucial recriar o Ministério do Planejamento e alçá-lo à posição de prestígio e protagonismo que já possuiu. Em especial, conforme recomendado por Mazzucato (2019), é crucial que o Ministério da Fazenda e o Ministério do Planejamento estejam engajados na formulação e execução de uma estratégia de desenvolvimento orientada por missões, de forma a elevar a coordenação das diversas políticas do governo, combinando os esforços de planejamento voltados para a inovação, o desenvolvimento regional, a provisão de serviços públicos, a geração de empregos, a mitigação da mudança climática etc.

Em segundo lugar, é fundamental recuperar também a capacidade de atuação do BNDES. Conforme destacado por Mazzucato e Penna (2016), bancos de desenvolvimento desempenham papel central no financiamento de atividades inovativas, assumindo papel como tomadores "pacientes" de risco. Machado (2019) mostrou que os desembolsos do BNDES, a partir da segunda metade dos anos 2000, foram pouco focados em setores de maior complexidade.[1] Disso poderíamos deduzir uma postura relativamente conservadora por parte do banco, ao canalizar recursos para setores já estabelecidos. Nesse sentido, torna-se imprescindível adotar diretrizes mais claras nas estratégias de financiamento do banco, alinhando sua atuação aos objetivos desenhados pelos Ministérios do Planejamento e da Fazenda. A palavra-chave aqui é *coordenação*.

Em terceiro lugar, é crucial também fortalecer outras instituições relevantes no nosso sistema nacional de inovação. A pandemia deixou clara a importância de instituições como a Fiocruz e o Butantan, por exemplo. Essas e outras instituições relevantes para o nosso desenvolvimento produtivo e científico devem voltar a ser fomentadas. A título de ilustração, vale ressaltar a importância de fortalecer instituições como a Empresa Brasileira de Pesquisa e Inovação Industrial (Embrapii), para que ela e outras possam, seguindo o exemplo de sucesso da Embrapa, dar suporte ao desenvolvimento produtivo nacional.

Referências

AIGINGER, K.; RODRIK, D. Rebirth of industrial policy and an agenda for the twenty-first century. *Journal of Industry, Competition and Trade*, p. 1-19, 2020.

BAILEY, D.; GLASMEIER, A.; TOMLINSON, P. R.; TYLER, P. Industrial policy: new technologies and transformative innovation policies? *Cambridge Journal of Regions, Economy and Society*, v. 12, p. 169-177, 2019.

BALLAND, P.; BOSCHMA, R.; CRESPO, J.; RIGBY, D. Smart specialization policy in the European Union: relatedness, knowledge complexity and regional diversification, *Regional Studies*, v. 53, n. 9, p. 1252-1268, 2019.

---

[1] Mais detalhes no capítulo 4 deste volume, em que Machado e Gala revisitam a literatura sobre complexidade e política industrial.

CHANG, H. J.; ANDREONI, A. Industrial policy in the 21st century. *Development and Change*, p. 1-28, 2020.

COMISSÃO EUROPEIA. *Horizon Europe* — investing to shape our future. abr. 2021.

DIEESE. *Implicações econômicas intersetoriais da operação Lava Jato*. 16/3/2021.

EL PAÍS. Biden lança pacote de 1,9 tri de dólares, metade destinado a auxílio direto de famílias e trabalhadores. 15 jan. 2021.

FORAY, D.; MORGAN, K.; RADOSEVIC, S. *The role of smart specialization in the EU research and innovation policy landscape*. European Comission, 2019.

FRYDMAN, R.; PHELPS, E. S. Insuring the survival of post-pandemic economies. *Project Syndicate*, 23 mar. 2020.

FURTADO, C. *Development and underdevelopment*. Berkley: University of California Press, 1964.

HARTMANN, D.; GUEVARA, M. R.; JARA-FIGUEROA, C.; ARISTARÁN, M.; HIDALGO, C. Linking economic complexity, institutions, and income inequality, *World Development*, v. 93, p. 75-93, 2017.

HAUSMANN, R. et al. *The atlas of economics complexity* — mapping paths to prosperity. Nova York: Puritan Press, 2014.

____; RODRIK, D. Economic development as self-discovery. *Journal of Development Economics*, v. 72 n. 2, p. 603-633, 2003.

____; SANTOS, M. A.; OBACH, J. Appraising the economic potential of Panama: policy recommendations for sustainable and inclusive growth, *Working Paper*, n. 334, Center for International Development (CID), Harvard University, 2017.

HIRSCHMAN, A. *The strategy of economic development*. New Haven: Yale University Press, 1958.

KALDOR, N. *Causes of the slow rate of economic growth of the United Kingdom*. Cambridge: Cambridge University Press, 1966.

MACHADO, F. A. *Avaliação da implementação das políticas industriais do século XXI (PITCE, PDP e PBM) por meio da atuação do BNDES sob a ótica da complexidade econômica*. Dissertação (mestrado) — Instituto de Pesquisa Econômica Aplicada, Brasília, 2019.

MAZZUCATO, M. *Governing missions in the European Union*. European Comission, 2019.

_____. The Covid-19 crisis is a chance to do capitalism differently. *The Guardian*, 18 jun. 2020.

_____. *The Entrepreneurial State*: debunking the public vs. private mith in risk and innovation. Londres: Anthem Press, 2013.

_____; PENNA, C. Beyond market failures: the market creating and shaping roles of state investment banks, *Journal of Economic Policy Reform*, v. 19, n. 4, p. 305-26, 2016.

OSTRY, Jonathan D.; LOUNGANI, Prakash; FURCERI, Davide. Neoliberalism: oversold? *Finance & Development (IMF)*, v. 53, n. 2, jun. 2016.

POLANYI, K. *A grande transformação*. 2. ed. Rio de Janeiro: Elsevier, [1944] 2000.

ROGOFF, Kenneth. *Entrevista concedida à PBS*. 2020. Disponível em: www.pbs.org/newshour/show/economist-ken-rogoff-on-whether-the-u-s-has-ever-experienced-a-crisis-like-this-one. Acesso em: 10 jul. 2020.

ROMERO, J. P.; GRAMKOW, C. Economic complexity and greenhouse gas emissions. *World Development*, 2021. No prelo.

STIGLITZ, J. Is there a post-Washington Consensus Consensus? In: SERRA, N.; STIGLITZ, J. (Ed.) *The Washington consensus reconsidered*: towards a new global governance. Londres: Oxford University Press, 2008.

THIRLWALL, A. The balance of payments constraint as an explanation of international growth rate differences. *BNL Quarterly Review*, v. 32, n. 128, p. 45-53, 1979.

VALOR ECONÔMICO. *Biden propõe investir US$ 2 tri para EUA enfrentarem a China*. 1º abr. 2021.

_____. *'Green Deal' europeu busca aumentar corte de emissões para 55% em 2030*. 10 jun. 2020.

WADE, R. (The paradox of US industrial policy: the developmental state in disquise. In: SALAZAR-XIRINACHS, J.; NÜBLER, I.; KOZUL-WRIGHT, R. (Ed.). *Transforming economies*: making industrial policy work for growth, jobs and development. Geneva: ILO, 2014. p. 379-400.

WILLIAMSON, R. A short history of the Washington Consensus. In: SERRA, N.; STIGLITZ, J. (Ed.). *The Washington Consensus reconsidered*: towards a new global governance. Londres: Oxford University Press, 2008.

2. O II Plano Nacional de Desenvolvimento: uma interpretação schumpeteriana

Luis Felipe Giesteira

1. Introdução

No final de maio último, Joe Biden propôs um novo orçamento ao congresso dos Estados Unidos. Segundo o *Financial Times*, o gasto público em 2022 atingirá US$ 6 trilhões, em expansão de 20% relativamente ao patamar já elevado de 2021. Foi proposto, ademais, um ambicioso plano de investimentos em infraestrutura, C&T, educação e defesa para oito anos adiante. Em consequência, de acordo com a *National Review*, a dívida atingirá 130% do PIB até 2031, deixando para trás o recorde anterior, atingido na Segunda Guerra Mundial. Um argumento a sustentar tal proposta é que, se for mantido razoavelmente íntegro o conjunto dos estímulos proposto, haverá aceleração do crescimento de modo que, após crescer inicialmente, a relação dívida/PIB se estabilizará adiante. Em texto publicado no *Project Syndicate* anteriormente ao plano ser divulgado, Barry Eichengreen se posiciona quanto ao intenso debate que gerou. Segundo ele, sua sustentabilidade depende essencialmente de sua capacidade de propelir o crescimento da produtividade, combalida, *grosso modo*, desde a crise do *subprime* de 2008.

A forma de financiamento do plano gera intenso debate tanto entre políticos quanto economistas. Há desde os que, priorizando a desconcentração de renda, veem o aumento da taxação como mais importante que o plano em si, assim como os que não apenas rejeitam essa forma de financiamento, como rechaçam a maior parte como "festa de gastos". Segundo o *The New York Times*, o ponto em que há curiosamente menos oposição é a ambiciosa política industrial, ainda por ser plenamente detalhada, mas que foca em manter a hegemonia tecnológica dos Estados Unidos.

Em um contexto político diverso, no final de 1974, o Brasil, que hoje observa o debate americano como se parte do lançamento de uma superprodução de ficção científica de Hollywood, teve seu Plano Biden. O II Plano Nacional de Desenvolvimento (II PND) também se concentrava na infraestrutura e abrangia inúmeros aspectos, da educação técnica à produção de fertilizantes, da integração logística ao meio ambiente, da assistência social a novas fontes energéticas. Outrossim, a ciência e a tecnologia são insistentemente destacadas, tendo recebido um plano detalhado específico, o II Plano Básico de Desenvolvimento Científico e Tecnológico (II PBDCT) que as associa diretamente ao desenvolvimento. A síntese do extenso conjunto é oferecida em seu parágrafo de abertura: "O Brasil se empenhará até o fim da década [...] em cobrir a área de fronteira entre o subdesenvolvimento e o desenvolvimento" (Brasil, 1974:3).

Apesar de ter sido proposto sob um governo autoritário, diversas críticas se seguiram — amiúde apontando mais excesso de ambição e imprecisão do diagnóstico da crise do que propriamente descartando-o. Entretanto, diversos outros pontos foram destacados na significativa produção que se seguiu, a qual se estende até a atualidade. Uma lista não exaustiva abrangeria os seguintes temas:

- imprecisão do diagnóstico da crise;
- distância entre o plano e sua execução;
- permeabilidade a interesses privados e a pressões políticas, corrompendo sua racionalidade técnica original;
- equilíbrio intertemporal do balanço de pagamentos e crescimento guiado por endividamento (*debt-led*);
- gestão macroeconômica durante a execução do plano.

Embora povoe o senso comum, tendo sido vocalizada mais comumente nos meios de comunicação da grande mídia desde logo após a publicação do plano (Castro, 1985; Gaspari, 2003), não foi, contudo, identificado estudo científico com foco no que é o cerne da crítica ortodoxa a medidas desse tipo: mesmo que fosse sustentável financeiramente, o plano deveria ser rechaçado. O mais próximo disso talvez seja o expresso por Edmar Bacha logo após a chegada da crise do *subprime* ao Brasil:

> Quando veio a primeira crise do petróleo, a nossa resposta, através do II Plano Nacional de Desenvolvimento, foi reafirmar o modelo de substituição de importações, o que acabou desembocando nessa loucura que foi a Lei da Informática. E

documentadamente o período Geisel foi de retrocesso, houve uma enorme queda da produtividade por causa dessa insistência em produzir cada vez mais produtos para os quais não estávamos capacitados. As respostas do regime militar às crises externas que ele enfrentou fizeram com que o Brasil perdesse potencial de crescimento, virasse uma economia hiperinflacionária e agravasse a concentração de renda [...] Quando você compara [...] com o Chile, lá a abertura ao exterior e o controle da inflação foram feitos pelos militares [...] Isso sim foi uma herança maldita. [Rodrigues, 2009]

Apesar de algumas imprecisões — por exemplo, a Lei de Informática é de 1984 —, a posição é didática: independentemente dos impactos da crise da dívida, o plano puniria a produtividade ao desalinhar preços relativos e premiar setores sem competitividade. Ato contínuo, a capacidade de crescimento sustentável se reduziria. A questão central levantada por Eichengreen teria uma resposta certeira: medidas como as contidas no II PND e no Plano Biden, antípodas à política econômica dos anos Pinochet, geram no máximo efeito fugaz sobre a renda e são incapazes de expandir sustentavelmente a produtividade. Na verdade, a médio prazo reduzem esses indicadores.

O foco do presente estudo é avaliar os impactos aparentes do II PND sobre o dinamismo da economia brasileira. Em particular, reúnem-se evidências para elucidar se:

- o plano reduziu o dinamismo econômico tanto no momento de sua implementação quanto em prazo mais dilatado de análise;
- outras opções de política econômica provavelmente teriam gerado resultados superiores para o dinamismo econômico que o II PND.

A interpretação do período é baseada na obra de Schumpeter. Diferentemente dos contumazes resgates do autor austríaco focados nas políticas de CT&I, o capítulo adota como ponto essencial a relação entre crédito/financiamento e inovação/mudança estrutural *lato sensu*. São analisadas as dinâmicas do PIB *per capita*, da produtividade do trabalho e a produtividade total de fatores (PTF).

2. Planos de desenvolvimento econômico desde a perspectiva schumpeteriana

Quando se parte de uma recessão anterior, é relativamente fácil obter taxas elevadas de crescimento econômico por alguns anos. Não era esse o caso do Brasil em 1973, que crescia 14% e cuja indústria apresentava ociosidade média de 10% (Balassa, 1979). Sustentar taxas elevadas de crescimento em situação como esta era uma tarefa desafiadora para os gestores da política econômica e decisores de alto nível do governo no contexto do Brasil de 1974. Amplificaria as dificuldades o objetivo de se fazer isso por meio de uma deliberada mudança de foco, em prol da indústria de base, da infraestrutura e da C&T, e em um contexto de forte deterioração dos termos de intercâmbio. Com efeito, a taxa de crescimento da renda *per capita* "projetada" no II PND, de mais de 7% ao ano, não foi alcançada. Mesmo assim, o recurso ao endividamento externo, supostamente complementar na proposta original, acabou se transformando em fonte essencial.

É bem sabido que a perspectiva schumpeteriana confere papel essencial ao crédito (Schumpeter, 1939). Há elementos nesta teoria que impedem sua transposição direta para países muito distantes da fronteira tecnológica como o Brasil de 1974. Não obstante, de um lado, o empreendedorismo inovador é uma característica distribuída normalmente em todas as sociedades (Schumpeter, 1983); de outro, não apenas indivíduos, as instituições podem assumir uma "função empreendedora" (Schumpeter, 1939; Ebner, 2009).

Uma distinção que Schumpeter faria à macroeconomia tradicional é que o nível de utilização da capacidade e de desemprego não necessariamente são bons parâmetros para ações governamentais focadas do lado do crédito. Mais importante seria adaptar ou estimular sua oferta em modalidades apropriadas a, no contexto particular de que se trate, permitir a criação de novas capacidades, tanto em termos de processos como de produtos.

Por outro lado, é essencial verificar a consistência de certas relações causais capazes de estimular os agentes privados a assumir riscos tecnológicos maiores e a adotarem perspectivas criativas nas suas decisões de investimento — desde que os incentivos possam ser balizados pelo cálculo econômico individual. Naturalmente, há nisso espaço para polêmica. Por exemplo: a ênfase no ensino técnico, o mais das vezes informado por práticas fabris consagradas, é melhor do que um currículo aberto, focado apenas em conhecimentos formais básicos?

O que é menos polêmico é a "prova do pudim". Para Schumpeter, o critério decisório essencial é a capacidade de dinamização da economia. Assim, por exemplo, uma aceleração moderada da inflação é tolerável, desde que não desorganize a tal ponto o sistema que limite o investimento. O aumento na concentração de renda é aceitável, desde que não subtraia poder de compra dos trabalhadores, impedindo diversificação adicional da oferta. No que diz respeito ao nível de endividamento, a resposta de Schumpeter não se afastaria do senso comum: a avaliação seria positiva, contanto que o crescimento da economia gerasse capacidade de pagamento que excedesse obrigações geradas pelo endividamento. Todavia, o período a ser avaliado seria objeto de controvérsia. Embora a reposta do investimento a estímulos demore apenas alguns meses, um suposto direcionamento excessivo, artificial e pautado predominantemente por critérios "irracionais" pode demorar muito mais tempo para se manifestar nas estatísticas.

3. Desempenho comparado do PIB *per capita* antes e após o II PND

Entre 1964 e 1967, durante o Plano de Ação Econômica do Governo (Paeg), o PIB *per capita* do Brasil cresceu, em média, 1,18%, acarretando de fato uma redução, à taxa de 2,25 % ao ano, da média global.

Dado o foco dessa política, de reduzir o desequilíbrio fiscal e conter a inflação, tal resultado não foi inusitado. Por outro lado, o baixo dinamismo alcançado motivou as mudanças que começam a acontecer já em 1966, culminando com a edição do I PND em 1970 e o período de maior crescimento do país, o do "Milagre". A tabela a seguir resume os resultados encontrados nestes e em outros três períodos.

Tabela 1
Taxas de crescimento do PIB *per capita* do Brasil e do mundo de acordo com marcos da política econômica brasileira, 1964 a 2006

	PAEG	Milagre	II PND	Crises	Dominância Ortodoxa
Mundo	3,43%	4,00%	1,11%	1,38%	2,88%
Brasil	1,18%	8,20%	4,19%	2,41%	2,86%
Diferença	-2,25%	4,20%	2,99%	1,04%	-0,02%

Fonte: The Angus Maddison Project.

Embora a taxa de crescimento se reduza expressivamente durante o II PND, o diferencial de crescimento brasileiro é expressivo, de quase 3% ao ano. Assim, embora o plano não tenha sido efetivo em sustentar o ritmo do Milagre, foi capaz de manter o país em expressivo *catching up*.

No período seguinte, a taxa de crescimento se reduz significativamente. A crise da dívida, além de desorganizar a economia brasileira, obriga a uma moderação capaz de gerar elevados saldos comerciais. Por outro lado, dada a redução das importações e a expansão das exportações concentradas nos setores prioritários do II PND, provavelmente esse resultado não teria sido alcançado, ou só teria sido alcançado a um preço ainda maior.

Com efeito, é difícil discordar que o II PND teve um importante papel de mudança estrutural da economia.[1] A complexidade econômica, aferida com base na composição das exportações brasileiras, passa de -0,34 a +0,38 no período de 1974 a 1987, considerado por Castro (1985). Trata-se do quinto maior avanço[2] entre os 81 países para os quais há dados consistentes. É costumeira entre economistas ortodoxos a alegação de que, quanto mais uma mudança estrutural for induzida pelo estado, piores serão seus efeitos sobre o crescimento a longo prazo.[3]

No entanto, o "teste schumpeteriano" sugere que o II PND foi bem-sucedido. Na média de todo o período de "crises" (do primeiro choque do petróleo até a estabilização da dívida externa em 1987), observa-se um *catching up* à significativa taxa média de 1,04% ao ano. É interessante observar que esse resultado a rigor subestima esse diferencial, na medida em que o Plano Volcker representou um choque exógeno. Eis que, ainda que se ignore esse desvio, houve *catching up*.

Entretanto, não teria sido esse resultado alcançado mesmo na ausência do II PND? Não estaria a economia brasileira fadada, por questões estruturais, a crescer mais que o resto do mundo? Os dados dos períodos anteriores não permitem uma conclusão contundente. Por um lado, o milagre brasileiro (1967-73) partiu de elevada capacidade ociosa e produziu diferencial de crescimento ainda maior, em face do forte intervencionismo e do expansionismo macroeconômico ("keynesiano").

---

[1] Como reconhecido por Santos e Colistete (2009), em outros aspectos críticos sobretudo da gestão do plano.

[2] Segundo maior avanço, se excluirmos o Camboja, recém-saído de uma guerra, e dois pequenos exportadores de petróleo.

[3] Em contraste, os neoschumpeterianos tipicamente tendem a considerar que a mudança estrutural promovida pelo II PND foi insuficiente.

Por outro lado, durante o Paeg, que o antecedeu, houve pronunciada redução da participação do país na economia global. Mas, dado o radical contracionismo que caracterizou o plano, sobretudo em seus anos iniciais, seria inadequado considerar o período como exemplar de "ausência de intervencionismo".

Um primeiro indício de que o legado do II PND é positivo é que, passado o momento mais agudo da crise, não apenas a balança comercial garante o reequilíbrio do balanço de pagamentos como um todo, mas — como em parte também destacado por Castro (1985) — a taxa de crescimento não apenas volta ao campo positivo como retoma o *catching up* dos anos 1970, a uma velocidade de mais de 2 p.p. anuais (3,94% do Brasil *vis-à-vis* 1,95% do mundo entre 1984 e 1987).

Em segundo lugar, como se pode observar novamente na tabela 1, superado o período de graves choques ou de marcado intervencionismo, a partir dos anos 1990, o Brasil não retoma esse processo. Com efeito, entre 1994 e 2006, o país passa a não conseguir acompanhar uma taxa de crescimento econômico global, em média afastando-se 0,2% ao ano do PIB *per capita* mundial. Isso se dá em um período relativamente favorável para as exportações e para o investimento estrangeiro, compreendendo ademais os significativos ganhos advindos da estabilização monetária (Plano Real). Embora sendo dominado pelo receituário mais ortodoxo, trata-se de um período em que alguma intervenção, passiva e adaptativa, se mantém — donde a designação como de "dominância ortodoxa".

4. Desempenho comparado da produtividade do trabalho antes e após o II PND

A comparabilidade de dados de produtividade é limitada, em que pese o fato de teoricamente ser uma variável, desde os economistas clássicos, crucial para explicar o crescimento. A Conference Board explicita informações de produtividade do trabalho — por hora trabalhada — relevantes.[4] Um primeiro grupo de comparação delimita 21 grandes economias — não todas, mas aquelas para as

---

[4] As versões mais atuais das bases do Conference Board (para produtividade do trabalho) e as Penn Tables (para a produtividade total de fatores) resultam de cuidadosas e tão precisas quanto possíveis compilações estatísticas. Embora abrangendo um leque não tão amplo de países como as bases Maddison, sobretudo para anos mais distantes, é possível, no caso do Brasil, gerar comparações interessantes, complementarmente aos dados anteriores.

quais há dados para todos períodos relevantes.[5] A tabela 2 sintetiza os resultados mais relevantes observados.

Tabela 2
Taxas de crescimento da produtividade do trabalho no Brasil e em grupos de países selecionados de acordo com marcos da política econômica brasileira, 1964 a 2006

	Milagre	II PND	Crises	Dominância Ortodoxa
Brasil	3,32%	5,61%	1,73%	0,95%
Grandes Economias	3,51%	2,92%	2,33%	2,39%
América Latina	2,72%	2,97%	0,35%	1,62%
Emergentes	3,68%	3,26%	2,18%	3,16%

Fonte: The Conference Board.

A produtividade do trabalho no Brasil de fato se acelera no II PND em relação à taxa já elevada observada durante o Milagre — período no qual esse indicador não é particularmente dinâmico no Brasil, exceção feita à comparação com economias latino-americanas. É durante o II PND que essa comparação se apresenta mais favorável, com uma diferença expressiva mesmo na comparação com as economias emergentes, dominadas pelas asiáticas. Caso o período seja estendido até 1987, o impacto positivo do II PND se dilui, embora no cotejo com os países latino-americanos, também abalados pela crise da dívida, a diferença em prol do Brasil permaneça muito alta — quase 1,5% ao ano.

O desempenho brasileiro só se torna claramente desvantajoso contra qualquer parâmetro de comparação durante a dominância ortodoxa, entre 1994 e 2006, amplificando o que se observou na análise comparativa entre as taxas de crescimento do PIB *per capita*.[6]

---

[5] São elas: China, Índia, Indonésia, Japão, Coreia do Sul, Taiwan, Turquia, Argentina, Brasil, Chile, Colômbia, México, Canadá, EUA, Austrália, França, Alemanha, Itália, Países Baixos, Espanha e Reino Unido. Um grupo de países de maior porte da América Latina engloba, além do Brasil, Argentina, Chile, Colômbia e México. Finalmente, foi delimitado um grupo de emergentes, composto pelos latino-americanos mencionados mais a China, Índia, Indonésia, Turquia, Malásia, Coreia do Sul e Taiwan. Em todos os grupos cada país teve peso idêntico, vale dizer, os dados de cada um não foram ponderados por PIB, população ou equivalente.

[6] Naturalmente, outras características são distintivas do período, em particular as de cunho institucional iniciadas pela mudança constitucional bem como as alterações complementares que se estendem até hoje. Uma avaliação mais contundente implicaria tentar isolar esses efeitos.

Salta aos olhos, em primeiro lugar, a brusca inversão dos períodos mais antigos para os mais recentes. Ao longo deste período, o Brasil passa de "particularmente dinâmico" para "particularmente lento". Em segundo lugar, nota-se que a convergência da produtividade brasileira para os padrões dos países avançados foi suspensa, bem como passou a se observar regressão (*falling behind*), mesmo em relação a seus vizinhos. Em toda a amostra, apenas México, Colômbia e Espanha são tão letárgicos quanto o Brasil no período mais recente considerado.

5. A PTF brasileira antes e após o II PND

A noção de produtividade total dos fatores[7] (PTF) parece adequada à peculiar ênfase schumpeteriana na pervasividade e na variedade de formas que a inovação toma, bem como à diversidade de canais pelos quais se converte em um "motor de progresso" (Nelson, 1990). Não surpreende que de fato seja amiúde considerada uma aferição de "inovação agregada". Em particular, a PTF nocionalmente adere bem à definição segundo a qual inovação é uma nova combinação de recursos existentes (Schumpeter, 1983). A ampliação da capacidade do conjunto de recursos empregados de gerar a riqueza e bem-estar da sociedade parece, em uma definição menos abstrata, corresponder bastante bem ao impacto esperado da inovação. Não obstante, como mencionado anteriormente, a aferição realmente possível dessa definição pode divergir amplamente do seu significado.

Primeiro, porque a inovação essencialmente se plasma em uma ampliação da variedade dos bens e serviços transacionados do que na ampliação do volume dessas transações. Se a economia pode ser pensada como um grande cesto de mercadorias, a inovação é mais bem representada como mudança na composição desse cesto, em particular com a adição de novos bens e novos serviços. Se levar em consideração uma definição mais recente de inovação — "destruição criativa" —, é mesmo de se esperar que *haja redução do volume de alguns desses produtos*. Não obstante, o próprio Schumpeter se valeu de estatísticas de macroagregados para ilustrar sua perspectiva.

---

[7] A produtividade total de fatores é a resposta que uma economia dá agregadamente a um nível de uso dos fatores de produção. Geralmente, é a razão entre o PIB e alguma medida de intensidade de uso do estoque de capital e trabalho, estatisticamente coincidindo via de regra com o chamado "resíduo de Solow".

Em segundo lugar, há o problema da inter-relação entre preços e quantidades, a qual tende a ser positivamente relacionada com a inovatividade ela própria e com o tempo. Produtos inovadores são excepcionalmente caros porque seu preço embute um prêmio à inovação. Mesmo assim, deslocam a demanda antiga, tendendo a reduzir o preço da produção "antiga", eventualmente gerando demanda derivada por outros. A capacidade de os índices de preços, deflatores e índices de quantidade captarem adequadamente esses movimentos é sempre imperfeita, variando apenas seu grau.

Na prática, este aspecto é talvez ainda mais relevante porque a PTF é por excelência uma variável de longo prazo. Vale dizer, uma política pública realmente capaz de alterar a PTF provavelmente "demora" a ter seu efeito plenamente ativado e ainda mais para conseguir ser totalmente aferido. Por suposto, ao se tratar comparativamente essa variável, esses problemas agravam-se. Feitas todas essas ressalvas, os resultados gerados parecem consistentes com aspectos conhecidos da realidade internacional, tais como a coincidência entre o esgotamento da Segunda Revolução Industrial, a crise do petróleo e o surgimento e rápida expansão dos modernos sistemas de inovação nos países desenvolvidos e em alguns leste-asiáticos.

Utilizou-se as informações de PTF considerando preços constantes de 2017 (variável "rtfpna") para todos países da conhecida Penn World Table. Foram delimitados sete grupos de comparação, em sete períodos distintos. Os grupos de países formados para a avaliação da produtividade do trabalho foram mantidos, mas novos grupos foram acrescentados, aproveitando a maior dimensão dessa base. É notável que o maior grupo — "Todos", na tabela 3 — inclui 78 economias, estando apenas a Rússia e a Polônia ausentes entre as mais relevantes.

Embora durante o II PND a velocidade de crescimento da PTF tenha se desacelerado *vis-à-vis* a taxa observada durante o Milagre (de 3,69% a.a., a 13ª mais rápida globalmente, segunda no atual G20), relativamente manteve-se elevada, a 0,9% a.a. (26ª globalmente, sexta no G20). Caso se considere o IIo PND de fato — de 1974 a 1980 —, a taxa atinge 1,62% a.a. (novamente 13ª maior globalmente e maior do G20). É um resultado bastante surpreendente dada a combinação entre o choque de oferta negativo e o caráter fortemente discricionário do plano.

Em particular, esses números contrastam com os da América Latina como um todo. Com efeito, o subcontinente — que via de regra respondeu passivamente à crise — tem estagnação ou queda da PTF, com destaque negativo para a Venezuela e o México. A se notar que o Chile apresenta crescimento abaixo da média global em todo período de 1968 até 1987. A tabela 3 oferece um resumo dos resultados do Brasil e dos sete grupos de comparação — três deles equivalentes aos utilizados na tabela 2.

Tabela 3
Taxas de crescimento da PTF no Brasil e em grupos de países selecionados de acordo com marcos da política econômica brasileira, 1964 a 2006

Grupos de Países	Paeg	Milagre	IIo PND	IIo PND ampliado	Crise da Dívida	Crises total	Dominância Ortodoxa
Brasil	0,98%	3,69%	0,90%	1,62%	-1,62%	0,00%	-0,30%
Todos	1,37%	1,67%	0,00%	-0,10%	-0,75%	-0,43%	0,72%
21 Grandes	1,75%	1,86%	0,38%	0,29%	0,29%	0,29%	0,53%
G7+2	1,91%	2,26%	0,57%	0,38%	0,63%	0,50%	0,65%
Am. Latina	1,07%	0,85%	0,06%	0,22%	-1,65%	-0,71%	0,02%
Am. Latina ampliada	1,48%	0,77%	-0,39%	-0,44%	-1,62%	-1,03%	0,09%
Emergentes	1,51%	1,55%	0,02%	-0,03%	-0,34%	-0,19%	0,48%
Emergentes ampliados	0,99%	1,64%	-0,22%	-0,42%	-0,67%	-0,55%	0,54%

Fonte: Penn Table.

Não obstante a posição de destaque do Brasil até o final da década de 1970, é nítida sua reversão a partir dos anos 1980. Nos anos de "crise da dívida", a PTF se reduz à taxa de 1,62% a.a. — desempenho pior que o de qualquer grupo, exceto a América Latina. O G7 ampliado — acrescido de Holanda e Austrália — aponta já vigoroso crescimento que se manterá doravante. Ao se considerar o período completo de crises — da Primeira Crise do Petróleo até o final da Crise da Dívida —, a PTF fica estática, ou seja, apresenta ao fim de 1987 o mesmo nível de 1973.

É importante ter-se em conta que, de uma perspectiva schumpeteriana, até certo ponto a "disfuncionalidade" com respeito a um equilíbrio geral — portanto intersetorial — nocional previamente existente é esperável e, na medida em que se trata de uma disfuncionalidade estática, desejável. No entanto, não se exclui que intervenções centradas exclusivamente em "soberania", em superar um choque isolado ou resultantes de pressões rentistas sejam danosas e deletérias para a saúde e o vigor do organismo econômico.

É o conjunto dos dados analisados que torna de difícil aceitação essa hipótese. A "dominância ortodoxa" se inicia quase 15 após o fim do II PND e perdura por 12 anos. Apesar do ambiente externo mais favorável, a PTF passa da estagnação à contração no período, com -0,3% a.a., resultado surpreendente ao se ter em vista que todos os demais grupos de países passam por período favorável. Mesmo a América Latina, historicamente bem menos dinâmica que o Brasil, logra expandir o indicador. A PTF entra em queda relativa generalizada.

Outra dificuldade enfrentada por esta interpretação é que a queda da PTF no período de crises completo — ou seja, de 1974 a 1987 — se estendeu a todos grupos de países (exceto o de economias avançadas), sugerindo que parte importante da queda teve causas comuns associadas ao cenário internacional. Entre as que datam dos anos 1970, houve, além da crise do petróleo e seus desdobramentos e a reorganização do sistema financeiro e monetário internacional, o esgotamento do padrão tecnológico vigente ao menos desde os anos 1930. O gráfico 1 ilustra de forma sintética o comportamento do diferencial de crescimento da PTF brasileira *vis-à-vis* três grupos de países em cinco períodos.

Gráfico 1
Diferencial de crescimento da PTF Brasil *vs.* economias representativas do resto do mundo, de 1964 a 2019, segundo a periodização da política econômica brasileira

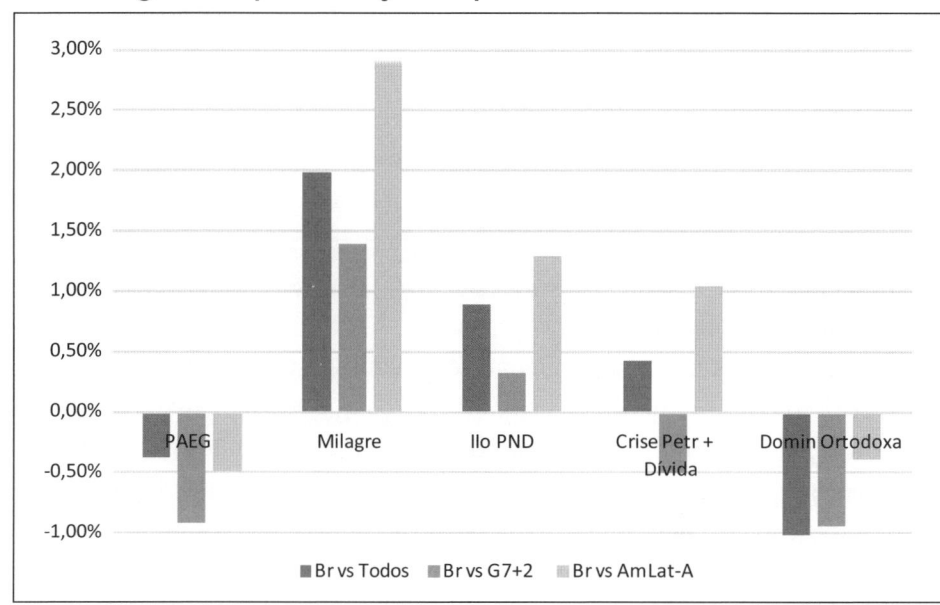

Fonte: Penn Tables.

Apesar de coincidir com um surto de prosperidade geral, a figura evidencia o Milagre como o período de maior dinamismo relativo da PTF brasileira, com uma taxa de *catching up* — relativamente aos países desenvolvidos — de 1,39% a.a., 1,99% acima da média mundial e 2,9% acima da América Latina.

Essa elevada vantagem se sustenta até 1980, vale dizer, caso se considere o II PND "de fato", com a taxa de *catching up* da PTF aumentando relativamente à do Milagre e se situando 1,7% acima da média mundial (que cai nesse período). O gráfico, entretanto, exibe os dados referentes ao II PND estritamente considerado. O desempenho brasileiro é menos expressivo, mas favorável em todas bases de comparação, com destaque para o cotejo com a América Latina. Mais além, se todo intervalo marcado por crises externas é considerado, a PTF brasileira cresce mais de 1% acima de seus vizinhos e 0,43% acima da média mundial. Apenas na comparação com os países desenvolvidos aparece desvantajosamente.

Um cenário de decadência pronunciada se estabelece a partir dos anos 1990, quando a política econômica é predominantemente ortodoxa. A PTF brasileira passa a crescer 1% abaixo da média mundial, pior resultado em todo intervalo em tela (1964 a 2006). A própria América Latina, que segue sendo o menos dinâmico de todos grupos considerados, apresenta performance superior, com 0,4% a mais que o Brasil.

7. Observações finais

O II PND foi um plano de desenvolvimento abrangente, com ações e metas voltadas para praticamente todas as áreas. A ciência e a tecnologia são um aspecto particularmente relevante, secundado apenas pela infraestrutura energética e a indústria de base, tendo merecido um plano de desenvolvimento específico, mas articulado com o planejamento geral.

Diversos fatores o levaram a não ser executado em sua totalidade, desde o próprio recrudescimento da crise até outros que rendem até hoje acirrados debates. Não obstante, é certo que ainda assim foi, ao menos para os padrões brasileiros, quantitativa e qualitativamente significativo, pelo volume de recursos que envolveu e pela alteração da estrutura setorial da economia resultante.

Por outro lado, diferentemente do que ocorreu no Milagre, é incontroverso que o II PND dependeu de expansão da dívida externa para seu financiamento.

O Plano Volcker acarretou explosivo aumento das taxas externas de juros, aumentando o "custo do plano" para muito além do que se poderia antecipar. Mas será que se isso fosse possível, o ajustamento passivo às mudanças no cenário global diante da crise do petróleo se tornaria uma alternativa melhor? Avaliando o impacto positivo que teve na balança comercial, Castro respondeu que não. Mais que isso, esse autor sugere que o país teria ficado mais diversificado e mais tecnológico.

Não parece ser essa a percepção mais comum atualmente. Em particular, ao se ter em conta que apesar da maior aceitação de diversas formas de intervenção estatal, políticas verticais e discricionárias continuam — ou ao menos continuavam até bem recentemente — a ser *a priori* descartadas pela "sabedoria convencional". A rigor, dessa perspectiva, mesmo que não tivesse demandado um só dólar, o II PND devia ser descartado porque sua pervasiva intervenção geraria inevitavelmente ineficiência alocativa, prejudicando não apenas a estabilidade, mas também o dinamismo da economia.

Tendo em vista a teoria de Schumpeter — amiúde considerada apenas na avaliação de políticas de ciência, tecnologia e inovação, sobretudo por seus impactos na economia —, buscou-se avaliar o resultado da ação estatal como "empreendedor institucional". Como sói ocorrer em países *latecomers*, o Estado acaba por desempenhar um papel de demiurgo nos sistemas de inovação, quantitativa e qualitativamente distinto do que se passa tipicamente em países avançados. Em que pese a compreensão dos nexos causais que definem a dinâmica econômica a longo prazo para Schumpeter ser distinta das dominantes em outros paradigmas, ortodoxos e heterodoxos, medidas de produtividade agregada, desde que observado o adequado lapso de tempo, são adequadas. Teria a ação transformativa do Estado brasileiro em meados dos anos 1970 ao fim e ao cabo se revelado inadequada?

Entre os indicadores utilizados, apenas a produtividade do trabalho coloca em dúvida uma resultante positiva — é a variável em que o desempenho brasileiro é pior *vis-à-vis* dois de três grupos comparativos. No entanto, mesmo nesse caso, obtém vantagem ao grupo mais semelhante, tanto estruturalmente quanto na similaridade no efeito da crise da dívida. Embora esse padrão se repita no caso da PTF, a diferença em relação a outros grupos no período é muito pequena, indicando que provavelmente há um conjunto de causas agindo sobre todas as economias nacionais. Tomando-se o PIB *per capita* por indicador, o desempenho brasileiro é claramente positivo, para o que contribui o fato de nesse comparativo haver dados disponíveis de todos os países no período relevante. Vale dizer: ainda que se considere o conjunto do período da crise do petróleo até o final da crise da dívida, mesmo sem isolar os efeitos do choque de juros de 1979 a 1982, os benefícios do II PND parecem sobrepujar seus custos por boa margem.

Reforça essa impressão o fato de que os dados do ciclo seguinte, de estabilização e dominância ortodoxa, apontam marcada deterioração relativa: o Brasil se sai mal em todas as comparações possíveis nesse longo período. É notável que o comparativo menos desvantajoso é quando a variação do PIB *per capita* serve de *proxy* do dinamismo — justamente a variável que em tese menos depuraria efeitos transitórios e menos revela a sustentabilidade do crescimento.

A PTF é explorada em mais detalhe, em primeiro lugar, porque é amiúde utilizada como *proxy* da taxa de inovação agregada; em segundo, porque a base Penn abrange mais economias relevantes. Surpreende que mostre elevação significativa durante a "marcha forçada" do II PND, sobretudo se a consideramos como "de fato" cobrindo 1974 a 1980. Como mencionado, apesar de no conjunto do período 1974 a 1987 apontar deterioração, situa-se acima da vizinhança latino-americana. Também como mencionado, no período em tese de redução mais consistente do intervencionismo estatal, o indicador mostra forte deterioração em todos os comparativos. Por outro lado, surpreende o expressivo *catching up* que se conforma de 2006 a 2019. Por extravasar o tema deste estudo, não se avançou em possíveis causas.

Finalmente, destaca-se como descoberta, embora secundária ao foco desta investigação, o notável crescimento da complexidade econômica da economia brasileira entre 1974 e 1985, sugerindo que houve mudança estrutural com aumento de competitividade nos setores mais nobres. O achado corrobora os resultados do estudo de Antônio Barros de Castro para o período.

Referências

BALASSA, B. Incentive policies in Brazil. *World Development*, v.7, p. 1023-1042, 1979

BRASIL. *II Plano Nacional de Desenvolvimento (1975-79)*. Brasília: Imprensa Oficial, 1974.

CASTRO, A. B. Ajustamento × transformação: a economia brasileira de 1974 a 1984. In: _____; SOUZA, F. P. *A economia brasileira em marcha forçada*. Rio de Janeiro: Paz e Terra, 1985, p. 12-95. (Coleção Estudos Brasileiros, v. 91).

COLLINS, S. P.; PARK, W-A. An overview of Korea's external debt. In: Sachs. J. D.; Collins, S. P. (Ed.). *Developing country debt and economic performance*. Chicago: University of Chicago Press, 1989. v. 3.

EBNER, A. Entrepreneurial state: the schumpeterian theory of industrial policy and the East Asian "miracle". In: Cantner, U. et al. (Ed.). *Schumpeterian perspectives on innovation, competition and growth*. Berlim: Springer-Verlag Berlin Heidelberg, 2009. Disponível em: www.fb03.uni-frankfurt.de/48871303/Ebner_2009_-Entrepreneurial-state.pdf. Acesso em: 24 jun. 2020.

EICHENGREEN, B. Will the productivity revolution be postponed? *Project Syndicate*, 10 maio 2021. Disponível em: www.project-syndicate.org/commentary/pandemic-technology-delayed-effect-on-productivity-by-barry--eichengreen-2021-05. Acesso em: 6 jun. 2021.

FISHLOW, A. A economia política do ajustamento brasileiro aos choques do petróleo: uma nota sobre o período 1974/84. *Pesquisa e Planejamento Econômico*, v. 16, n. 3, p. 507-550, dez. 1986.

_____. Brazil's economic miracle. *The World Today*, v. 29, n. 11, p. 474-481. 1973.

FONSECA, P. C. D.; MONTEIRO, S. M. O Estado e suas razões: o II PND. *Revista de Economia Política*, v. 28, n. 1, p. 28-46, jan./mar. 2008.

GASPARI, E. *A ditadura derrotada*: o sacerdote e o feiticeiro. São Paulo: Companhia das Letras, 2003.

KLEIN, P. Biden's budget projects U.S. debt will smash World War II record this year. *National Review*, 28 maio 2021.

NELSON, R. R. Capitalism as an engine of Progress. *Research Policy*, v. 19, n. 3, p. 193-214, jun.1990.

POLITI, J. Orçamento de Biden reforça aposta em mais gasto público. *Valor Econômico*, 28 maio 2021.

RODRIGUES, L. 'Perdemos a capacidade de investir', diz Edmar Bacha. *O Globo*, 17 ago. 2009.

SALLES FILHO, S. Política de ciência e tecnologia no II PBDCT (1976). *Revista Brasileira de Inovação*, Campinas, v. 2, n. 1, p. 179-211, jan./jun. 2003. Disponível em: https://periodicos.sbu.unicamp.br/ojs/index.php/rbi/article/view/8648872. Acesso em: 15 jun. 2021.

SANGER, d. e.; Edmondson, c.; McCabe, d.; Kaplan, t. Senate poised to pass huge industrial policy bill to counter China. *The New York Times*, 7 jun. 2021.

SANTOS, F. G.; COLISTETE, R. P. Reavaliando o II PND: uma abordagem quantitativa. In: CONGRESSO BRASILEIRO DE HISTÓRIA ECONÔMICA, VIII, 8, 2009, Campinas, SP. *Anais...* p. 1-32.

SCHUMPETER, J. A. *Business cycles*: a theoretical, historical and statistical analysis of the capitalist process. Nova York: McGraw-Hill, 1939.

_____. Economic theory and entrepreneurial history. In: Clemence, R. V. (Ed.). *Essays on entrepreneurs, innovations, business cycles and the evolution of capitalism*. Nova Jersey: Transaction Publishers, 2005. p. 253-271.

_____. *The theory of economic development*: an inquiry into profits, capital, credit, interest and the business cycle. New Brunswick; Londres: Transaction Publishers, 1983.

3. A doença industrial brasileira*

André Roncaglia

Introdução

A notícia do plano Biden chegou ao Brasil causando emoções fortes e um certo desconcerto. O apoio (crítico, é claro) da esquerda ao monumental pacote de investimentos e de gastos sociais proposto por um político do *establishment* norte-americano deparou-se com o receio da direita quanto às implicações sobre o Brasil desta guinada pós-Trump. Os veículos da grande imprensa, mais conservadores em temas econômicos, apressaram-se em nos alertar que "nos EUA é diferente", pois eles fizeram sua "lição de casa". Aqui no Brasil, ao contrário, o dinheiro teria acabado e o foco nas reformas deveria nos prevenir de flertar com qualquer "aventura" que nos levasse ao precipício fiscal, onde habita a hiperinflação.

A agenda de reformas institucionais como solução para qualquer fase do ciclo econômico é o discurso dominante desde 2016, quando o *impeachment* de Dilma Rousseff abriu caminho para a sequência de mudanças legislativas profundas, a saber: teto de gastos, reforma trabalhista, lei de liberdade econômica, reforma da previdência, para ficar apenas em algumas. Entre 2017 e 2020, as promessas de crescimento acelerado foram frustradas mesmo com taxas de juros cadentes e inflação em mínimas históricas. Enfatizou-se a "lei" das defasagens variáveis, segundo a qual a variabilidade do intervalo necessário para as reformas causarem efeitos não pode enfraquecer nossa determinação em persegui-las. Afinal, se ainda não voltamos a crescer, seguia o argumento, é porque o mercado ainda não se satisfez.

---

* Trechos deste capítulo foram originalmente publicados no site "Revolução Industrial Brasileira" em 14 de dezembro de 2020. Disponível em: https://rib.ind.br/. Acesso em: 30 abr. 2021.

As reformas como "samba de uma nota só" têm uma história que remonta aos anos 1990. À época, os países da América Latina se viam às voltas com inflações descontroladas e grave crise de dívida externa. Para resgatar a confiança dos mercados financeiros internacionais, estes países tiveram de se submeter a uma rigorosa dieta fiscal, monetária e comercial. O chamado consenso de Washington exigia um superpacote de medidas, entre elas, abertura comercial, liberalização dos fluxos de capital, enxugamento do Estado (privatizações) e austeridade fiscal. Esta foi a tônica das políticas no período pós-Real, durante os governos de Fernando Henrique Cardoso. Com efeito, acelerou-se o processo combinado de desnacionalização e desindustrialização da economia brasileira.

Cerca de duas décadas mais tarde, as agências multilaterais que defendiam esta agenda nos anos 1990 já não estão tão convictas quanto aos seus benefícios. O próprio FMI reconheceu que a máxima de "reformar as instituições para corrigir os preços" (*get institutions right to get prices right*) não entregou os resultados prometidos, em termos de crescimento econômico, estabilidade macroeconômica e redução da desigualdade (Ostry et al, 2016). Mesmo assim, o governo Temer investiu todo o capital político nesta agenda e o governo Bolsonaro dobrou a aposta nela. Foi quando a pandemia bateu às nossas portas e bagunçou todas as peças da política econômica. Todavia, nem tudo pode ser debitado à conta da crise sanitária. Os entraves ao nosso crescimento não são novos e a pergunta persiste: por que o Brasil não consegue resgatar o crescimento experimentado entre as décadas de 1930 e 1980?

Como vimos, a experiência de uma quase hiperinflação nos anos 1980 — e a busca (justificadamente) afoita de uma estabilidade monetária, nos anos 1990 — legou-nos uma economia com baixo dinamismo e abissais desigualdades sociais. O breve intervalo do "milagrinho" entre 2004 e 2008 foi puxado pelo *boom* de *commodities* nos anos 2000. Como tudo o que é bom dura pouco, a crise financeira global de 2008 interrompeu a expansão. As reações dos governos de Lula e Dilma à estagnação econômica — e seu posterior fracasso — evidenciaram o agravamento da crônica rigidez estrutural da economia brasileira.

Tal rigidez se manifesta na incapacidade de proteger a espessura do tecido industrial, o qual abriga e incuba o espírito inovador de qualquer país. Sem inovação autônoma, o país regride a mero fornecedor de matérias-primas e de produtos com baixo processamento para países desenvolvidos. Estes, por sua vez, caracterizam-se pelo foco no investimento em tecnologias disruptivas, as quais lhes garantem protagonismo na economia global.

A história econômica brasileira das últimas quatro décadas sugere a existência de uma armadilha de baixa complexidade econômica. Trata-se da combinação de desindustrialização acelerada com um viés pró-verticalização (em oposição à especialização setorial), associados à aversão do empresariado nacional à inovação. Como explicar este fenômeno e suas causas?

Apresento neste capítulo a hipótese do saudoso professor David Kupfer para explicar o atraso tecnológico e produtivo do Brasil: a *doença industrial brasileira (DIB)*.[1] Em resumo, o *comportamento "minimizador do investimento"* do empresário brasileiro explicaria a rigidez estrutural de longo prazo da economia brasileira. O viés curto-prazista (míope) e conservador perante o risco da inovação seria a resposta racional a um ecossistema econômico hostil à produção. Esta *compulsão ausente* ao investimento resulta da interação complexa de várias forças, entre elas: política macroeconômica, política tributária, política tarifária, estoque de infraestruturas (física e social) e perfil do sistema financeiro.

1. As balas de prata do desenvolvimento brasileiro

No tema do desenvolvimento, há três vertentes que defendem políticas necessárias para destravar o potencial produtivo de um país. Podemos classificá-las de forma bem esquemática, a partir do foco adotado por cada uma, a saber:

1. *Eficientistas*: defendem que ganhos de produtividade aumentam automaticamente a competitividade e com os ganhos maiores vindos da conquista de mercados internacionais. O investimento em inovação torna-se uma necessidade e é fomentado a partir da correção de distorções alocativas, excesso de burocracia, desarranjo institucional, a produção e manutenção de uma estrutura tributária eficiente e um ambiente de negócios amigável ao empreendedor;

---

[1] O argumento sobre a tese da DIB se baseia na apresentação a seguir em uma instigante palestra no Instituto de Economia da UFRJ, por ocasião de um curso da Associação de Docentes da UFRJ (ADUFRJ), em 22 de setembro de 2018.

2. *Aberturistas*: defendem que a abertura da economia impele as empresas a se tornarem mais produtivas e a inovar para não perder mercado. Ao abrir a economia, eliminam-se as empresas improdutivas. As empresas competitivas sobrevivem e, portanto, investirão em inovação e em melhorias técnicas que elevam a produtividade e geram proteções "naturais" em meio à disputa internacional;
3. *Inovacionistas*: defendem que a inovação é a essência da dinâmica industrial para elevar a produtividade e a competitividade. A falta de inovação se traduz em baixa produtividade, reforçando a deficiência competitiva. O investimento em inovação seria a principal ferramenta para superar a armadilha do baixo crescimento e rigidez estrutural.

Todas as abordagens tinham razão a partir de seu ponto de vista. Afinal, há certa circularidade em um sistema de forças inter-relacionadas. Todavia, nenhuma delas, sozinha, consegue abarcar a complexidade do problema. Falta algo, portanto, capaz de dar coesão a estas forças em um esquema analítico útil para compreender a realidade brasileira. Segundo Kupfer, este algo era o "comportamento minimizador do investimento" que os empresários brasileiros tendem a reproduzir. Trata-se de um problema sistêmico que produz comportamentos disfuncionais do ponto de visto do desenvolvimento de longo prazo. Este elemento comportamental é, todavia, uma reação padronizada, apreendida ao longo de décadas de incidência de incentivos distorcidos ao investimento e uma ausência de compulsões inovativas. Precisamos voltar um pouco na história recente para compreendermos onde paramos de aprender produtivamente e nos perdemos em nossos próprios enganos.

2. Diagnóstico da doença industrial brasileira

A abertura comercial iniciada ao final do governo Sarney (1988) e intensificada a partir do governo Collor (1990) promoveu uma mudança *once and for all*, isto é, um choque que levou a economia brasileira de um "equilíbrio" de produtividade estagnada e alta proteção para outro "equilíbrio" marcado pela elevada concorrência externa e baixa competitividade das empresas domésticas. A abertura melhorou, de fato, a produtividade das empresas brasileiras. Porém, esta abertura não foi acompanhada por uma política industrial focada em capacitar a indústria brasileira a sustentar o processo de crescimento e de expansão internacional.

Ao longo dos anos 2000, o mundo viu uma reconfiguração das cadeias globais de valor, com a ascensão chinesa e sua consolidação como novo polo dinâmico do desenvolvimento tecnológico. Em decorrência, a década de 2010 testemunhou notáveis avanços em termos tecnológicos e organizacionais. As dores do envelhecimento prematuro da estrutura produtiva brasileira incapacitaram o país de acompanhar o ritmo destas mudanças.

Segundo a tese de Kupfer, o atraso brasileiro é marcado por três "condições de saúde produtiva", a saber:

1. *Hiato produtivo*: distância do nível de produtividade da nossa indústria com relação àquele de outros países;
2. *Deficiência de competitividade*: déficit na nossa capacidade de disputar e conquistar fatias de mercado no "campeonato mundial da produção" (Gala e Carvalho, 2020);
3. *Lacuna na inovação*: ausência de um sistema nacional de inovação capaz de nutrir a "inovatividade" das organizações industriais brasileiras, isto é, a capacidade de constantemente identificar oportunidades de aprimoramento técnico e de qualidade dos produtos comercializados interna e externamente (Cherif e Hasanov, 2019).

Estes três sintomas caracterizam um sistema econômico incapaz de aprender produtivamente. Com efeito, torna-se doloroso e muito penoso para as empresas se expor continuamente à pressão da concorrência externa, bem como de avançar no campo de batalha do comércio internacional.

3. Ecossistema hostil

A *DIB* começa com um *regime macroeconômico anti-indústria* fincado no tripé macroeconômico: taxa de juros elevada, taxa de câmbio apreciada e políticas de austeridade fiscal permanentes. Iniciado com o Plano Real, o modelo vem mantendo a taxa de câmbio muito apreciada, em linha com o argumento novo--desenvolvimentista.

O problema foi aliviado com a adoção do regime de câmbio flutuante, a partir de 1999. Mesmo assim, ainda persiste a flutuação fortemente administrada com acentuado viés de apreciação. Ademais, o *regime competitivo* da economia brasileira é também bastante hostil ao desenvolvimento industrial. Podemos dividir este regime, como descrito por David Kupfer, em quatro grandes eixos, a saber:

1. *Sistema tributário pró-verticalização*: desde os anos 1980, o sistema econômico mundial se diversificou e se especializou. No Brasil, a estrutura tributária dificulta a desverticalização da empresa, uma vez que o arranjo tributário produz bitributação e ineficiência, incentivando a verticalização para redução de custos;
2. *Estrutura de proteção tarifária anômala*: matérias-primas são mais protegidas do que os produtos que as incorporam. Normalmente, a proteção é focalizada no final da cadeia produtiva (por exemplo, automóveis): a chamada escalada tarifária. Do fim para o começo. Protege-se o bem final e, gradativamente, desloca-se a proteção a montante da cadeia produtiva para fomentar a substituição de importações em setores importantes a cada processo produtivo. Por exemplo, o aço é superprotegido no Brasil. Resultado: o empresário importa a máquina porque é mais barato e mais racional, do ponto de vista empresarial. Isso gera um efeito nocivo sobre a densidade industrial das cadeias produtivas brasileiras;
3. *Má gestão de externalidades*: as infraestruturas deficientes e escassas nos planos dos equipamentos públicos e privados, na qualidade das competências profissionais dos trabalhadores e na limitada capacidade organizacional das empresas brasileiras;
4. *Ausência de sistema robusto de financiamento de longo prazo*: a ausência de um sistema financeiro "paciente" (Mazzucato e Macfarlane, 2018) gera um elevado custo de oportunidade que torna racional o comportamento conservador do empresário brasileiro. O rentismo emerge, portanto, como um comportamento racional e otimizador, ainda que disfuncional do ponto de vista do desenvolvimento econômico.

Neste sentido, a indústria convive com um "contexto sistêmico extremamente negativo". A interação entre estes fatores produz a *rigidez estrutural* ao longo do tempo. O Brasil exporta essencialmente as mesmas coisas que o fazia nos anos 1980.

4. A tríade maldita

A *DIB* se manifesta na tendência à *especialização regressiva* do modelo econômico atual, um arranjo altamente disfuncional para os fins do desenvolvimento de longo prazo. Há *três distorções comportamentais* que reforçam esta armadilha, a saber:

1. *Armadilha do baixo custo*: em vez de focar suas energias em aprimorar sua posição no mercado, as empresas industriais brasileiras estão condenadas a reduzir custos em prazos de retornos muito breves. Competir com a China implicaria investir mais na qualidade dos produtos. A diferenciação por qualidade (em vez de preço) permitiria ocupar algum espaço no mercado internacional. Todavia, como a empresa brasileira não tem capacidade de diferenciar produtos, acaba caindo na armadilha de ter de cortar custos. O resultado é a perda de produtividade pela "desespecialização" da mão de obra (demite-se um trabalhador e coloca-se outro pra fazer o trabalho de dois). A solução desejável não é lutar por um produto mais barato (concorrência por preço), mas inovar para cobrar mais caro (concorrência por qualidade). Somente a inovação consegue romper esta armadilha.
2. *Desadensamento das cadeias produtivas (bens e serviços)*: a combinação de estrutura tributária e tarifária implica incentivos para importar insumos, isto é, *substituir produção prévia por importações*. Isso inibe a produção de um bem com a qualidade almejada, pelas *restrições qualitativas* que o próprio insumo importado impõe a toda a cadeia produtiva a jusante. O resultado é um *"esburacamento* das cadeias produtivas" e "perda de densidade industrial".
3. *Minimização de investimentos*: o sistema de incentivos no Brasil opera no sentido de induzir o empresário a buscar *posições flexíveis*, induzindo o adiamento da decisão de investir. O empresário aprendeu que "nossa trajetória de crescimento" é de "voo de galinha", não gerando confiança quanto à sustentação da demanda agregada no longo prazo. A resposta padrão do empresário é a de esperar o ciclo se confirmar e, somente a partir desta segurança, prosseguir com o gasto de investimento. Neste ínterim, o mercado financeiro oferece ativos livres de risco e com alta rentabilidade, particularmente em títulos de dívida pública. Trata-se de

um *comportamento "curto-prazista" e conservador*. Por fim, outro aspecto do comportamento conservador é a tendência a fazer *"fusões e aquisições"*: empresa com fábrica velha compra outra com fábrica velha. A armadilha se reforça.

O quadro a seguir, elaborado por David Kupfer na referida palestra em 2018, resume as conexões entre as forças que produzem a rigidez estrutural de longo prazo com especialização regressiva.

Quadro 1
Doença industrial brasileira

```
Regime macroeconômico  +  Regime competitivo  =  Rigidez estrutural de longo prazo

                    Minimização de investimentos
                            ↕
Desadensamento  ↔   Especialização   ↔   Armadilha de
(bens e serviços)    regressiva            baixo custo
       ↕                                      ↕
Deficiência de   ↔   Hiato de        ↔   Lacuna de
competitividade      produtividade        inovação
```

Fonte: David Kupfer (2018). Elaboração própria.

Engana-se quem entende que se trata de irracionalidade ou falta de confiança. Ao contrário: o comportamento minimizador do investimento é uma resposta *racional* ao ambiente em que o empresário atua. É a melhor definição do comportamento do empresário brasileiro e também a principal força produzindo a "especialização regressiva". Por exemplo, o último ciclo de investimentos foi no período 2004-08. O investimento começou a crescer, todavia, apenas em 2007, exatamente no momento em que se formava a maior crise financeira internacional do século atual até este momento. Com efeito, muitos daqueles investimentos iniciados foram abortados. A compulsão produzida pelo capitalismo é a de se antecipar ao crescimento da demanda para conquistar o mercado que está crescendo. Esta postura estratégica induz o restante dos oligopolistas a investir também.

Contudo, o capitalismo brasileiro gera uma *tendência à subacumulação de capital*. O ajuste a uma expansão da demanda se dá na *superexploração do capital existente*. O mecanismo, detalhado por Kupfer, é o seguinte: o empresário brasileiro não joga a fábrica fora. Ela é desativada e mantida. Quando a demanda cresce e preenche a capacidade nova, ele reativa a fábrica velha. Como este é um comportamento generalizado, a elevação setorial dos custos de produção se traduz em elevação de preços e, eventualmente, em inflação. A reação do Banco Central de subir os juros leva ao aborto do ciclo de crescimento, confirmando o receio que o empresário tinha ao início do ciclo. Trata-se de um viés de confirmação que produz uma profecia autorrealizável.

Neste sentido, o comportamento empresarial refratário ao investimento não resulta de um *"éthos* rentista". O rentismo seria, portanto, a *resposta racional* às distorções do ambiente econômico. Entre os vários aspectos apontados anteriormente, analisamos mais detidamente o problema do financiamento do investimento.

5. O longo amanhecer da inovatividade: o miolo ausente

Para Alice Amsden, em *A ascensão do resto* (2001:29), o desenvolvimento econômico é

> um processo em que se passa de um conjunto de ativos baseados em produtos primários, explorados por mão de obra não especializada, para um conjunto de ativos baseados no conhecimento, explorados por mão de obra especializada. A transformação exige que se atraia capital tanto humano como físico da busca de rendas extrativistas, do comércio e da "agricultura" (definida em termos amplos) para as manufaturas, o coração do crescimento econômico moderno.

Reforçando esta máxima, Alfred Chandler Jr. destacou, em seu clássico *Escala e escopo* (1990:8), que a imaginação dos investidores no Atlântico Norte foi alimentada pelas expectativas de enormes riquezas provenientes de novas tecnologias, que liberaram o financiamento e o capital humano necessários para um investimento em "três frentes": na manufatura, plantas com escala mínima eficiente; em capacidades gerenciais e tecnológicas; e em marketing.

Ainda que de forma imperfeita, estes são elementos essenciais que nos faltam, dada a nossa suposta doença industrial. Centralizar a estrutura produtiva em um Sistema Nacional de Inovação é a receita para resgatar capacitações robustas nestas "três frentes" de investimento. No entanto, Kupfer frisava que a inovação não pode ser tratada como uma quimera ou um "maná" que cai do céu. Ela é, antes, o resultado de um complexo arranjo de iniciativas deliberadas e consistentes no tempo. Dizia Kupfer (2018):

> A ideia de que existe represado em Universidades e Institutos de Pesquisa um acervo de conhecimentos transformáveis em inovação prontos para serem utilizados pelas empresas é, mais do que irrealista, imprópria. Ciência vira inovação como consequência de estratégias e ações executadas por um setor empresarial robusto e dinâmico, capaz de identificar, desenvolver e explorar as oportunidades trazidas pelo avanço do conhecimento, esse sim proporcionado pela pesquisa básica ou aplicada.

Cumpre salientar que o sucesso neste campo "depende de forma cada vez mais crucial da abrangência e capacitação disponibilizadas por uma enorme gama de instituições intermediárias, públicas e privadas" (Kupfer, 2018), as quais se encarregariam do fornecimento da infraestrutura tecnológica básica, dos serviços técnicos de apoio, do suporte de serviços especializados diversos, entre outros. Produzir conhecimento requer complexidade organizacional e um esforço consistente e paciente em busca de resultados devidamente planejados e articulados com uma rede ampla de atividades de pesquisa e de conversão destas, via inovação, em produtos comercializáveis.

Este complexo organizacional forma *"o miolo de um ecossistema de inovação"*, senão totalmente ausente, ainda muito incipiente no Brasil. O resultado final desta deficiência é uma armadilha do nosso sistema econômico em uma *doença degenerativa* do ponto de vista tecnológico com efeitos crônicos sobre a densidade e a espessura da nossa estrutura produtiva.

6. Considerações finais

Em 19 de fevereiro de 2020, David Kupfer nos deixava órfãos de sua liderança e de seu exemplo. Problematizamos uma de suas hipóteses para explicar o atraso tecnológico e produtivo do Brasil: a *doença industrial brasileira (DIB)*. Em resumo, o *comportamento "minimizador do investimento"* do empresário brasileiro explicaria a rigidez estrutural de longo prazo da economia brasileira. O comportamento curto-prazista e conservador perante o risco da inovação, segundo David Kupfer, seria a resposta racional a um ecossistema econômico hostil à produção. Esta *compulsão ausente* ao investimento resulta da interação complexa de várias forças, entre elas: política macroeconômica, política tributária, política tarifária, política de inovação, estoque de infraestruturas (física e social), perfil do sistema financeiro.

O plano Biden ataca estas frentes simultaneamente e, por isso, serve de inspiração à reflexão sobre o caso brasileiro. Além disso, a iniciativa norte-americana deixa claro que, quando o setor privado falha em sua tarefa de erguer a economia, o Estado assume a missão de redirecionar os esforços produtivos para restabelecer o alinhamento da estrutura econômica ao bem-estar coletivo. As diferenças substanciais entre as duas economias nos obrigam, portanto, a pensar o caso brasileiro em seus próprios termos, a partir de suas complexidades e particularidades.

Referências

AMSDEN, Alice. *A ascensão do "resto"*: os desafios ao Ocidente de economias com industrialização tardia. São Paulo, Editora da Unesp, 2009.

CHANDLER JR., Alfred D. *Scale and scope*: the dynamics of industrial capitalism. Cambridge, Mass.: The Belknap Press of Harvard University Press, 1990.

CHERIF, Reda; HASANOV, Fuad. The return of the policy that shall not be named: principles of industrial policy. *IMF Working Papers no. 019/74*, 26 mar. 2019. 79 p.

KUPFER, David. Miolo ausente. *Valor Econômico*, 19 fev. 2018. Disponível em: https://valor.globo.com/opiniao/coluna/miolo-ausente.ghtml. Acesso em: 20 ago. 2020.

GALA, Paulo; CARVALHO, André R. *Brasil, uma economia que não aprende*. São Paulo: Os Autores, jun. 2020.

MAZZUCATO, M.; MACFARLANE, L. *Patient finance for innovation-driven growth*. UCL Institute for Innovation and Public Purpose, Policy Brief series (IIPP PB 01), 2018.

OSTRY, Jonathan D.; LOUNGANI, Prakash; FURCERI, Davide. Neoliberalism: oversold? *Finance & Development (IMF)*, v. 53, n. 2, p. 38-41, jun. 2016.

4. Complexidade e mudança estrutural

Felipe Augusto Machado
Paulo Gala

Especialistas costumam concordar que o sistema político americano é bastante polarizado, de modo que obter apoio bipartidário a temas prioritários do governo não costuma ser fácil. Recentemente, entretanto, um tema em particular tem sido objeto de preocupação recorrente para políticos de ambos os lados do espectro político: a situação da indústria americana. Já em 2016, o republicano Donald Trump acabaria eleito, em parte, com um discurso que acenava à classe média de tradicionais regiões manufatureiras, as quais viram seus empregos industriais desaparecerem. Na eleição de 2020, tanto políticos democratas como a Senadora Elizabeth Warren[1] quanto republicanos como o Senador Marco Rubio[2] convergiam no discurso a favor da revitalização da manufatura. Joe Biden não ficaria imune a esse consenso. Seu programa de governo afirmava que ele "não compra, por um segundo, a ideia de que a vitalidade da manufatura nos Estados Unidos é coisa do passado". E acrescentava: "a manufatura dos EUA foi o Arsenal da Democracia na Segunda Guerra Mundial e deve fazer parte do Arsenal da Prosperidade Americana hoje, ajudando a alimentar uma recuperação econômica para as famílias trabalhadoras".[3]

O pano de fundo dessa convergência bipartidária é a ascensão chinesa. Considerada a fábrica do mundo, a China representou, em 2019, 28,7% do valor adicionado industrial do mundo. Os EUA, que já estiveram no mesmo patamar, hoje possuem apenas 16,8%.[4] Grande parte dos empregos industriais perdidos

---

[1] Disponível em https://medium.com/@teamwarren/a-plan-for-economic-patriotism-13b879f4cfc7. Acesso em: 19 jun. 2021.
[2] Disponível em https://www.rubio.senate.gov/public/index.cfm/2019/10/icymi-rubio-manufacturing-industry-is-the-cornerstone-of-america. Acesso em: 19 jun. 2021.
[3] Disponível em https://joebiden.com/made-in-america/. Acesso em: 19 jun. 2021.
[4] Disponível em https://www.statista.com/chart/20858/top-10-countries-by-share-of-global--manufacturing-output/. Acesso em: 19 jun. 2021.

em território americano acabou sendo transferida para a China. Por décadas, essa terceirização da produção em cadeias globais de valor não preocupou demasiadamente os americanos. Especialistas acreditavam que o país poderia se especializar em etapas de maior valor agregado ligadas a serviços sofisticados, como *design*, *marketing*, tecnologia da informação, logística e serviços financeiros, deixando a fabricação, etapa menos lucrativa, a países mais competitivos em custos, especialmente os trabalhistas. A virada no debate político é sintoma de que a estratégia em questão não gerou a prosperidade almejada, ou pelo menos não a disseminou de forma suficiente. No Plano Biden, o principal foco são os setores que estão na fronteira tecnológica. No início do seu governo, o presidente americano determinou uma revisão das cadeias de valor de quatro setores considerados estratégicos para o país, com os objetivos de identificar vulnerabilidades e de reduzir a dependência de fornecedores estrangeiros: semicondutores (microchips), baterias para veículos elétricos, minérios de terras-raras (essenciais para inúmeros produtos de alta tecnologia, de turbinas eólicas a equipamentos militares) e farmacêuticos. Não à toa, tratam-se de setores que também vêm sendo considerados prioritários na China. Nesse sentido, ficar para trás no domínio produtivo e tecnológico de produtos complexos é visto como uma ameaça ao desenvolvimento e à segurança nacionais. O Plano prevê investimentos no setor industrial da ordem de US$ 300 bilhões.[5] Nas palavras de Biden, "estamos competindo com a China e outros países para vencer o século XXI. É um grande ponto de inflexão na história".

Indústria, mudança estrutural e complexidade econômica

A importância da indústria para o desenvolvimento econômico já foi bastante discutida na literatura econômica. Teóricos clássicos do desenvolvimento como Nurske (1953), Myrdal (1956), Rosenstein-Rodan (1943), Hirschman (1958), Prebisch (1949) e Furtado (1961) sempre consideraram que a mudança estrutural tinha um papel-chave no processo de desenvolvimento econômico. Isso

---

[5] No momento em que esse artigo estava sendo escrito, o Plano já havia sido aprovado pelo Senado americano por larga margem (68 votos a 32), com valor próximo de US$ 250 bilhões.

decorreria do fato de que as atividades econômicas diferiram umas das outras quanto às suas capacidades de gerarem desenvolvimento. Nesse contexto seria necessário transferir fatores produtivos para atividades que tivessem maior potencial de ganho de produtividade e de bem-estar. Essas atividades possuiriam determinadas características. Entre elas, destacam-se os retornos crescentes de escala (quando o aumento da produção de determinado produto leva à redução do seu custo unitário, por questões como *learning by doing* e transbordamentos tecnológicos), a alta intensidade em pesquisa e desenvolvimento e inovação, os numerosos encadeamentos (ligações com outras atividades produtivas) e as grandes barreiras à entrada (como a necessidade de elevado capital inicial, a importância de marcas e patentes e as longas curvas de aprendizado). Nesses setores, onde predominaria a competição imperfeita, seria gerado o excedente que permitiria às empresas e países acelerarem o progresso tecnológico e sustentarem melhores salários. Naquela época, o debate se centrava na oposição entre dois macrossetores: agricultura e indústria. Assim, a indústria, na visão dos autores, era o setor que apresentava as características mais próximas das mencionadas e que, portanto, deveria ser o foco dos países que almejassem convergir economicamente com o mundo desenvolvido. Essa visão alcançou grande popularidade no pós-guerra e, como mostraram inúmeros estudos de caso, fez parte das estratégias nacionais dos poucos países que conseguiram atingir a renda alta desde então, especialmente os do leste asiático.[6]

Em 2011, Hausmann e colaboradores criaram a abordagem da complexidade econômica. Segundo ela, a chave para o desenvolvimento estaria na acumulação de conhecimento e de *know-how* pela sociedade e seu reflexo na produção de bens cada vez mais complexos. Para medir a complexidade de um país (ou de um bem), apenas dois conceitos são utilizados, diversidade e ubiquidade — que sugerem a dificuldade de se acumular conhecimento na produção de bens complexos. Países que são capazes de produzir muitos bens (diversificados), e cujos bens sejam também produzidos competitivamente por um número pequeno de países (não ubíquos), são considerados complexos. A mesma lógica se aplica aos bens. Aparelhos médicos de imagem, por exemplo, são produzidos competi-

---

[6] A literatura sobre este tema é extensa. Algumas sugestões de leitura são: Johnson (1982); Amsden (1989, 2001); Wade (1990); Evans (1995); Rodrik (2004, 2008); Lall (2004); Reinert (2009); Studwell (2013); Cheriff e Hasanov (2019); Nayyar (2019).

tivamente por poucos países, em geral diversificados. Por outro lado, toras de madeira são produzidas competitivamente por muitos países, em média menos diversificados. Aparelhos médicos são complexos; toras de madeira, não. Os autores dessa abordagem utilizam a base de dados de exportações mundiais, que é longa e padronizada o suficiente para permitir comparar um elevado número de países e de bens nas últimas décadas, para calcular índices de complexidade. Os índices confirmam aquilo que os teóricos clássicos já mencionavam: países ricos tendem a ser mais complexos do que países pobres, e bens industriais tendem a ser mais complexos do que bens agropecuários e minerais (Gala e Carvalho, 2020). Porém, a abordagem permitiu avançar muito além da análise macrossetorial, sendo possível apurar a complexidade de milhares de produtos. Desde então, vários estudos têm demonstrado não somente a forte associação entre o índice de complexidade e o nível e a variação da renda *per capita* dos países,[7] como era argumentado pelos teóricos clássicos, mas também entre ele e outros aspectos como a redução da desigualdade (Hartmann et al., 2017) e a preservação do meio ambiente (Romero e Gramkov, 2020).

Como estamos?

A abordagem da complexidade econômica nos fornece uma série de ferramentas e conceitos que podem ser utilizados para a realização de diagnósticos sobre a situação atual do país. A esse respeito, o primeiro aspecto que chama a atenção é a persistente queda do índice de complexidade econômica e o consequente declínio da posição do Brasil no *ranking* de complexidade nas últimas décadas. O gráfico a seguir mostra o índice do Brasil entre 1995 e 2019. Enquanto no início da série o Brasil ainda apresentava índice próximo de 1, ao final da série ele tinha caído para menos de 0,5. Em termos de posição no *ranking*, em 1995 o Brasil tinha a 25ª economia mais complexa do mundo. Em 2019 ela foi apenas a 50ª.

---

[7] Felipe et al. (2010); Hausmann et al. (2011); Gala et al. (2018); Weber et al. (2021).

Figura 1
Índice de complexidade econômica do Brasil (1995-2019)

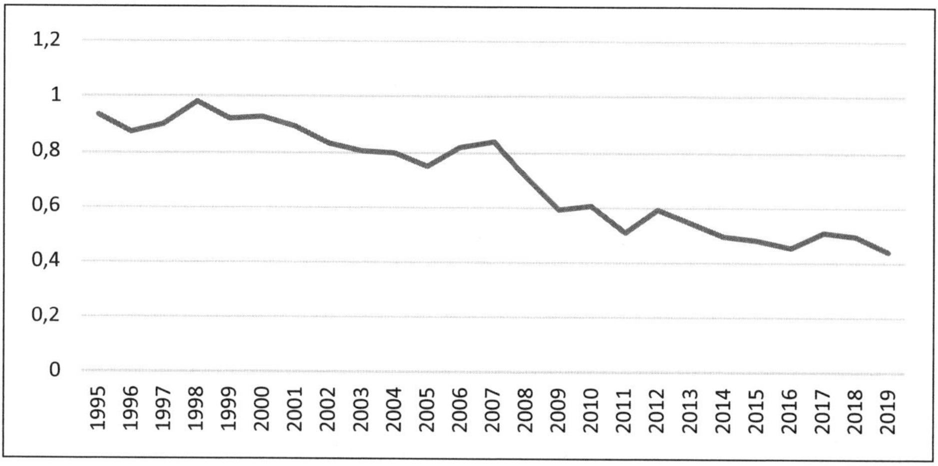

Fonte: Observatory of Economic Complexity. Elaborado pelos autores.

Tal desempenho não chega a surpreender quando levamos em consideramos a relação íntima entre indústria e complexidade econômica e o acelerado processo de desindustrialização do país das últimas décadas. Estudo de Morceiro e Tessarin (2019) analisou o desempenho da indústria de 30 países de 1970 a 2017 (representando em torno de 90% da produção industrial global) e concluiu que o Brasil somente perdeu menos indústria do que a Austrália e o Reino Unido. No entanto, esses últimos seriam casos de desindustrialização natural, entre outros motivos porque é esperado que serviços como lazer e turismo, finanças, saúde e educação ganhem maior relevância no orçamento na medida em que as famílias enriqueçam. No caso do Brasil, contudo, a importância da indústria começou a declinar muito antes do que seria esperado por sua renda *per capita*. Assim, os autores concluíram que o país vem sofrendo do mais grave processo de desindustrialização precoce do mundo.

Tudo isso, vale lembrar, ocorreu durante um período em que ficamos ainda mais distantes do mundo desenvolvido em renda *per capita*. Entre 1980, auge da indústria no Brasil, e 2019, crescemos apenas 0,7% ao ano em média, muito menos do que os demais países de renda média-alta (3%), os de renda alta (1,7%), os da OCDE (1,6%), ou mesmo do que a média mundial (1,5%).[8] A participação

---

[8] Dados do Banco Mundial. Disponível em https://data.worldbank.org/indicator/NY.GDP.PCAP.KD. Acesso em: 4 set. 2021.

da renda *per capita* do Brasil em relação à dos países de renda alta caiu de 37% para 25% no mesmo período. Tais indicadores estão alinhados com o que mostram as evidências empíricas a respeito da ligação entre indústria, complexidade econômica e crescimento da renda *per capita*.

Com base na vantagem comparativa revelada (VCR), uma espécie de indicador de competitividade internacional, podemos fazer um exame mais aprofundado da situação atual da complexidade econômica do país. Segundo esse conceito, afirma-se que determinado país possui competitividade internacional em determinado produto quando o percentual das exportações daquele produto na pauta exportadora do país superar o percentual das exportações daquele produto na pauta exportadora mundial. Em 2008, por exemplo, o Brasil exportou 7,8% do valor da sua pauta exportadora em soja. No mesmo ano, a soja representou apenas 0,35% da pauta exportadora mundial. A divisão de 7,8% por 0,35% gera o VCR de 22,3. Assim, o Brasil podia ser considerado bastante competitivo nesse produto, pois o VCR superou com folga o valor de 1.

A figura 2 apresenta todos os produtos comercializados internacionalmente, padronizados conforme o Sistema Harmonizado (SH) a quatro dígitos (1.240 produtos). No eixo horizontal, os produtos foram ordenados conforme sua classificação no *ranking* de complexidade econômica (níveis decrescentes de complexidade). No eixo vertical, o indicador de vantagem comparativa revelada do Brasil para cada produto.[9]

Fica claro que a grande maioria dos produtos em que o Brasil é competitivo internacionalmente são simples. Dos 204 produtos em que o Brasil foi competitivo (VCR maior do que 1), apenas 60 (29%) estão na metade mais complexa do *ranking* de complexidade do produto (ICP), enquanto 144 (71%) estão na metade mais simples. Conforme tabela a seguir, entre os 10 produtos em que o Brasil é mais competitivo, apenas um deles está na metade mais complexa, um produto industrial, e mesmo assim somente na 283ª posição (tubos flexíveis de metais comuns). Sete deles estão entre os 20% mais simples. Todos esses são produtos primários.

---

[9] Os dados são uma média de 2015 a 2017, último ano com dados publicamente disponíveis. Entende-se que a utilização de um triênio suaviza eventuais distorções anuais.

Figura 2
Competitividade internacional do Brasil (VCR) por produto conforme *ranking* de complexidade (2015-17)

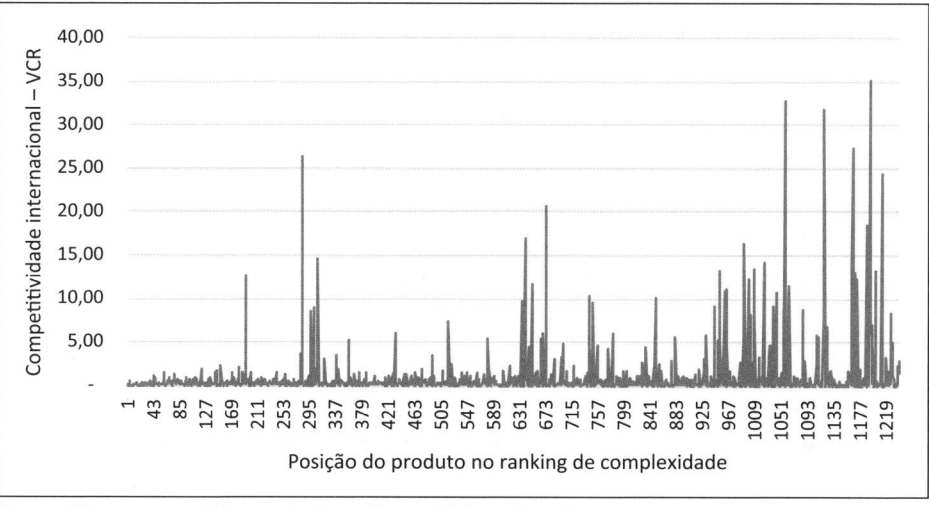

[Gráfico: eixo Y "Competitividade internacional – VCR" de 0 a 40,00; eixo X "Posição do produto no ranking de complexidade" de 1 a 1219]

Fonte: Observatory of Economic Complexity. Elaborado pelos autores.

Tabela 1
Competitividade internacional do Brasil (VCR) por produto conforme *ranking* de complexidade (2015-17)

Produto	VCR	ICP	Posição Ranking
Mate	35,1	-1,84	1192
Obras de tripa	32,7	-1,13	1056
Soja	31,7	-1,37	1119
Açúcar	27,2	-1,63	1164
Tubos flexíveis de metais comuns	26,4	0,80	283
Ceras vegetais, ceras de abelha	24,3	-1,97	1211
Carne de aves	20,6	0,02	673
Minério de ferro	18,5	-1,78	1186
Pastas químicas de madeira	16,9	0,08	639
Bagaços da extração do óleo da soja	16,3	-0,89	992

Fonte: Observatory of Economic Complexity. Elaborado pelos autores.

Assim, o VCR médio do Brasil para os 100 produtos mais complexos foi de apenas 0,24 entre 2015 e 2017, enquanto o VCR médio do Brasil para os 100 produtos mais simples foi de 2,35. Chama atenção também o fato de que o Brasil foi competitivo em apenas três produtos entre os 100 mais complexos: um produto de transporte, um produto químico orgânico e uma máquina. Entre os 100 menos complexos, o Brasil foi competitivo em nada menos do que 30, sendo 14 vegetais, nove minerais, três alimentícios, dois têxteis e dois animais.

O que fizemos ou deixamos de fazer?

Nos últimos 40 anos, distintos governos brasileiros priorizaram a estabilização macroeconômica, buscando controlar a inflação e reduzir o endividamento público. Para além da necessidade de solucionar questões práticas, como a superação da crise da dívida dos anos 1980, na maior parte do período predominaram visões teóricas ligadas ao chamado Consenso de Washington, um conjunto de políticas de caráter liberal que tinha como premissa a retração da intervenção estatal na economia (Almeida, 2009; Devlin e Moguillansky, 2012). Esse contexto levou à perda de espaço das políticas industriais, além da adoção de instrumentos que tendem a afetar negativamente a produção interna, como juros altos e câmbio sobrevalorizado. Com exceção de algumas iniciativas setoriais isoladas, somente entre 2004 e 2014 foram implementadas políticas industriais (Cano e Silva, 2010). Essas ações e omissões contrastam fortemente com a trajetória dos países que mais aumentaram sua complexidade econômica entre 1995 e 2019. Entre os 25 países mais complexos em 2019, posição que o Brasil ocupou em 1995, os cinco que mais avançaram foram asiáticos que reconhecidamente viam o desenvolvimento produtivo como prioridade. Nesses locais, a política macroeconômica era considerada basicamente um meio para atingir esse objetivo (Nayyar, 2019).[10]

Isso não significa dizer que bastaria implementar políticas industriais que a complexidade econômica seria atingida. Além da necessária convergência com as políticas macroeconômicas, é importante que o desenho e a implementação das

---

[10] Os cinco países: China (ganhou 24 posições), Coreia do Sul (23), Malásia (18), Taiwan (14) e Singapura (14).

políticas industriais tenham como norte a complexidade econômica. Machado (2019) analisou a atuação do Banco Nacional de Desenvolvimento Econômico e Social (BNDES), o principal órgão executor das políticas industriais implementadas entre 2004 e 2014, para entender se os desembolsos aprovados naquele período estiveram voltados para atividades econômicas mais complexas. A pesquisa concluiu que 81% dos montantes aprovados contemplaram atividades que possuíam índice de complexidade inferior ao índice que o Brasil tinha em 2003. Por esse motivo, se as atividades econômicas contempladas pelo BNDES tivessem se desenvolvido na mesma proporção dos valores aprovados para cada uma delas, o Brasil teria reduzido sua complexidade em comparação àquela que tinha na véspera das políticas industriais. Este resultado levaria a economia brasileira a patamar semelhante ao de países como Albânia e Quênia (que hoje estão 27 posições abaixo da brasileira).

Ademais, quando os retornos sociais superam os retornos privados, a teoria econômica nos sugere que a intervenção estatal é mais justificada quanto mais incertos, arriscados e demorados forem os investimentos. Isso porque, sem o apoio estatal, eles dificilmente serão realizados. No entanto, em quatro das cinco atividades mais contempladas com desembolsos aprovados (representando 35% dos valores totais), o Brasil já apresentava grande competitividade internacional — ou seja, o conhecimento e o *know-how* produtivos já eram de domínio do país.[11] Assim, pode-se afirmar que havia maior segurança quanto ao retorno desses investimentos, o que tornaria a intervenção estatal menos necessária.

A figura 3 mostra que grande parte das atividades econômicas mais contempladas com desembolsos aprovados apresentou VCR maior do que 1, ou seja, o Brasil já podia ser considerado competitivo internacionalmente. Ademais, a imensa maioria dos desembolsos esteve voltada para atividades econômicas mais simples do que a complexidade econômica que o país tinha na véspera das políticas industriais em questão.

---

[11] Refino do petróleo foi a atividade mais contemplada com desembolsos aprovados e apresentou VCR de 0,5 em 2003. Na sequência, vieram aeronaves (2,7), celulose (9,3), álcool (9,9) e soja (25,1), produtos nos quais o Brasil já era competitivo. Em nenhuma dessas atividades haveria ganho de complexidade econômica.

Figura 3
Competitividade internacional e índice de complexidade das atividades econômicas brasileiras

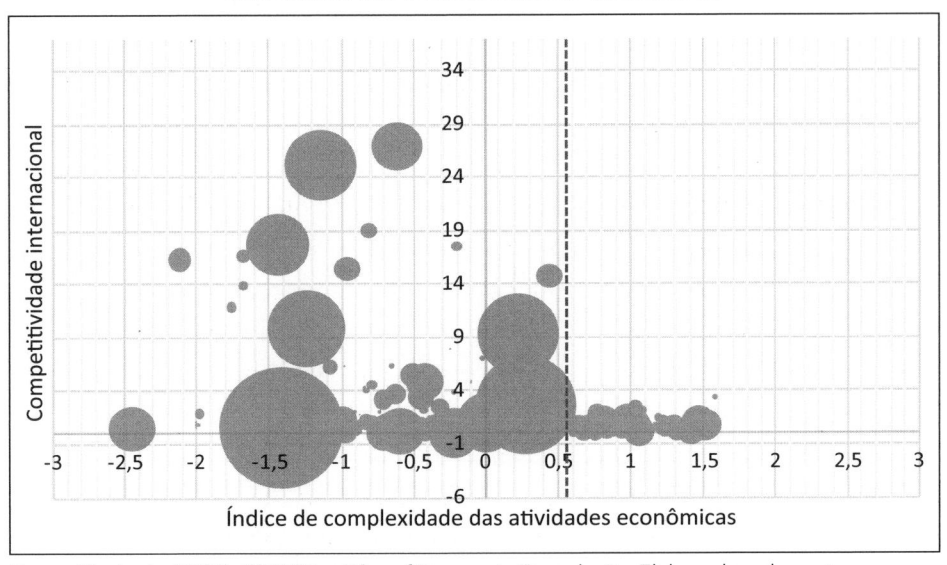

Fonte: Machado (2019), BNDES e Atlas of Economic Complexity. Elaborado pelos autores.
Linha tracejada vermelha representa o índice de complexidade econômica do Brasil na véspera das políticas industriais (+0,57). Círculos representam cada uma das atividades econômicas contempladas. O tamanho dos círculos representa o montante dos desembolsos aprovados.

Utilizando o conceito de distância entre os produtos, Machado (2019) também avaliou os desembolsos aprovados para as atividades econômicas em que o Brasil não era competitivo, buscando analisar a estratégia de diversificação produtiva das políticas industriais. Conforme esse interessante conceito, se a probabilidade de um país qualquer exportar competitivamente um produto A e um produto B for alta, diz-se que os conhecimentos necessários para produzir esses produtos são similares. Vinho e uva são produtos cuja probabilidade de serem coexportados é alta.[12] Ou seja, eles estão próximos em termos de conhecimento produtivo.

---

[12] Indicador calculado com base em dados de comércio internacional de 128 países durante 50 anos.

Figura 4
Índice de complexidade e distância das atividades econômicas em que o Brasil não era competitivo

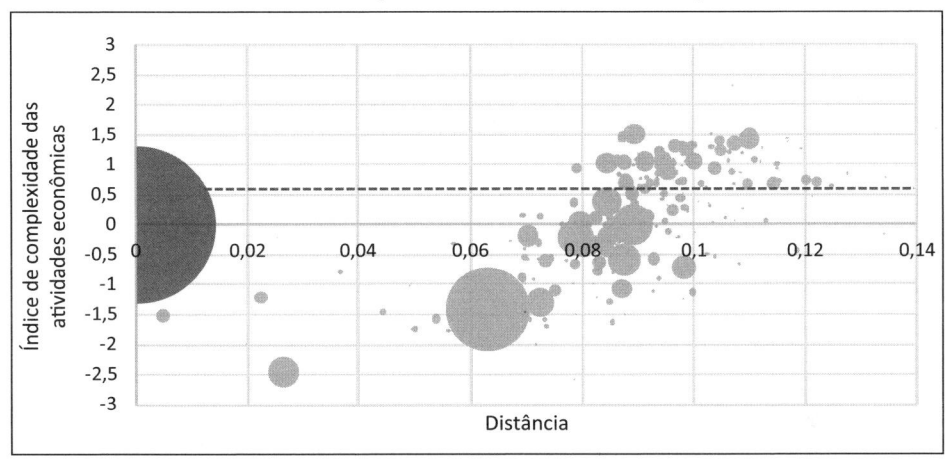

Fonte: Machado (2019), BNDES e Atlas of Economic Complexity. Elaborado pelos autores.
Linha tracejada vermelha representa o índice de complexidade econômica do Brasil na véspera das políticas industriais (+0,57). Semicírculo representa todos os desembolsos aprovados para atividades em que o Brasil já era competitivo (45% do total). Círculos representam cada uma das atividades econômicas em que o Brasil não era competitivo. O tamanho dos círculos representa o montante dos desembolsos aprovados.

Para o Brasil, os dados mostram que as atividades econômicas mais complexas estão mais distantes daquelas em que o Brasil é competitivo (evidenciado pela inclinação ascendente das atividades na figura 4). Ou seja, no Brasil, atividades complexas tendem a exigir conhecimento e *know-how* produtivos distintos dos que dominamos. Além de essa ser mais uma evidência da baixa complexidade da nossa economia (para países como o Japão, por exemplo, as atividades complexas estão mais próximas do que as atividades simples), ela implica dizer que o esforço por desenvolver atividades complexas no país tende a ser maior, com retornos incertos e demorados, o que justificaria maior apoio governamental.

Apesar disso, as políticas industriais priorizaram atividades em que o Brasil já era competitivo (cerca de 45% dos desembolsos totais aprovados) ou que estavam próximas dessas atividades, mesmo que não fossem complexas. Ao final do período de 2004 a 2014, apenas 14% dos desembolsos aprovados estiveram voltados para atividades em que o Brasil não era competitivo e que eram mais complexas do que o índice de complexidade do Brasil na véspera da implementação dessas políticas. Não houve esforço maior do Estado brasileiro em promovê-los, a despeito dos altos retornos sociais e da baixa atratividade que esses investimentos exerciam sobre o setor privado.

O que poderia ser feito?

Os conceitos e instrumentos apresentados anteriormente também podem fornecer informações relevantes para a elaboração de políticas industriais, tornando mais objetiva e fundamentada a seleção de tecnologias, setores ou produtos a serem estimulados. Vários estudos têm feito uso deles para apontar estratégias de diversificação que tenham como propósito aumentar a complexidade econômica dos países. As estratégias costumam considerar apenas os produtos em que um país não é ainda competitivo e cujo índice de complexidade é maior do que o índice de complexidade do país (círculos que estavam acima da linha tracejada na figura 3, por exemplo). Contudo, uma estratégia de seleção mais detalhada pode variar conforme vários critérios.

Boa parte dos estudos costuma dar importância maior à distância, uma vez que, quanto mais próximos forem os conhecimentos produtivos, menor tendem a ser o custo e o risco da intervenção. Como mostraram Pinheiro e colaboradores (2018), que analisaram 93 países entre 1965 e 2014, economias tendem a se diversificar a partir de produtos mais próximos entre si. Por outro lado, para países em desenvolvimento, os produtos mais complexos tendem a estar mais distantes, de forma que o benefício gerado pelo desenvolvimento desses produtos tende a ser maior. Assim, os autores também concluíram que, nos casos em que países conseguiram se diversificar a partir de produtos mais distantes, o crescimento econômico acabou sendo mais robusto.

O Growth Lab de Harvard usa os dados de complexidade econômica para recomendar aos países algum tipo de política industrial.[13] Para o Brasil, o laboratório recomendou uma política industrial parcimoniosa. Segundo seus cálculos, entre os países analisados, o Brasil estaria relativamente bem conectado a produtos complexos que não domina, embora sua complexidade não seja suficiente para fazer sua renda *per capita* aumentar.

---

[13] Perfil do Brasil disponível em: https://atlas.cid.harvard.edu/countries/32. Acesso em: 4 set. 2021.

Figura 5
Estratégia do Growth Lab de Harvard para identificar a melhor política industrial para o Brasil

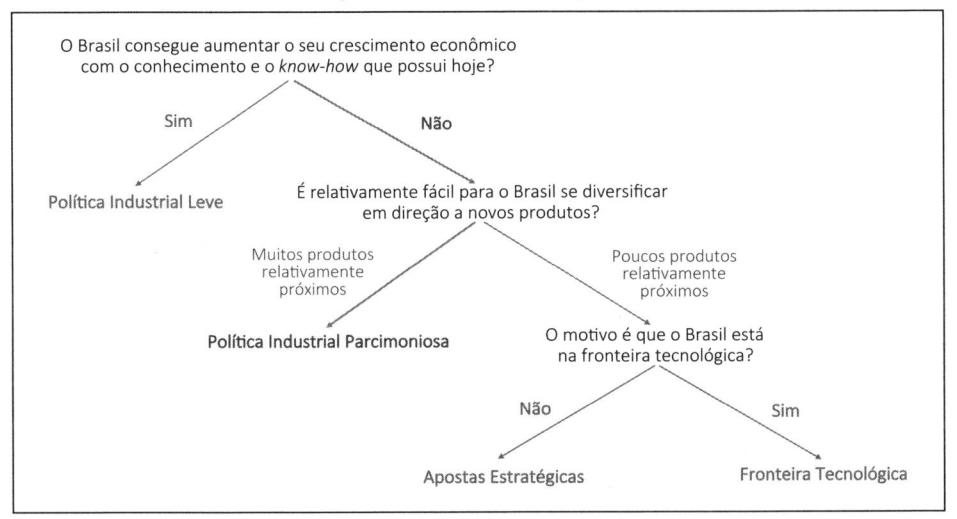

```
O Brasil consegue aumentar o seu crescimento econômico
com o conhecimento e o know-how que possui hoje?
         /                           \
       Sim                           Não
       /                               \
Política Industrial Leve      É relativamente fácil para o Brasil se diversificar
                              em direção a novos produtos?
                                   /                        \
                         Muitos produtos              Poucos produtos
                         relativamente                relativamente
                         próximos                     próximos
                              /                              \
                  Política Industrial Parcimoniosa    O motivo é que o Brasil está
                                                     na fronteira tecnológica?
                                                          /              \
                                                        Não              Sim
                                                        /                  \
                                               Apostas Estratégicas    Fronteira Tecnológica
```

Fonte: Hausmann et al. (2011).

Consequentemente, a recomendação de Harvard é de que o Brasil solucione gargalos para saltar curtas distâncias em direção a produtos mais complexos que estejam próximos da estrutura produtiva vigente. Assim, três critérios foram considerados: índice de complexidade do produto, ganho de oportunidade (benefício de desenvolver um produto que esteja próximo de produtos complexos) e distância, e este último acabou recebendo maior peso (55%) para fins de seleção de produtos dentro de uma política industrial parcimoniosa e balanceada. Tal simulação gerou 50 produtos a serem estimulados, entre eles, 16 da indústria química, seis máquinas, cinco produtos de transporte, cinco metais e quatro da indústria plástica.

Romero e Freitas (2018) foram além e consideraram critérios adicionais para a definição dos setores promissores do Brasil. Foram três critérios para medir a capacidade produtiva atual do Brasil (o valor exportado, o VCR e a proximidade do produto em questão), três critérios para medir as oportunidades de mercado (o valor importado pelo Brasil e pelo mundo e um índice VCR para importações chamado Desvantagem Comparativa Revelada — DCR) e dois critérios para medir os benefícios (ganho de oportunidade e complexidade do produto). Nas suas análises, os autores deram maior peso aos benefícios (5) do que à capacidade atual (3,3) e às oportunidades de mercado (3,3), gerando 20 produtos promissores: oito máquinas, cinco eletroeletrônicos (incluindo semicondutores), três produtos de transporte, três químicos (incluindo medicamentos e vacinas) e um instrumento médico (tabela 2).

Tabela 2
Vinte setores promissores para o Brasil, segundo Romero e Freitas (2018)

Produto	Capacidade			Mercado			Ganho		
	Exportações	VCR	Densidade	Importações	Imp. Mundo	DCR	ICP	Ganho de Op.	Ranking
Carros	3366	0,39	0,15	5019	5020	0,67	0,54	0,13	1
Peças para veículos	2297	0,52	0,15	5361	5360	1,37	0,79	0,11	2
Telefones	294	0,05	0,13	4283	4280	0,71	0,79	0,12	3
Medicamentos embalados	977	0,23	0,15	3253	3250	0,83	0,35	0,11	4
Circuitos integrados	95	0,02	0,12	2962	2960	0,45	2,05	0,22	5
Soros e vacinas	69	0,04	0,14	2734	2730	1,93	1,29	0,16	6
Acessórios para transmissão de rádio e TV	58	0,09	0,12	2179	2180	3,32	1,08	0,23	7
Compostos heterocíclicos com nitrogênio	135	0,18	0,16	2052	2050	2,71	1,68	0,06	8
Peças para máquinas de escritório	53	0,04	0,14	1623	1620	1,28	1,71	0,13	9
Transmissões	537	0,83	0,15	1339	1340	2,18	1,47	0,13	10
Válvulas	755	0,73	0,13	1094	1090	1,19	1,41	0,15	11
Peças de aeronaves	404	0,39	0,15	1223	1220	1,22	0,18	0,18	12
Instrumentos médicos	147	0,11	0,14	1340	1340	1,14	0,76	0,16	13
Bombas de ar	739	0,85	0,14	980	960	1,3	1,59	0,14	14
Outros maquinários	173	0,2	0,14	1163	1160	1,63	1,86	0,18	15
Discos para gravação de dados digitais	66	0,02	0,14	1128	1130	0,31	1,17	0,12	16
Aparatos de proteção de baixa tensão	226	0,2	-0,15	1042	1040	0,99	0,68	0,14	17
Impressoras industriais	90	0,08	0,13	1021	1020	0,94	1,67	0,19	18
Centrífugas	40	0,56	0,15	856	856	1,35	0,83	0,12	19
Transformadores elétricos	304	0,27	0,14	818	818	0,82	1,16	0,14	20

Fonte: Romero e Freitas (2018).

Tais estudos mostram apenas alguns exemplos de como a abordagem da complexidade econômica poderia ser utilizada para auxiliar o gestor público na elaboração de políticas industriais. Contudo, ainda que ela tenha um enorme potencial, recomenda-se sempre que sua utilização seja cuidadosa e complementada com a consideração de outras metodologias.[14] Ademais, outros fatores podem pesar no desenho da política industrial, como a presença ou não de capital nacional em determinado setor[15] ou questões geopolíticas. Para a China, por exemplo, o Growth Lab recomenda uma política industrial "leve". Porém, no contexto da disputa com os EUA, seus dirigentes têm adotado claramente uma estratégia de expansão da fronteira tecnológica, tal qual a recomendada para os EUA e no mesmo sentido do Plano de Biden (Naughton, 2021), pois os americanos não parecem mais dispostos a continuar permitindo o avanço sobre tecnologias conhecidas por um rival estratégico na luta pela hegemonia global. De qualquer forma, a flexibilidade na escolha dos critérios e dos seus respectivos pesos fornece ao gestor público uma ferramenta inovadora e promissora para a superação do subdesenvolvimento.

Conclusão

Nos EUA, a crise da classe média e a ascensão da China como principal concorrente na luta pela hegemonia mundial acenderam o alerta para a contínua importância da indústria e para os limites do modelo anterior. Quase que ao mesmo tempo, a abordagem da complexidade econômica vem gerando cada vez mais evidências empíricas de que a chave para o desenvolvimento estaria no domínio produtivo e tecnológico de produtos industriais complexos. Como os benefícios à sociedade são grandes, mas os investimentos requeridos para dominá-los são elevados, arriscados e com retornos incertos, a atuação estatal se mostra fundamental para que os investimentos não fiquem aquém do desejado. Por sorte, os conceitos e instrumentos criados pela abordagem também fornecem valiosas informações para que o gestor público elabore políticas públicas que se orientem pela busca de complexidade e que possam aproximar o país do mundo desenvolvido.

---

14 Deve-se, por exemplo, evitar que o incremento de complexidade ocorra apenas por meio da montagem dos produtos, sem significativa agregação de valor, como no caso centro-americano (Caria et al, 2017).
15 Evans (1995) considera, por exemplo, que o domínio do mercado interno brasileiro por multinacionais estrangeiras contribuiu significativamente para a baixa efetividade das políticas de estímulo ao setor de informática.

Referências

ALMEIDA, Mansueto. *Desafios da real política industrial brasileira do século XXI*. Texto para discussão n° 1452. Ipea, dez. 2009.

AMSDEN, A. *Asia's next giant*: South Korea and late industrialization. Nova York: Oxford University Press, September, 1989.

_____. *The rise of the rest*: challenges to the west from late-industrializing economies. Nova York: Oxford University Press, 2001.

CANO, Wilson; SILVA, Ana. Política industrial no governo Lula. *Texto para Discussão*, IE/Unicamp, Campinas, n. 181, jul. 2010.

CARIA, Sara et al. Can the monkeys leave the export processing Zones? Exploring the Maquiladora Bias in the Economic Complexity Index in Latin America. *Journal of Economics and Development Studies*, v. 5, n. 1, p. 20-28, mar. 2017.

CHERIF, R.; HASAVOV, F. the return of the policy that shall not be named: principles of industrial policy. *Working Paper No. 19/74*, FMI, 2019.

DEVLIN, R; MOGUILLANSKY, G. What is new in the new industrial policy in Latin America? *Policy Research Working Paper 6191*, World Bank, Wahsington, 2012.

EVANS, Peter. *Embedded autonomy*: States and industrial transformation. Nova Jersey: Princeton University Press, 1995.

FELIPE, J. et al. Product complexity and economic development. *Working Paper N. 616*, Levy Economics Institute, 2010.

FURTADO, C. *Desenvolvimento e subdesenvolvimento*. Rio de Janeiro: Fundo de Cultura, 1961.

GALA, Paulo. *Complexidade econômica*: uma nova perspectiva para entender a antiga questão da riqueza das nações. Rio de Janeiro: Contraponto; Centro Internacional Celso Furtado de Políticas para o Desenvolvimento, 2017.

_____; CARVALHO, André Roncaglia. *Brasil, uma economia que não aprende*. São Paulo: Os Autores, jun. 2020.

_____ et al. The structuralist revenge: economic complexity as an important dimension to evaluate growth and development. *Brazil. J. Polit. Econ.*, São Paulo, v. 38, n. 2, p. 219-236, abr./jun. 2018.

HARTMANN, D. et al. Linking economic complexity, institutions, and income inequality. *World Development*, v. 93, p. 75-93, maio 2017.

HAUSMANN, R. et al. *The atlas of economic complexity*. Cambridge, MA: Puritan Press, 2011.

HIRSCHMAN, Albert. *Strategy of economic development*. Yale University Press, dez. 1958.

JOHNSON, C. *Miti and the Japanese miracle*: the growth of industrial policy, 1925-1975. Tokyo: Charles E. Tuttle Co. Publishers, 1982.

LALL, Sanjaya, Reinventing industrial strategy: the role of government policy in building industrial competitiveness. *G-24 Discussion Paper No. 28*, 2004.

MACHADO, F. Avaliação da implementação das políticas industriais do século XXI (PITCE, PDP e PBM) por meio da atuação do BNDES sob a ótica da complexidade econômica. Dissertação (mestrado) — Instituto de Pesquisa Econômica Aplicada, Programa de Pós-Graduação em Políticas Públicas e Desenvolvimento, área de concentração em Economia, 2019.

MORCEIRO, Paulo; TESSARIN, Milene. Desenvolvimento industrial em perspectiva internacional comparada. *Iedi*, ago 2019.

MYRDAL, G. *Development and under-development*: a note on the mechanism of national and international economic inequality. National Bank of Egypt fiftieth anniversary commemoration lectures, Cairo, 1956.

NAUGHTON, B. *The rise of China's industrial policy*: 1978-2020. México: Universidad Nacional Autónoma de México, Facultad de Economía, 2021.

NAYYAR, D. *Resurgent Asia*: diversity in development. Oxford: Oxford University Press, 2019.

NURSKE, R. Problems of Capital Formation in Underdeveloped Countries. Oxford, Oxford University Press, 1953.

PINHEIRO, Flávio L. et al. *Shooting high or low: do countries benefit from entering unrelated activities?* Papers in Evolutionary Economic Geography, 2018.

PREBISCH, R. Estudo econômico da América Latina. In: BIELSCHOWSKY, R. (Ed.). *Cinquenta anos de pensamento na Cepal*. São Paulo: Cepal; Cofecon; Record, 1949. p. 69-138.

REINERT, Erik S. *Como os países ricos ficaram ricos... e por que os países pobres continuam pobres*. Rio de Janeiro: Centro Celso Furtado, Contraponto, 2016.

RODRIK, D. Industrial policy: don't ask why, ask how. *Middle East Development Journal*, Demo Issue, p. 1-29, 2008.

_____. *Industrial policy for the twenty-first century*. Cambridge, MA: John F. Kennedy School of Government, 2004. Mimeografado.

ROMERO, J.; GRAMKOV, C. *Economic complexity and greenhouse gas emission intensity*. Cambridge Centre for Economic and Public Policy. CCEPP WP03-20, maio 2020.

ROSENSTEIN-RODAN, P. Problems of industrialisation of Eastern and South-Eastern Europe. *Economic Journal*, v. 53, n. 210/1, p. 202–211, 1943.

STUDWELL, J. *How Asia works*: success and failure in the world's most dynamic region. Grove Press, 2013.

WADE, R. *Governing the market*: economic theory and the role of government in East Asian industrialization. Princeton: Princeton University Press, 1990.

WEBER, I. et al. What you exported matters: persistence in productive capabilities across two eras of globalisation. *Working paper n. 41*, Economic and Social Research Council, 2021.

5. Redistribuição como racionalidade social e econômica

Débora Freire Cardoso

1. Introdução

O crescimento da desigualdade é um problema mundial. As políticas redistributivas, por sua vez, sempre sofreram resistência no campo econômico e político, em especial em países ditos mais liberais, como os Estados Unidos. O presidente Biden, no entanto, parece apontar, com seu gigante plano de recuperação, um novo caminho. Auxílio emergencial; pagamentos às famílias na forma de licenças-família e licenças médicas para situações de afastamento do trabalho decorrente da necessidade de cuidados com familiares; assistência à infância, em especial de famílias de baixa renda, na forma de auxílio para pagamento de creches; expansão de financiamento estudantil, entre outras medidas. O financiamento das medidas viria da majoração do imposto de renda dos mais ricos, além de endividamento (Estadão, 2021).

Por mais que essas medidas sejam vistas como necessárias para a recuperação do tecido social perdido com a devastação causada pela pandemia da Covid-19, fica muito claro que o plano prevê, em medidas redistributivas e de assistência aos mais pobres, um caminho para a recuperação econômica. O Plano Biden coloca a redução da desigualdade como eixo central para o êxito futuro da economia norte-americana.

No espectro microeconômico, a conexão entre a redução da desigualdade e o progresso econômico se dá por meio da ampliação de oportunidades, evitando o desperdício de talentos e ampliando a produtividade de longo-prazo. No espectro macroeconômico, a relação tem longo histórico de dissensos entre os economistas, dada a ausência de consenso sobre a relação poupança-investimento como fonte do crescimento econômico e sobre a existência ou não de um *trade-off* entre eficiência e equidade. No entanto, embora muitas vezes seja esquecido, a abordagem estruturalista também se debruça sobre a relação entre desigualdade e crescimento econômico. Essa vertente mostra que a redução da desigualdade é positiva para crescimento via ampliação do mercado interno, uma defesa que a escola da Cepal já fazia na segunda metade do século XX.

Entre os autores da corrente estruturalista, trataram do tema autores como Celso Furtado (Furtado, 1961, 1968, 1972), Aníbal Pinto (1965, 1970, 1971, 1976a, 1976b), Maria da Conceição Tavares e José Serra (Tavares e Serra, 1972; Tavares e Serra, 1973). Os estruturalistas cepalinos insistiam na limitada extensão do mercado para produtos de elevado valor unitário como característica essencial do subdesenvolvimento econômico latino-americano; dada a grande descontinuidade no perfil de distribuição de renda, o mercado para as indústrias dinâmicas era visto não apenas como excessivamente estreito, mas também rígido a mudanças em sua extensão (Coutinho,1979; Freire Cardoso, 2020).

Parece óbvio que, em um momento em que as famílias estão empobrecidas, dada a enorme crise derivada da imprescindível estratégia de saúde pública de paralisação forçada da atividade econômica (*lockdowns*), uma das maiores economias do mundo veja a recomposição de seu enorme mercado interno como estratégia de recuperação e de competição com a China, seu maior concorrente contemporâneo. Dessa vez, no entanto, prima por seu alargamento, incluindo medidas de incentivo à progressão social.

No Brasil, a discussão sobre políticas de assistência social, seus objetivos e efeitos ainda é tema sensível e permeado pelo senso comum. Pode-se dizer que muito se avançou desde que o Programa Bolsa Família, um legítimo programa de transferência de renda, foi implementado. Há inúmeros estudos evidenciando seus impactos nas mais diversas áreas sociais.[1] Por outro lado, pode-se dizer também que o Programa Bolsa Família (PBF), que não chega a representar 0,5% do PIB, revelou-se insuficiente ante o tamanho da desigualdade no Brasil, o crescimento do número de famílias em situação vulnerável desde a crise econômica de 2015 e as novas tendências no mercado de trabalho.

O auxílio emergencial de 2020 sinalizou a capacidade dinamizadora de um programa mais robusto de transferência de renda em reduzir a desigualdade (Duque, 2020) e contribuir com o crescimento (Freire Cardoso et al., 2020), naquele caso com a mitigação da recessão. Quando se discute a criação de um

---

[1] Januzzi e Pinto (2013); Glewwe e Kassouf (2008); Oliveira e Soares (2013); Rasella et al. (2013); Baptistella (2012); Hoffman (2009, 2013); Soares et al. (2009).

programa de transferência de renda permanente para lidar com o pós-pandemia, no entanto, percebe-se muitas vezes que este não é visto como uma estratégia de recuperação dos danos econômicos da crise e como potencial promotor de progresso econômico. Muitas vezes a discussão gira em torno da necessidade social desse tipo de programa e de sua viabilidade fiscal, temas que são extremamente necessários, mas negligenciam sua capacidade de recuperar parte dos ganhos sociais que a avalanche de crises que nos assolou desde 2015 nos tomou e, ainda, sua capacidade de gerar crescimento inclusivo.

Analiso a seguir a relação entre estrutura produtiva e distribuição de renda, avaliando como políticas distributivas podem auxiliar na recuperação econômica pós-Covid-19 no Brasil. A redistribuição não apenas mitiga o impacto social direto, mas também gera um padrão de efeitos setoriais que auxilia na recuperação dos setores mais impactados negativamente pela crise, gerando inclusive mais distribuição.

2. Modificações na estrutura distributiva e seus impactos estruturais: um exemplo para os efeitos do Programa Bolsa Família

Mudanças na estrutura distributiva trazem consigo o potencial de promover alterações importantes no consumo das famílias, tendo em vista a incorporação de famílias de menor renda ao mercado consumidor e a ascensão de segmentos de baixa renda à classe média. Alterações importantes na composição do consumo geram, por sua vez, impactos sobre a estrutura produtiva, modificando a distribuição de fatores produtivos e seus preços relativos (Freire Cardoso, 2020).

Os impactos do consumo na estrutura produtiva podem induzir um processo de mudança estrutural na economia. Os efeitos sobre o consumo e a produção tendem a gerar pressões sobre o saldo comercial, se essa mudança for caracterizada por uma elevação nas importações e queda nas exportações. Este resultado pode ocorrer caso os itens produzidos internamente recebam pressões de demanda que elevem seus preços, ou os custos de produção se elevem pela escassez de fatores produtivos (capital e trabalho). Ainda, a ampliação do mercado interno pode favorecer a produção doméstica, principalmente em setores de serviços (*nontradables*), ampliando a participação destes na economia. Alterações na estrutura setorial induzem ainda, potencialmente, efeitos na renda apropriada pelas famílias, por meio de alterações na remuneração dos fatores produtivos (Freire Cardoso, 2020).

Programas de transferência de renda, como o PBF, consistem, essencialmente, na transferência de quantias monetárias para famílias pobres, condicionadas ou à contrapartida dos beneficiários, geralmente relacionadas com a frequência escolar e o acompanhamento da saúde das crianças. O programa pode ser também não condicional, isto é, não apresentar nenhuma condicionalidade para a transferência. Programas desse tipo, ao transferir renda para as famílias da base da distribuição, geram um impulso redistributivo inicial, que terá impactos assimétricos sobre o consumo das famílias, os setores que produzem para atender ao consumo dessas famílias, na geração de emprego e renda e no investimento desses setores. Assim, ocorrem novos impactos na estrutura distributiva, dessa vez advindos dos efeitos da política no sistema econômico interdependente.

3. Impactos de programas distributivos sobre a geração e a distribuição de renda: um exemplo para o Bolsa Família[2]

A tabela 1 exibe os impactos diretos e indiretos da expansão (taxa de crescimento) do PBF entre 2009 e 2015 na renda das famílias, em 10 classes de renda.[3] Naturalmente, parte desse efeito é a própria injeção de transferência do programa. Entretanto, o modelo capta como as demais fontes de renda se alteram com o impacto da política, como a remuneração do trabalho, do capital e das empresas, atingindo faixas de renda em que a transferência do PBF é muito pequena.

Todas as classes teriam obtido ganho na sua renda real no período, em decorrência da expansão do PBF. Obviamente, as famílias que compõem H1 são aquelas que obtiveram maior crescimento percentual na renda, visto que se trata da classe que recebe o maior montante de benefícios do BF (50%) e na qual esta

---

[2] Esta seção apresenta um apanhado dos resultados apresentados em Freire Cardoso (2020), que analisa os impactos estruturais do PBF, para dissertar a respeito dos potenciais impactos estruturais de políticas distributivas. Esses resultados foram obtidos a partir do desenvolvimento e da aplicação de um modelo de simulação de equilíbrio geral computável apropriado para lidar com temas que envolvem a estrutura produtiva e distributiva, e a relação entre ambas.

[3] H1: famílias com renda de 0-2 salários mínimos (s.m.); H2: de 2-3 s.m.; H3: de 3-5 s.m.; H4: de 5-6 s.m.; H5: de 6-8 s.m.; H6: de 8-10 s.m.; H7: de 10-15 s.m.; H8: de 15-20 s.m; H9: de 20-30 s.m.; H10: acima de 30 s.m.

transferência tem maior participação na composição dos seus rendimentos. Os grupos H2 e H3, que recebem, juntos, 42% das transferências, também obtiveram importante parcela desse efeito direto. Conforme o efeito direto das transferências se torna menos relevante para as demais classes, o impacto diminui, mas se mantém positivo, em decorrência do conjunto de efeitos indiretos que afetam as demais fontes de rendas (salários e rendimentos de propriedade do capital, como será visto adiante).

Tabela 1
Impactos diretos e indiretos do crescimento do Programa Bolsa Família na renda real das famílias, variação% acumulada de 2009 a 2015

	2009	2010	2011	2012	2013	2014	2015
H1	0,90%	1,47%	2,25%	3,11%	3,76%	4,32%	5,62%
H2	0,31%	0,53%	0,82%	1,13%	1,39%	1,62%	2,16%
H3	0,16%	0,29%	0,45%	0,63%	0,78%	0,92%	1,26%
H4	0,10%	0,20%	0,31%	0,43%	0,54%	0,65%	0,91%
H5	0,08%	0,16%	0,26%	0,35%	0,45%	0,55%	0,77%
H6	0,08%	0,17%	0,26%	0,36%	0,45%	0,55%	0,77%
H7	0,07%	0,15%	0,23%	0,32%	0,41%	0,50%	0,70%
H8	0,08%	0,16%	0,24%	0,34%	0,42%	0,51%	0,73%
H9	0,07%	0,14%	0,22%	0,31%	0,39%	0,48%	0,68%
H10	0,08%	0,16%	0,24%	0,32%	0,41%	0,49%	0,68%

Fonte: Freire Cardoso (2020).

O conjunto de impactos diretos e indiretos sobre a renda das famílias deve se refletir na estrutura distributiva. A tabela 2 mostra a comparação dos índices de Gini[4] em dois cenários (sem e com o crescimento do PBF). Ao comparar os índices de Gini da distribuição das rendas total e disponível, além das diferentes fontes de rendimento (renda do trabalho, do capital e das transferências governamentais), entre as 10 classes de renda, evidencia-se que o programa teria diminuído a desigualdade. Na ausência da expansão do PBF no período

---

[4] Importante observar que, como as famílias estão representadas por agentes representativos, os valores obtidos para o índice de Gini são relativos às 10 classes de renda (considerando o número de famílias em cada classe), e não à desigualdade entre indivíduos, comumente estimada. Assim, cabe ressaltar que neste caso, o valor obtido para a desigualdade difere daquele estimado pelas fontes oficiais (Hoffman, 1998).

analisado, o índice de Gini da distribuição da renda total entre as 10 classes seria, em 2014, 2,12% maior. A renda das famílias estaria, portanto, mais desigual.

Tabela 2
Desigualdade de renda entre famílias: índice de Gini da distribuição da renda total, disponível e por fonte de rendimento a preços correntes de 2015, entre as 10 classes de renda, nos cenários com e sem expansão do PBF, Brasil, 2015

Rendimentos	Cenário sem Bolsa Família	Cenário com Bolsa Família	Variação %
Renda total	0,5784	0,5661	-2,12%
Renda disponível	0,5533	0,5405	-2,32%
Renda do trabalho	0,5584	0,5548	-0,64%
Renda do capital	0,6903	0,6898	-0,08%
Transferências governamentais	0,4830	0,4243	-12,16%

Fonte: Freire Cardoso (2020).

Considerando as diferentes fontes de renda na tabela 2, é possível notar que, de fato, a queda do índice de Gini em decorrência da expansão do PBF se deveu, principalmente, à desconcentração da renda de transferências, que apresentou significativa queda no índice, gerada pelo impacto direto do programa nesse tipo de rendimento. Vale destacar que este efeito é importante na medida em que modera o perfil concentrador de renda do Estado brasileiro, característica apontada por Baer e Galvão Jr. (2008), Hoffman (2009) e Medeiros e Souza (2015).

Chama atenção, contudo, que esse tipo de programa também tem potencial de exercer efeito de redução na desigualdade da renda do trabalho, uma vez que o índice de Gini para a distribuição desse tipo de rendimento entre as famílias foi menor no cenário com a expansão do PBF (tabela 2). Estão presentes aqui efeitos indiretos da política, que, ao estimular a produção de setores específicos, os quais têm estruturas de remuneração do trabalho diferenciadas por classe, gera taxas de crescimento dos salários distintas: maiores para as famílias da extremidade inferior e menores para as da extremidade superior da distribuição (figura 1). Esse crescimento desbalanceado dos salários, altera, ainda que levemente, a composição da renda do trabalho apropriada pelas classes, daí o impacto no índice de Gini, que, embora pequeno, sugere uma tendência importante para os efeitos das transferências de renda para a base da distribuição.

Figura 1
Impactos do PBF nos pagamentos pelo fator trabalho apropriados pelas famílias, variação % acumulada de 2009 a 2015

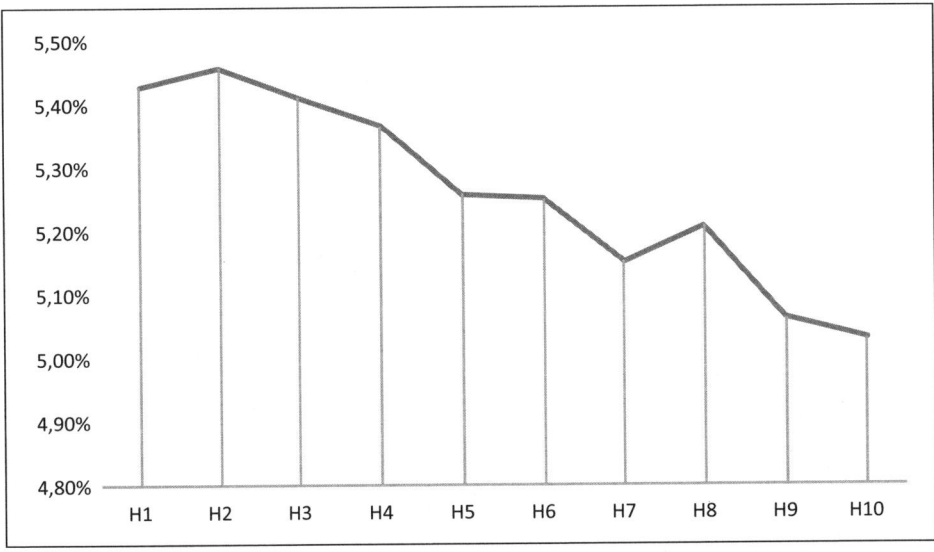

[Gráfico de linha mostrando variação de H1 a H10, com valores decrescentes de aproximadamente 5,42% em H1 para 5,05% em H10]

Fonte: Freire Cardoso (2020).

4. Impactos de programas distributivos sobre o consumo das famílias e a produção setorial: um exemplo usando o Bolsa Família

A tabela 3 relaciona os produtos mais impactados em cada classe pelo crescimento das transferências do PBF entre 2009-15, ordenados pelo impacto no consumo total. Como esperado, os maiores impactos ocorrem para H1, classe que expandiu de forma mais acentuada seu consumo de serviços. As maiores expansões na demanda das famílias ocorreram em favor de serviços classificados em Simões e colaboradores (2006) como "pessoais", tais como Serviços de alojamento e alimentação, e "distributivos", como Transporte de passageiros, além de Aluguel, registradas, principalmente, nas classes H1 e H2. Impactos do crescimento da renda familiar na indução de um padrão de consumo mais concentrado em serviços em geral, relativamente a bens de primeira necessidade, também foram encontrados em Gutierre, Guilhoto e Nogueira (2012).

Tabela 3
Impactos setoriais do crescimento do Programa Bolsa Família sobre o consumo das famílias, Brasil, setores selecionados (variação % acumulada 2009-15)

Setores mais beneficiados	Famílias (desvio % acumulado)										
	H1	H2	H3	H4	H5	H6	H7	H8	H9	H10	Total
ServAlojAlim	0,33	0,13	0,10	0,08	0,07	0,07	0,06	0,05	0,05	0,06	0,99
TranspPassag	0,48	0,17	0,09	0,05	0,04	0,03	0,02	0,03	0,01	0,01	0,93
AutomUtilita	0,07	0,09	0,07	0,07	0,08	0,09	0,10	0,13	0,13	0,00	0,84
AluguelImput	0,62	0,16	0,06	0,01	0,00	0,00	-0,01	-0,01	-0,01	-0,01	0,80
EletOutUrban	0,27	0,21	0,09	0,05	0,03	0,03	0,02	0,02	0,01	0,02	0,74
IntFinancSeg	0,12	0,05	0,05	0,04	0,04	0,05	0,04	0,04	0,04	0,06	0,53
SaudeMercant	0,20	0,08	0,05	0,03	0,03	0,02	0,02	0,02	0,03	0,03	0,50
AbatePrCarne	0,28	0,09	0,03	0,02	0,02	0,01	0,01	0,01	0,01	0,01	0,49
ServInformac	0,14	0,07	0,05	0,04	0,04	0,04	0,03	0,02	0,02	0,03	0,48
ProdFarmac	0,18	0,07	0,05	0,03	0,03	0,03	0,03	0,03	0,02	0,02	0,47
ArtVestuario	0,20	0,07	0,04	0,03	0,02	0,02	0,02	0,02	0,02	0,02	0,47
PerfumariOut	0,20	0,07	0,05	0,03	0,02	0,02	0,02	0,02	0,01	0,01	0,45
MoveisPrIndu	0,15	0,05	0,03	0,02	0,02	0,02	0,02	0,02	0,02	0,03	0,37
ServImobAlug	0,03	0,02	0,02	0,02	0,02	0,03	0,04	0,03	0,06	0,08	0,35
ServPrestFam	0,14	0,05	0,03	0,02	0,02	0,02	0,02	0,01	0,01	0,02	0,34
OutProdAlime	0,16	0,06	0,03	0,02	0,01	0,01	0,01	0,01	0,01	0,01	0,32
Bebidas	0,14	0,06	0,03	0,02	0,01	0,02	0,01	0,01	0,01	0,01	0,32
OutPSLavoura	0,21	0,05	0,02	0,01	0,01	0,00	0,00	0,00	0,00	0,00	0,30
EletroDomest	0,14	0,04	0,03	0,02	0,02	0,01	0,01	0,01	0,01	0,01	0,30

Fonte: Freire Cardoso (2020).

Atividades que produzem os chamados "bens salário", tais como Produtos da indústria de alimentos, Carnes e preparados, Artigos do vestuário, além de Perfumaria e Produtos farmacêuticos, também tiveram seu consumo ampliado pelas classes H1 e H2, ao passo que as demais praticamente não registraram aumentos nos gastos com esses bens. Importante notar que a demanda por automóveis, terceira colocada no *ranking* do impacto sobre o consumo total, expandiu-se em todas as classes, com efeitos maiores naquelas situadas na extremidade superior da distribuição, que não são alvo do PBF, mas, como já discutido, tiveram seus rendimentos ampliados pelos impactos indiretos em outras rendas.

As modificações na estrutura produtiva estimuladas pelos efeitos no consumo dependem, além da magnitude e configuração da expansão do consumo interno de bens e serviços, da nova estrutura de custos de produção devido à maior competição por fatores, que eleva os preços, da competição com os produtos importados e, também, para qual mercado o produto é destinado, interno ou externo.

A tabela 4 resume os impactos da expansão do PBF na composição setorial da produção. Isto é, observa-se como as transferências induziram uma alteração no perfil distributivo, ao produzirem estímulos assimétricos sobre a produção dos setores, afetando a configuração da estrutura produtiva. Os produtos na tabela 4 foram agregados em 10 grandes setores. O que se observa é que o crescimento do PBF teria produzido, no período 2009-15, ganho de participação para os setores Indústria de alimentos, bebidas e fumo; Perfumaria e produtos farmacêuticos; Indústria de duráveis (que inclui, entre outros setores, Automóveis, Eletrodomésticos, Máquinas para escritórios e Equipamento de informática); e, principalmente, Serviços. Em contraponto, Indústria extrativa e de setores intermediários, como Químicos, perderiam participação em decorrência dos impactos do PBF.

Os impactos na estrutura produtiva, que se refletem de maneira semelhante sobre o emprego setorial, fazem com que os salários cresçam mais nas atividades com expansão do emprego do que para as demais. Isso explica por que a renda do trabalho apropriada pelas famílias menos abastadas cresceu mais do que a das classes situadas no topo da estrutura distributiva. Os setores com menores ganhos de massa salarial, como os da indústria extrativa e indústria química, concentram maior parte dos salários pagos nas classes de maior renda; já alguns dos setores mais estimulados, como serviços, percebem uma apropriação menos desigual, principalmente porque empregam mão de obra menos qualificada. Este resultado corrobora a discussão teórica de Carvalho e Rugitsky (2015) e Rugitsky (2016) sobre os desdobramentos da redistribuição de renda na dinâmica econômica brasileira nos anos 2000. Sugerem, ainda, o potencial das políticas redistributivas, como as de transferência de renda, de impactar a desigualdade não apenas pelo efeito direto das transferências, mas também via mecanismos da própria estrutura produtiva.

É importante realçar que esse padrão assimétrico de impacto setorial, ao estimular relativamente setores que visam atender ao mercado interno e "desestimular" relativamente setores de *commodities*, mitiga parte do efeito concentrador que é intrínseco ao padrão de crescimento brasileiro, muitas vezes puxado pelo crescimento dos setores de *commodities*, que, conforme mostra Freire Cardoso (2020), é mais concentrador de renda. A autora mostra que o padrão mais concentrador das *commodities* decorre da geração de lucros muito acima de salários para cada real produzido nesses setores. Como a apropriação da renda de lucros pelas famílias é mais concentrada que a de salários, a distribuição da renda desses setores gera mais concentração.

Vale ressaltar que a maioria dos setores gerou mais lucros do que salários quando se expandem, à exceção de alguns setores de serviços muito trabalho-intensivos como educação e serviços pessoais. Ainda, a geração de lucros é importante para as próprias reinversões em investimento, que geram mais crescimento. No entanto, nos setores produtores de *commodities*, como a agropecuária e a indústria extrativa, a diferença entre lucros-salários gerada para cada real produzido é bastante discrepante. Já em setores da indústria e de serviços essa discrepância é menor, e, para alguns serviços, gera-se mais renda do trabalho, exatamente por serem trabalho-intensivos. Isso implica que um padrão de crescimento liderado pela exportação de *commodities* é mais concentrador, comparativamente a um padrão de crescimento liderado pelo mercado interno.

Assim, na ausência de mudanças estruturais ou de políticas sociais redistributivas que incentivem o crescimento do mercado interno, o padrão concentrador de renda tende a se reproduzir quando nosso crescimento é baseado na produção e exportação de *commodities*. Por isso a atuação do Estado em sua função redistributiva é tão importante.

Tabela 4
Variação na composição setorial da produção devido ao crescimento do Programa Bolsa Família, em pontos percentuais, setores agregados, Brasil, 2015

Setores	Variação em p.p.
Agropecuária, silvicultura e expl. florestal	-0,23
Indústria extrativa	-0,74
Indústria de alimentos, bebidas e fumo	0,37
Indústria têxtil, vestuário e calçados	-0,20
Perfumaria e produtos farmacêuticos	0,20
Produtos químicos	-0,61
Indústria de duráveis	0,69
Indústria pesada	-0,24
Outros da indústria	-0,19
Serviços	0,98

Fonte: Freire Cardoso (2020).

3. Considerações finais

O plano Biden desafia o *mainstream* econômico mais radical ao propor vultosas medidas expansionistas para a recuperação norte-americana e ao vislumbrar medidas de recuperação e inclusão social como parte dessas medidas, a partir da maior tributação dos mais ricos. O plano, de certa forma, resgata a importância do papel do Estado por meio da política fiscal e do planejamento econômico, colocando as famílias, seu bem-estar e a progressão social como centrais para o futuro da economia norte-americana.

No Brasil, a discussão sobre o aprofundamento da proteção social, a partir de algum programa de transferência de renda complementar ao Bolsa Família, que atinja um maior número de famílias e que seja monetariamente mais robusto, ainda patina. Após idas e vindas do Executivo em 2020 e em 2021, pouco de concreto temos em relação ao que será feito para as famílias e sua recuperação.

Este texto procurou mostrar que programas continuados de proteção social, via transferências de renda, poderiam ter papel importante na recuperação dos setores mais atingidos pela pandemia, notadamente as atividades voltadas para o atendimento do mercado interno: indústria de bens de consumo final e serviços. Os setores de *commodities* tiveram bom desempenho em 2020 e as expectativas para 2021, dada a alta no preço internacional das *commodities*, também são favoráveis. Por outro lado, setores mais associados ao consumo das famílias, em especial, serviços, ainda não recuperaram o tombo de 2020 e ainda falta muito para recuperarem o patamar de 2014. Assim, é imprescindível estimular essas atividades, em especial porque, dada a estrutura setorial da distribuição pessoal de renda brasileira, a recuperação desses setores incentiva as ocupações de menor qualificação, que são exatamente aquelas que mais têm sofrido os efeitos da crise. Esse tipo de política teria então, como foi exemplificado neste capítulo, a capacidade de incentivar a geração de empregos na base da distribuição, exatamente pelo padrão setorial de seus efeitos.

O crescimento dos últimos trimestres de 2020 e do primeiro trimestre de 2021 nos mostra que o mercado de trabalho não tem acompanhando a recuperação econômica, de modo que as taxas de desemprego ainda são recordes. A lenta recuperação do setor de serviços é um elemento-chave para o entendimento desse descolamento entre mercado de trabalho e atividade econômica. Assim, políticas que incentivem esses setores são essenciais para uma recuperação inclusiva, isto é, uma recuperação do PIB que seja acompanhada por uma recuperação da renda *per capita* média do brasileiro.

É verdade que, do ponto de vista do longo prazo, os setores de serviços básicos, os mais impactados por políticas distributivas dada a atual estrutura de geração e apropriação da renda no Brasil, não são aqueles capazes de gerar taxas de crescimento sustentadas, dado o crescimento mais lento das taxas de produtividade. Mas também é verdade que o empobrecimento das famílias, dada a sucessão de crises que nos assolou, é um problema de curto prazo que precisa ser resolvido para dar bases ao próprio crescimento de longo prazo. A recuperação do tecido social perdido desde 2014 com a consequente incorporação das famílias da base da distribuição ao mercado consumidor traz acesso a oportunidades, essenciais para a mobilidade social, que é pilar para o crescimento de longo prazo.

Existe espaço fiscal para que uma política de transferência de renda mais robusta que o Bolsa Família seja implementada, desde que se esteja disposto a desmontar o esquema de privilégios presente no sistema tributário. Isenção de lucros e dividendos distribuídos à pessoa física, um IRPF mais progressivo com alíquotas mais altas para o topo da distribuição, uma maior taxação de heranças, o fim das deduções do IRPF e do esquema de benefícios fiscais a setores, e uma reforma da tributação sobre o consumo, torando-a menos complexa e mais eficiente, são exemplos de como consolidar espaço fiscal para um programa de renda permanente.

Naturalmente, o investimento no tecido social empobrecido via transferências de renda tem que ser acompanhado por políticas educacionais e de saúde pública, para que o ganho de renda e melhora de condições de vida no presente se reflitam em crescimento da produtividade no longo prazo. Também importante é o incentivo ao desenvolvimento de longo prazo de infraestrutura urbana e econômica, à inovação e desenvolvimento tecnológico, para que a economia seja capaz de gerar bons empregos para absorver a classe ascendente. A recuperação inclusiva é possível e é a chave para um futuro economicamente mais sustentável e democrático. Para isso, precisamos de políticas redistributivas. Um Brasil menos desigual é instrumento de racionalidade social e econômica.

Referências

BAER, W.; GALVÃO JR., A. F. Tax burden, government expenditures and income distribution in Brazil. *The Quarterly Review of Economics and Finance*, v. 48, p. 345-358, 2008.

BAPTISTELLA, J. C. F. *Avaliação de programas sociais*: uma análise do impacto do Bolsa Família sobre o consumo de alimentos e o status nutricional das famílias. V Prêmio SOF de monografias, 1º lugar — Coletânea, 2012.

CARVALHO, RUGITSKY. *Growth and distribution in Brazil the 21st century*: revisiting the wage-led versus profit-led debate. São Paulo: Department of Economics, FEA/USP, 2015. (Working paper series, n. 2015-25).

COUTINHO, M. Distribuição de renda e padrões de consumo: alguns autores em torno da tradição cepalina. *Ensaios FEE*, Porto Alegre, v. 1 n. 1, p. 139-152, 1979.

DUQUE, D. *Renda básica*: é hora de o Brasil ousar em sua política social? Instituto Brasileiro de Economia (IBRE-FGV). Blog do Ibre, 2020. Disponível em: https://blogdoibre.fgv.br/posts/renda-basica-e-hora-de-o-brasil-ousar-em-sua-politica-social. Acesso em: 6 jul. 2021.

ESTADÃO. *Entenda o plano de Biden para as famílias americanas*. Disponível em: https://internacional.estadao.com.br/noticias/geral,entenda-o-plano-de-biden-para-as-familias-americanas,70003697275. Acesso em: 20 jun. 2021.

FREIRE CARDOSO, D. *Capital e trabalho no Brasil no século XXI*: o impacto de políticas de transferência e de tributação sobre desigualdade, consumo e estrutura produtiva. Rio de Janeiro: Banco Nacional de Desenvolvimento Econômico e Social, 2020.

_____ et al. *Renda básica emergencial*: uma resposta suficiente para os impactos econômicos da pandemia da COVID-19 no Brasil? Nota Técnica. Belo Horizonte: Cedeplar/UFMG, 2020. Disponível em: www.cedeplar.ufmg.br/noticias/1245-nota-tecnica-renda-basica-emergencial-uma-resposta-suficiente-para-os-impactos-economicos-da-pandemia-da-COVID-19-no-brasil. Acesso em: 20 jun. 2021.

FURTADO, C. *Análise do modelo brasileiro*. Rio de Janeiro: Civilização Brasileira, 1972.

_____. *Desenvolvimento e subdesenvolvimento*. Rio de Janeiro: Fundo de Cultura, 1961.

_____. *Subdesenvolvimento e estagnação na América Latina*. Rio de Janeiro: Civilização Brasileira, 1968.

GLEWWE, P.; KASSOUF, A.; L. *The impact of the Bolsa Escola/Família conditional cash transfer program on enrollment, drop out rates and grade promotion in Brazil*. Department of Applied Economics, University of Minnesota, 2008.

GUTIERRE, L. M.; GUILHOTO, J. J. M.; NOGUEIRA, T. *Productive structure, consumption and Brazilian income formation*: an analysis of input-output for the year 2008. Munich Personal Repec Archive (MPRA), Paper No. 46956. 2012.

HOFFMANN, R. Desigualdade da distribuição da renda no Brasil: a contribuição de aposentadorias e pensões e de outras parcelas do rendimento domiciliar *per capita*. *Economia e Sociedade*, v. 18, n. 1, p. 213-231, 2009.

_____. *Distribuição de renda*: medidas de desigualdade e pobreza. São Paulo: Editora da Universidade de São Paulo, 1998.

_____. Transferências de renda e desigualdade no Brasil (1995-2011). In: CAMPELLO, T.; NERI, M. C. (Ed.). *Programa Bolsa Família*: uma década de inclusão e cidadania. Brasília: Ipea, 2013. p. 207-216.

JANUZZI, P. M.; PINTO, A. R. Bolsa família e seus impactos nas condições de vida da população brasileira: uma síntese dos principais achados da pesquisa de avaliação de impacto do Bolsa Família II. In: CAMPELLO, T.; NERI, M. C. (Ed.). *Programa Bolsa Família*: uma década de inclusão e cidadania. Brasília: Ipea, 2013. p. 179-192.

MEDEIROS, M.; SOUZA, P. H. G. F. State transfers, taxes and income inequality in Brazil. *Brazilian Political Science Review*, v. 9, p. 3-29, 2015.

OLIVEIRA, L. F. B.; SOARES, S. S. D. Bolsa Família e repetência: resultados a partir do Cadúnico, projeto frequência e censo escolar. In: CAMPELLO, T.; NERI, M. C. (Ed.). *Programa Bolsa Família*: uma década de inclusão e cidadania. Brasília: Ipea, 2013. p. 285-296.

PINTO, A. Concentración del progreso técnico y de sus frutos em el desarollo latinoamericano. *El Trimestre Econômico*, México, v. 32, n. 125, jan./mar. 1965.

_____. El modelo de desarrollo reciente de la América Latina. *El Trimestre Econômico*, México, v. 38, n. 150, p. 477-498, abr./jun. 1971.

_____. *Heterogeneidad estructural y modelo de desarollo reciente de la América Latina*. Inflación: raíces estructurales. México: Fondo de Cultura Económica, 1976a.

_____. Naturaleza e implicaciones de la 'heterogenidad estructural' de la América Latina. *El Trimestre Económico*, México, v. 37, n. 145, p. 83-100, jan./mar. 1970.

_____. Notas sobre los estilos de desarollo em América Latina. *Revista de la Cepal*, Santiago do Chile, n. 1, p. 73-93, 1. sem. 1976b.

RASELLA, D.; AQUINO, R.; SANTOS, C. A. T.; SOUSA, R. P.; BARRETO, M. L. Efeitos do Programa Bolsa Família sobre a mortalidade em crianças: uma análise nos municípios brasileiros. In: CAMPELLO, T.; NERI, M. C. (Ed.). *Programa Bolsa Família*: uma década de inclusão e cidadania. Brasília: Ipea, 2013. p. 247-262.

RUGITSKY, F. Milagre, miragem, antimilagre: a economia política dos governos Lula e as raízes da crise atual. *Revista Fevereiro*, v. 9, p. 40-50, abr. 2016.

SIMÕES, R. F.; OLIVEIRA, A. M. H. C.; AMARAL, P. V. M. Rede urbana metropolitana: uma análise da estrutura terciária de Belo Horizonte. *Ensaios FEE*, Porto Alegre, v. 27, n. 2, p. 471-514, out. 2006.

SOARES, F.; SOARES, S.; MEDEIROS, M.; OSÓRIO, R. *Programas de transferência de renda no Brasil*: impactos sobre a desigualdade. Brasília: Ipea, 2006. (Texto para discussão, 1228).

SOARES, S. S.; OSORIO, R. G.; SOARES, F. V.; MEDEIROS, M.; ZEPEDA, E. . Conditional cash transfers in Brazil, Chile and Mexico: impacts upon inequality. *Estudios Económicos*, México, v. n.ex., p. 207-224, 2009.

SOARES, S. *Bolsa Família*: um resumo de seus impactos. International Policy Center for Inclusive Growth. One Pager n. 137, 2012.

TAVARES, M. C.; SERRA, J. *Além da estagnação*. Da substituição de importações ao capitalismo financeiro. Rio de Janeiro: Zahar, 1972.

_____; _____. Beyond stagnation: a discussion on the nature of recent development in Brazil. In: PETRAS, James (Ed.). *Latin America*: From Dependence to Revolution. Nova York: John Wiley and Sons, 1973.

PARTE II

6. O Complexo Econômico-Industrial da Saúde (Ceis): uma nova abordagem da política de desenvolvimento para o Brasil*

Carlos A. Grabois Gadelha

> *In the 1950s, our Department of Defense created a Defense Advanced Research Projects Agency (Darpa) to enhance our national security, and Darpa's work helped lead to the creation of the internet, global Positioning System, and more. The Budget would create an Advanced Research Projects Agency for health tasked with developing a new generation of medical breakthroughs — marshalling our Nation's incredible scientific capacity to help prevent, detect, and treat diseases like cancer, diabetes, and Alzheimer's. And it calls on the Congress to make progress on healthcare by cutting prescription drug costs and expanding and improving the Affordable Care Act, Medicaid, and Medicare coverage.* [Joseph R. Biden, Jr., The Budget Message of The President, Fiscal Year 2022 — maio de 2021]

Introdução

A epígrafe do Presidente Biden, na mensagem enviada ao Congresso Americano para o orçamento de 2022, que agrega os pilares da nova estratégia de desenvolvimento — contempladas no Rescue Plan, no Jobs Plan e no Family Plan, além da estratégia de fortalecer e reconstruir a capacidade de intervenção do Estado (também contemplada na proposta orçamentária) e do Programa de Inovação e Competitividade aprovado no Senado (The United States Innovation and Competition Act) (Usica, 2021) —, vem ao encontro da abordagem defendida neste

---

* Os resultados apresentados refletem a visão do autor, não representando qualquer posicionamento institucional. Agradeço o apoio dos pesquisadores Leandro Safatle, Felipe Kamia, Juliana Moreira e Marco Aurélio de Carvalho Nascimento, do Centro de Estudos Estratégicos da Fiocruz, cujo esforço para levantamento e análise da dimensão da saúde na estratégia Biden foi de enorme importância para este trabalho e para a linha de pesquisa que foi aberta sobre o tema.

capítulo. Mais do que uma ação setorial, específica, ainda que importante, a saúde emerge como centro de uma nova estratégia de desenvolvimento no século XXI.

Apresento a visão que constitui um marco conceitual e de políticas públicas desenvolvido na Fundação Oswaldo Cruz (Fiocruz) nas últimas duas décadas, buscando avançar, de modo exploratório, para os desafios e ameaças globais advindos da *Bidenomics*. Está em emergência uma geopolítica da inovação em que a competição entre os Estados Unidos e a China nos ameaça a virar uma grande fazenda com participação lateral e subordinada nesse embate. Por outro lado, abre-se uma janela de oportunidade para que o Brasil, pela via do bem-estar, entre na competição global pela porta da frente. O que está em jogo é o ganho de autonomia para implementar políticas sociais que incorporem, simultaneamente, os sistemas universais, os direitos e a dinamização econômica pela via da reindustrialização e da inovação, em uma perspectiva mais abrangente, que remonta ao pensamento clássico, de que os serviços mais complexos possuem uma lógica industrial.

Como consequência, trato o Complexo Econômico-Industrial da Saúde (CEIS) não apenas como uma cadeia produtiva de insumo-produto, mas como um espaço diferenciado e dinâmico de acumulação de capital, com forte participação do Estado na indução e direcionamento, na regulação e, como no Brasil, na própria produção de bens e serviços.

Ao final, retomo o diálogo com a visão do governo Biden (sob a marca do *Bidenomics*) para revelar como a saúde se apresenta como pilar essencial, incorporando, ainda que implicitamente, a visão da saúde como um espaço vital do desenvolvimento econômico no presente século, além de sua dimensão social mais clássica.[1]

A visão do Complexo Econômico-Industrial da Saúde e de sua centralidade para o desenvolvimento do Brasil[2]

A saúde constitui um direito básico de cidadania, uma conquista civilizatória do Brasil, definida na Constituição de 1988, com a decisão, política e social, que

---

[1] Os Estados Unidos, pela primeira vez, como explícito também na Proposta Orçamentária, pretendem avançar na saúde como direito, seguindo, ainda que timidamente, a experiência europeia do pós-guerra, já perseguida no Brasil desde a criação do SUS na Constituição cidadã de 1988.

[2] Este tópico incorpora e atualiza para o contexto atual alguns resultados apresentados preliminarmente pelo autor em um trabalho acadêmico desenvolvido para a Fundação Perseu Abramo (Gadelha, 2020), tendo sido sua adaptação autorizada pela Instituição à época da realização do estudo.

levou à criação do Sistema Único de Saúde (SUS). Simultaneamente, mobiliza um amplo e diversificado complexo econômico-industrial e de inovação em saúde (Ceis), que é dos mais importantes para o país em termos da definição de uma estratégia nacional de desenvolvimento, que pode viabilizar as condições objetivas para o acesso universal numa trajetória de saída estrutural da crise e de conformação de um sistema econômico inserido na quarta revolução tecnológica.

A premissa essencial desse programa de pesquisa, com fortes desdobramentos para uma nova concepção de políticas públicas, é que o desenvolvimento incorpora, de modo endógeno, a dimensão econômica e social, conforme apresentado esquematicamente na figura 1. Não se trata apenas de articular, como na perspectiva da tradição desenvolvimentista clássica, o braço econômico da produção industrial para atender o consumo de massas com o braço social, mediante políticas redistributivas e voltadas para o acesso da população aos frutos do progresso técnico, mediantes políticas públicas que articulem a competitividade com a equidade e a inclusão social como dimensões exógenas.

Ainda que o espaço das políticas sociais e redistributivas tenha um papel central, como um campo particular da estratégia de desenvolvimento, a ênfase da concepção do Ceis aponta que o bem-estar faz parte da própria estrutura econômica. Essa concepção é reforçada de modo marcante na pandemia da Covid-19, que evidenciou que a existência de uma base econômica e material em saúde é crítica para viabilizar o acesso da população e a própria sustentação estrutural do direito à saúde e, de modo mais amplo, do próprio direito à vida.

Figura 1
O processo de desenvolvimento: dimensões endógenas

Transformações políticas, sociais e ambientais

$\updownarrow$

Transformações econômicas, produtivas e da CT&I

Fonte: Gadelha (2021).

A visão ortodoxa que trata a saúde apenas como despesa precisa ser invertida, superando uma discussão míope, sobre a saúde e os direitos caberem ou não no PIB, em favor de um pensamento estratégico, arejado e ousado, que compreenda a saúde e as demandas da sociedade como forte frente de expansão e soberania econômica e de políticas públicas orientadas à constituição de um padrão de desenvolvimento economicamente dinâmico e inclusivo para atender às necessidades da população brasileira.

Com essa perspectiva, a saúde também pode ser vista como um Complexo Econômico-Industrial (Ceis), configurando sistema produtivo com alto dinamismo presente e futuro, intensivo em conhecimento, inovação e em trabalho qualificado que ocupa um papel-chave de liderança no contexto da quarta revolução tecnológica em curso.[3] Constitui uma das áreas mais decisivas tanto para os direitos sociais e humanos quanto para a criação de riqueza na sociedade contemporânea.

Como mostra a figura 2, a saúde conforma um amplo sistema econômico, produtivo e de inovação de bens e serviços qualificados, envolvendo as indústrias de base química e biotecnológica (articulada pela indústria farmacêutica na produção de medicamentos, IFAs químicos e biotecnológicos e vacinas, além de produtos para diagnóstico) e de base mecânica e eletrônica (equipamentos e instrumentos mecânicos e eletrônicos e materiais). A produção industrial se realiza na prestação de serviços em saúde para a qual conflui a produção industrial de modo articulado (como uma analogia, os serviços estão para a saúde como as montadoras para o complexo automobilístico), envolvendo as atividades de promoção, prevenção e de atenção à saúde, mediante a prestação de serviços especializados que envolvem desde a atenção básica, passando pelas atividades de diagnóstico, até a prestação de serviços de alta complexidade em âmbito hospitalar.

Os serviços no campo da saúde, em sua maior parte complexos e densos em conhecimento, se organizam segundo uma lógica industrial e como um espaço de inovação, superando as taxonomias usuais de economia industrial e da inovação que tratam os serviços apenas como um campo passivo, receptor, de produtos ofertados pela indústria. Qualquer processo de inovação em saúde requer sua

---

[3] No presente, essa perspectiva se reforçou com um amplo conjunto de trabalhos como pode ser visto em uma publicação recente dos *Cadernos de Desenvolvimento* do Centro Celso Furtado (Gadelha, Cassiolato e Maraccci, 2021).

utilização pela sociedade no que constitui o mercado público e privado da saúde (conformado pelo SUS, pelos planos de saúde e pelas compras diretas dos consumidores). Todos os produtos em saúde, como as vacinas ou medicamentos, requerem a realização de um processo criativo e intenso em conhecimento no âmbito dos serviços e das práticas médicas e do cuidado em saúde nos quais, por exemplo, se realizam as pesquisas clínicas para a demonstração da segurança, eficácia e efetividade para a prevenção e o tratamento das pessoas. Parte importante dos gastos em P&D ocorre justamente nessa interação indústria-serviços, conformando, de fato, um sistema integrado e interdependente de geração de conhecimento e inovação.

A partir dessa morfologia básica desenvolvida nas últimas décadas, que já chamava a atenção para a interdependência entre as dimensões econômicas e sociais da saúde (Gadelha, 2003), emerge, no âmbito de um processo histórico concreto da evolução tecnológica e da competição capitalista, um quarto subsistema tecnológico e produtivo que revoluciona o Ceis por dentro, elevando as ameaças de exclusão do Brasil do campo da inovação em saúde ao mesmo tempo que recoloca uma nova oportunidade estratégica como um sistema crítico para o desenvolvimento nacional e entrada do país na quarta revolução tecnológica: o subsistema de informação e conectividade.

Esse subsistema borra as fronteiras entre todos os demais, invadindo de modo abrangente a produção em saúde e alterando a dinâmica do complexo como um todo (Gadelha, 2021). Nenhuma base tecnológica dos demais subsistemas pode evoluir sem o uso intensivo e a interação com tecnologias e empresas de distintos portes que atuam nas áreas de inteligência artificial, do tratamento científico de grandes bases de dados (*big data/big science*), da genômica e biotecnologia avançada, além de outras tecnologias disruptivas como impressão 3D e nanotecnologia. De fato, há uma convergência das tecnologias de base física e biológica que, crescentemente, conformam um espaço real e virtual de tecnologias de informação e conectividade.

Apenas exemplificando, as vacinas recentes para Covid-19 por RNA mensageiro e vetor viral são, ao mesmo tempo, tecnologias de base química e biológica e tecnologias de informação e conectividade nas quais códigos genéticos se transformam em bits de informação para moldar e condicionar a produção de antígenos e anticorpos pelas células humanas, que se tornam verdadeiras fábricas dentro do organismo humano direcionadas pelas tecnologias que conectam e disseminam informações em nível molecular. As vacinas de última geração são, ao mesmo tempo, biotecnologia, química (as partículas virais podem ser produzidas por processos de síntese em âmbito molecular), informação e conectividade, e sua utilização envolve estudos de alta sofisticação nos serviços de vigilância que requerem desde monitoramento genômico das variantes dos vírus até o perfil também genômico das pessoas.

O caráter sistêmico do Ceis se revela, condicionando a dinâmica de cada setor que, não mais, pode ser analisado de modo fragmentado e isolado, ainda que continuem sendo relevantes e necessárias as análises e políticas no âmbito de cada produto (a vacina) ou setor (como o farmacêutico). Todavia, a articulação complexa e sistêmica da produção e da inovação em saúde preside qualquer análise específica sob pena de a restrição analítica perder o essencial da dinâmica em saúde e dos riscos e oportunidades de desenvolvimento desse hiper-sistema industrial que envolve e transforma as clássicas indústrias, os serviços e a informação e comunicação em uma dinâmica interdependente.

O Ceis, nesse contexto, é um dos sistemas econômicos que apresentam maiores possibilidades de investimento e de inovação no mundo, sendo um claro motor de desenvolvimento, mas também de exclusão, considerando as mudanças demográficas (envelhecimento da população, especialmente), as condições epidemiológicas (necessidades de saúde crescentes e permanentes) e o novo contexto pandêmico que se desdobrará para o mundo pós Covid-19, escancarando a centralidade da saúde nas estratégias nacionais de desenvolvimento. As necessidades desse novo contexto demográfico e epidemiológico são decorrentes tanto das novas exigências de atenção requeridas pelas doenças transmissíveis novas e reemergentes quanto pelas doenças crônicas (sistema circulatório, diabetes, doenças autoimunes, câncer etc.).

O papel do Ceis como sistema produtivo e tecnológico da saúde deve ser visto, portanto, como um enorme desafio e uma oportunidade estratégica para o desenvolvimento nacional. As seguintes informações, baseadas em fontes oficiais e em levantamentos acadêmicos (destaque para o IBGE e para levantamentos primários feitos no âmbito do projeto Ceis 4.0 coordenado pela Fiocruz), são contundentes acerca desse potencial:

- Participação da demanda em saúde no PIB: 9,0%
- Participação da saúde nos esforços de ciência e tecnologia: 35%

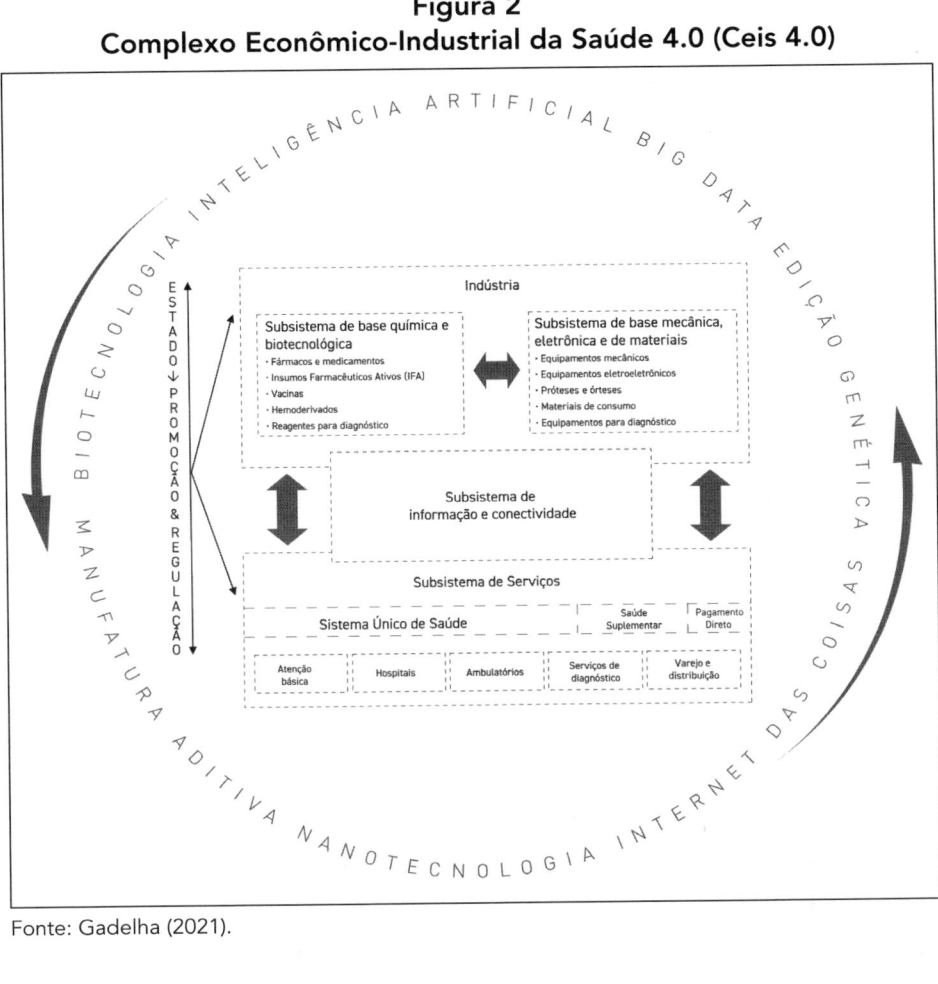

Figura 2
Complexo Econômico-Industrial da Saúde 4.0 (Ceis 4.0)

(Diagrama circular com as seguintes tecnologias ao redor: BIOTECNOLOGIA, INTELIGÊNCIA ARTIFICIAL, BIG DATA, EDIÇÃO GENÉTICA, INTERNET DAS COISAS, NANOTECNOLOGIA, MANUFATURA ADITIVA. No centro: ESTADO ↓ PROMOÇÃO & REGULAÇÃO)

Indústria
- Subsistema de base química e biotecnológica
  - Fármacos e medicamentos
  - Insumos Farmacêuticos Ativos (IFA)
  - Vacinas
  - Hemoderivados
  - Reagentes para diagnóstico
- Subsistema de base mecânica, eletrônica e de materiais
  - Equipamentos mecânicos
  - Equipamentos eletroeletrônicos
  - Próteses e órteses
  - Materiais de consumo
  - Equipamentos para diagnóstico

Subsistema de informação e conectividade

Subsistema de Serviços
- Sistema Único de Saúde | Saúde Suplementar | Pagamento Direto
- Atenção básica | Hospitais | Ambulatórios | Serviços de diagnóstico | Varejo e distribuição

Fonte: Gadelha (2021).

- Participação direta no emprego: 8 milhões de postos de trabalho, com potencial de impactar em cerca de 20 milhões de empregos diretos e indiretos
- Participação direta nas remunerações: 9,2% (sistema altamente intensivo em empregos formais mais qualificados em bens e serviços)
- Tecnologias e inovações puxadas pelo Ceis com destaque para seu papel decisivo para a entrada do país na quarta revolução tecnológica

A visão do complexo da saúde como um sistema produtivo integrado é essencial para a concepção de novas políticas industriais que saiam da lógica simplesmente setorial para outra voltada ao atendimento das necessidades sociais que requerem uma abordagem sistêmica, focada na resolução de problemas (Mazzucato e Roy, 2019; Mazzucato, 2019, 2021). Se uma parte desse sistema produtivo falha (por exemplo, a falta de um medicamento ou uma atenção básica não resolutiva e pobre em conhecimento para viabilizar a prevenção e a promoção em tempo real e conectada), o resultado é a morte ou a perda de qualidade de vida de grupos populacionais e de pessoas, muitas vezes, incontornável.

Por uma outra perspectiva, uma política industrial e de desenvolvimento produtivo para atender nossa população envolve a dinamização e o investimento em bens e serviços que possuem enorme capacidade de transformar a estrutura produtiva brasileira em atividades que envolvem mais conhecimento e inovação, gerando investimentos e empregos formais qualificados (Reinert, 2016; Gala e Roncaglia, 2020).

Em termos gerais, como mostra o gráfico 1, o que se observou nas últimas décadas — em que pese a importante entrada na agenda das políticas públicas de uma política industrial inovadora para o Ceis, que exigiria aprofundamento e crescente entrada na inovação — foi o descompasso entre a ampliação da demanda interna em saúde (houve um aumento expressivo do acesso nos anos 2000) e a capacidade produtiva local. A balança comercial em saúde constitui o maior indicador dessa vulnerabilidade econômica e social. No período 2000-20 as importações em termos reais saíram de um patamar de *US 4,0 bilhões* para um patamar de *US$ 15 bilhões*, envolvendo fármacos e medicamentos, vacinas, hemoderivados, equipamentos e materiais e reagentes e dispositivos para diagnóstico, sem qualquer aumento expressivo nas exportações.

O contexto da Covid-19 demonstrou de modo cabal essa vulnerabilidade. A questão industrial brasileira apareceu de modo claro não apenas como um problema econômico, mas também como uma questão social que remete para a autonomia de garantir o próprio direito à vida. Também demonstra a perversidade de uma globalização assimétrica onde, para além do discurso benevolente, o que se assistiu foi uma luta mercantilista ferrenha dos países desenvolvidos, limitando acesso global até àquele bem com tradição de produto essencial de saúde pública universal: a vacina para Covid-19. Conforme exposto em editorial da prestigiada revista *Lancet*, os mecanismos multilaterais de acesso como o Covax Facility gerido pela OMS simplesmente não permitiram superar uma assimetria tecnológica-industrial que se mostrou como uma assimetria no próprio direito à vida. (Usher, 2021).

Nesse contexto, a internalização do Ceis no Brasil, reforçando toda perspectiva defendida no âmbito da Fiocruz, se torna uma questão central de desenvolvimento em sua vertente econômica e social. Ceis e SUS se apresentam como dois lados de uma mesma moeda no caminho da superação da condição de dependência estrutural para o desenvolvimento econômico e para a garantia dos direitos constitucionais.

Gráfico 1
Descompasso entre o acesso universal e o sistema de produção de tecnologia

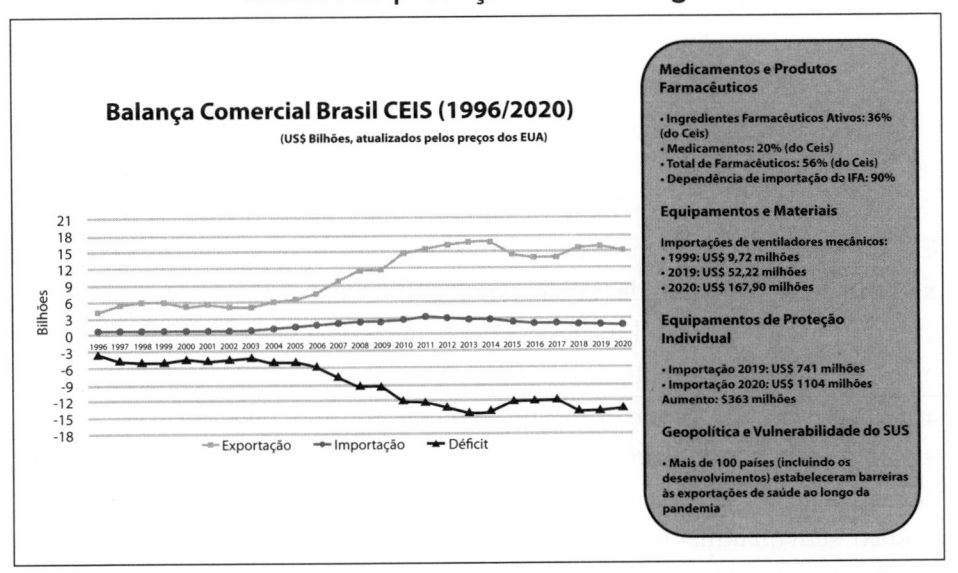

Balança Comercial Brasil CEIS (1996/2020)
(US$ Bilhões, atualizados pelos preços dos EUA)

- Exportação
- Importação
- Déficit

Medicamentos e Produtos Farmacêuticos
- Ingredientes Farmacêuticos Ativos: 36% (do Ceis)
- Medicamentos: 20% (do Ceis)
- Total de Farmacêuticos: 56% (do Ceis)
- Dependência de importação de IFA: 90%

Equipamentos e Materiais
Importações de ventiladores mecânicos:
- 1999: US$ 9,72 milhões
- 2019: US$ 52,22 milhões
- 2020: US$ 167,90 milhões

Equipamentos de Proteção Individual
- Importação 2019: US$ 741 milhões
- Importação 2020: US$ 1104 milhões
Aumento: $363 milhões

Geopolítica e Vulnerabilidade do SUS
- Mais de 100 países (incluindo os desenvolvimentos) estabeleceram barreiras às exportações de saúde ao longo da pandemia

Fonte: Gadelha et al. (2021).

Estratégia Biden e a perspectiva do Ceis no Brasil

Como evidenciado na epígrafe deste capítulo, a estratégia Biden dá sinais de colocar a saúde no mesmo patamar da área de defesa para alavancar o desenvolvimento, a inovação e a competitividade, de modo orientado por grandes problemas nacionais. Possui uma clara dimensão geopolítica para o enfrentamento da China (e também da Rússia) pela via da defesa dos interesses americanos da produção e da inovação. No âmbito interno, há uma marcante perspectiva para enfrentar os desafios da sustentabilidade ambiental e da mudança climática, simultaneamente com o fortalecimento do emprego, da qualidade do trabalho e a perspectiva de retomar a coesão social com o fortalecimento de uma grande classe média como base de sustentação do modelo americano. Traz consigo elementos que apontam, ainda que muito implicitamente, dado o risco de veto político em um país cindido e polarizado, para a constituição de bases para um estado de bem-estar, tardio e com todas as contradições do sistema de saúde mais mercantilizado do planeta.[4]

A saúde, na estratégia Biden, aparece de modo implícito em todas essas dimensões, articulando, particularmente, a dimensão econômica e a social, ainda que a abordagem apareça fragmentada em diversas partes dos planos formulados que, ao final, acabam inserindo a saúde em uma clara perspectiva disruptiva para enfrentar os desafios econômicos, geopolíticos e sociais do futuro.

Os seguintes tópicos refletem a magnitude dessa estratégia e das iniciativas que a sustentam, a partir de uma costura analítica que destaca a importância da saúde no Plano Biden (Rescue Plan, Jobs Plan, Family Plan, na mensagem do orçamento 2022, no Inovation and Competition Act/Usica e em outros atos dos Poderes Executivo e Legislativo).

Destaques da saúde no Plano Emergencial de Resgate (enfrentamento dos danos da pandemia)

- US$ 14 bilhões para pesquisa, distribuição e campanhas pró-vacinas (inovação e acesso)
- US$ 48 bilhões para testagem, rastreamento de contatos e prevenção (acesso, produção e inovação local)
- US$ 50 bilhões para Agência Federal de Gerenciamento de Emergências (tecnologias do futuro e acesso)
- Mais 100 mil profissionais de saúde (emprego e cuidado)

---

[4] De modo contraditório para uma visão de desenvolvimento mais simplista, os EUA aliam alta capacidade de inovação com uma expressa ineficiência de seu sistema de saúde para cuidar das pessoas (possuem o maior gasto *per capita* do mundo em simultâneo a condições de saúde muito piores do que países com sistemas universais, como revelado até por indicadores agregados como a expectativa de vida da população).

Destaques da saúde no American Jobs Plan

- US$ 400 bilhões para assistência a idosos e deficientes (o maior valor de um programa individual em todo American Jobs Plan — fortalece mercado interno da saúde sob influência pública)
- US$ 300 bilhões para produção industrial (que inclui saúde. Passíveis de serem utilizados no Buy American Act, turbinado por Biden sobretudo nos estoques estratégicos, dada a descentralização do sistema de saúde americano baseado em relações de mercado)
- US$ 180 bilhões para pesquisa e desenvolvimento (saúde tem protagonismo na pesquisa junto com a área militar)

Destaques da saúde no American Family Plan

- US$ 225 bilhões, tornando o cuidado mais acessível para a população e investindo na força de trabalho em saúde (incluindo aumentos salariais e expansão do emprego em áreas em que há governabilidade do Estado como o cuidado infantil)

Destaques da Saúde na estratégia como um todo (adicionais aos planos e incluídos na mensagem ao Congresso e outros atos e decretos nos Poderes Executivo e Legislativo)

- Criação da Agência de Projetos de Pesquisa Avançada em Saúde (Arpa) ou "Darpa da Saúde", com orçamento de U$ 6,5 bilhões em 2022 apenas para sua criação)
- *Medida Executiva para Assegurar que o Futuro seja feito em todo o território dos EUA por todos os trabalhadores norte-americanos*[5] — impacto importante da saúde a despeito do Sistema de Saúde fragmentado e americano diferente das experiências dos demais países desenvolvidos, sobretudo os europeus

---

[5] No original, a medida foi nomeada Executive Order on Ensuring the Future Is Made in All of America by All of America's Workers.

- U.S. Innovation and Competition Act 2021: situa a saúde no topo das grandes prioridades nacionais para competição e inovação na disputa geopolítica com a China
- US$ 200 bi — Extensão do Affordable Care Act (Obamacare — ampliação do acesso a saúde — forte estímulo de mercado)
- US$ 8,7 bi — Investimento em controle epidemiológico

Em um olhar integrado dessas iniciativas à luz da perspectiva teórica e de políticas públicas perseguidas na abordagem conceitual e política adotada neste trabalho, observa-se um salto de enorme proporção para a saúde passar a ser uma das alavancas cruciais da estratégia Biden, liderando, de certa forma e pelo contexto pandêmico, a retomada de uma ação forte do planejamento estatal para atingir os objetivos de uma nova proposta de "New Deal" no contexto do século XXI.

A Saúde responde, em grande parte, pela integração orgânica dos objetivos de: transformação produtiva, industrial e da inovação para assumir a clara liderança na quarta revolução tecnológica com ênfase nas tecnologias de informação e comunicação; da geração de empregos qualificados; de equidade e inclusão social; e de retomada da hegemonia na geopolítica global, incluindo as forças da inovação para ações globais benevolentes essenciais para a legitimidade americana na periferia (o posicionamento de Biden apoiando o licenciamento compulsório das vacinas para a Covid-19, assim como seu compromisso de distribuição global de imunizantes — ainda que tardia, incerta e privilegiando claramente os cidadãos americanos — evidenciam a centralidade da geopolítica da inovação em saúde).

Inovação e acesso a saúde tornam-se elementos centrais de toda estratégia de dinamização econômica e da introdução de um novo pacto social no qual, pela primeira vez, passa-se a tratar a saúde como um direito, além de uma frente estratégica de inovação.[6]

Para finalizar, cabe dialogar com as questões comuns demandadas pelos organizadores deste importante trabalho, tendo a perspectiva de aproveitar as

---

[6] Essa citação da mensagem ao Congresso para o orçamento 2022 não poderia ser mais clara: "*Healthcare is a right, not a privilege. Families need the financial security and peace of mind that comes with quality, affordable health coverage. In collaboration with the Congress, the President's healthcare agenda would achieve this promise*".

oportunidades e os ensinamentos da estratégia Biden, mas sem cair em ufanismos e ingenuidades, uma vez que na disputa global podem prevalecer ações assistencialistas para a periferia (indo das vacinas ao fornecimento de infraestrutura para viabilizar a importação de produtos industriais de maior complexidade) sem abertura de espaços para novos atores na produção e inovação global (a retomada dos tratados de livre comércio, por exemplo, exclui o Brasil das tecnologias críticas em saúde como a biotecnologia e limita o uso do poder de compra como o principal instrumento de política industrial já observado na área da saúde).

A perspectiva é, assim, como aprender as lições do que fazem, mas não necessariamente recomendam para a periferia e, ao mesmo tempo, ter inteligência estratégica para entrar nos nichos existentes da competição capitalista e interestatal (particularmente entre os EUA, Europa e China-Ásia). Os seguintes tópicos sintetizam alguns elementos para subsidiar a retomada de uma política nacional de desenvolvimento a partir do olhar da saúde:

I. A perspectiva adotada pela estratégia Biden vai ao encontro da grande aposta da abordagem para o Ceis: a retomada do desenvolvimento articulando as dimensões econômica, social e ambiental. A saúde se apresenta como uma área de enorme legitimidade para se constituir em um movimento estrutural e da sociedade brasileira.

II. A existência de um sistema universal no Brasil (o SUS) com alto poder de compra, de indução e de regulação torna essa possibilidade factível, requerendo um esforço de coordenação das políticas econômicas e de inovação com os objetivos sociais de viabilizar o acesso universal, equânime e integral. A política industrial e de inovação, para ser legítima e dialogar com as demandas da sociedade, deve ser pautada pela área social, rompendo velhas e ineficazes formas de apoio às iniciativas empresariais que não encontram no SUS a demanda concreta e, portanto, o próprio mercado em grande escala, inclusive ganhando eficiência para uma inserção global.

III. O SUS é claramente subfinanciado. Nos países desenvolvidos em que há sistema universal de saúde ao menos 70% dos gastos são financiados pelos Estados. No Brasil, o gasto público em saúde está em torno de 45%. Assim, há a necessidade de incremento de pelo menos 50% dos recursos públicos para o SUS em âmbito federal, estadual e municipal, de modo progressivo. À semelhança da estratégia Biden, esses recursos são factíveis e poderiam ser viabilizados mediante redução de isenções tributárias (inclusive na saúde), de uma reforma tributária progressiva (tratada em outro capítulo deste livro) e da necessária eliminação do teto de gastos e de outros dispositivos que restringem, de fato, a compreensão do bem-estar como investimento, seguindo claramente a visão keynesiana do pós-guerra.

IV. Todavia, não basta o financiamento, uma vez que, como demonstrado, há uma ineficiência estrutural. Também se espelhando na estratégia Biden, as compras governamentais e a produção e a inovação locais devem ter clara prioridade e, no SUS, a experiência histórica recente de uso do poder de compra do Estado se mostrou extremamente promissora. Não teríamos qualquer vacina produzida no Brasil não fossem as inciativas do uso estratégico do poder de compra que precisaria ser aprofundado, com estabilidade institucional e com um arranjo macroeconômico benigno (em termos de juros, câmbio e outras variáveis). Em síntese, propõe-se *um SUS financiado e com conteúdo local de produção e tecnologia*! Nesse caso, pela existência do SUS, o Brasil possui instrumentos mais fortes e diretos do que os próprios EUA, cuja demanda de saúde é fragmentada a não ser na gestão dos estoques estratégicos.

V. A tradicional postura multilateral é essencial para o desenvolvimento do Ceis no Brasil como também mostra a experiência para a vacina para Covid-19, em que as duas iniciativas mais importantes contaram com transferência de tecnologia de empresas da China e da Europa. Usar estrategicamente a disputa geopolítica global explícita na estratégia Biden se configura como uma grande oportunidade para negociar acesso ao mercado com a reconstrução industrial e tecnológica em saúde, superando-se o tratamento do Brasil apenas como um mercado consumidor.

VI. Deve ser criada uma agência para o Ceis à semelhança do Arpa-H para viabilizar a produção e a inovação em saúde e a segurança sanitária e à vida da população, conformando uma clara política de Estado para o século XXI.

Referências

BIDEN JR., J. R. The budget message of the president. In: USA. White House. *Budget of the U.S. Government FY 2022.* 2021.

GADELHA, C. A. G. Complexo Econômico-Industrial da Saúde: uma oportunidade estratégica para o desenvolvimento econômico e social do Brasil. In: COSTA, G.; POCHMANN, M. (Org.). *O Estado como parte da solução*: uma análise dos desafios do desenvolvimento brasileiro. Fundação Perseu Abramo, 2020. Disponível em: https://fpabramo.org.br/publicacoes/wp--content/uploads/sites/5/2020/06/Estado-Solu%C3%A7%C3%A3o-web1.pdf. Acesso em: 21 jul. 2021.

_____. O Complexo Econômico-Industrial da Saúde 4.0: por uma visão integrada do desenvolvimento econômico, social e ambiental. *Cadernos do Desenvolvimento*, v. 16, n. 28, p. 25-50, 2021.

_____. O complexo industrial da saúde e a necessidade de um enfoque dinâmico na economia da saúde. *Ciência & Saúde Coletiva*, v. 8, n. 2, p. 521-535, 2003.

_____; CASSIOLATO, J. E.; MARACCI, D. (Org.). Desenvolvimento, saúde e mudança estrutural: o Complexo Econômico-Industrial da Saúde 4.0 no contexto da Covid-19. *Cadernos do Desenvolvimento*, Rio de Janeiro, v. 16, n. 28, 318 p., 2021.

_____; KAMIA, F. D.; MOREIRA, J. D. D.; MONTENEGRO, K. B. M.; SAFATLE, L. P.; NASCIMENTO, M. A. de C. Dinâmica global, impasses do SUS e o Ceis como saída estruturante da crise. *Cadernos do Desenvolvimento*, v. 16, n. 28, p. 281-302, 2021. Disponível em: www.cadernosdodesenvolvimento.org.br/ojs-2.4.8/index.php/cdes. Acesso em: 21 jul. 2021.

GALA, P.; RONCAGLIA, A. *Brasil, uma economia que não aprende*: novas perspectivas para entender nosso fracasso. São Paulo. Ed. do autor, 2020.

MAZZUCATO, M.; ROY, V. Rethinking value in health innovation: from mystifications towards prescriptions. *Journal of Economic Policy Reform*, v. 22, n. 2, p. 101-119, 2019.

MAZZUCATO, M. *The entrepreneurial State*: debunking public vs. private sector myths. Londres: Public Affairs, 2019.

_____. *Mission economy*: a moonshot guide to changing capitalism. Nova York: Harper Collins, 2021.

REINERT, E. S. *Como os países ricos ficaram ricos... e por que os países pobres continuam pobres*. Rio de Janeiro: Centro Celso Furtado; Contraponto, 2016.

UNITED STATES INNOVATION AND COMPETITION ACT OF 2021. S1260, 117th Cong., 1st Sess, 2021. Washington, DC, 2021. Disponivel em: www.congress.gov/bill/117th-congress/house-bill/1304/text. Acesso em: 8 jun. 2021.

USA. White House. *The American Rescue Plan*. 2021. Disponivel em: www.whitehouse.gov/american-rescue-plan/. Acesso em: 8 jun. 2021.

_____. White House. *The American Jobs Plan*. 2021. Disponível em: www.whitehouse.gov/american-jobs-plan/. Acesso em: 8 jun. 2021.

_____. White House. *The American Families Plan*. 2021. Disponível em: www.whitehouse.gov/american-families-plan/. Acesso em: 8 jun. 2021.

USHER, A. D. A beautiful idea: how Covax has fallen short. *The Lancet*, v. 397, n. 10292, p. 2322-2325, 19 jun. 2021.

7. American Families Plan e investimento em educação: lições para o caso brasileiro

*Gustavo Pereira Serra**

A mudança de governo nos Estados Unidos demonstrou uma nova postura no enfrentamento da crise causada pela pandemia. Agora, não somente o Estado deve contribuir à recuperação econômica, como também assumir um papel de liderança para que a economia dos Estados Unidos saia da crise mais fortalecida do que entrou nela. Esse objetivo é refletido na agenda Build Back Better (em português, "Reconstruir Melhor"), definida pelo presidente Biden, que conta com o American Families Plan (AFP, "Plano das Famílias Americanas"), cujas propostas atribuem à educação papel essencial no projeto de desenvolvimento econômico dos Estados Unidos.

Anunciado em abril de 2021, o AFP compreende US$ 1 trilhão em investimentos e US$ 800 bilhões em isenções fiscais para famílias dos Estados Unidos, com foco nas áreas de educação, seguridade social e cuidado infantil. Neste capítulo, eu analiso os investimentos previstos em educação, no montante de US$ 511 bilhões (equivalentes a 28,4% do total). Suas principais medidas referem-se à universalização do acesso ao ensino pré-escolar, expansão do ensino superior, formação de professores e redução de desigualdades de renda e racial. Em seguida, comparo esses principais aspectos aos investimentos em educação no Brasil, analisando as medidas que podem ser aplicadas ao caso brasileiro. A principal conclusão deste capítulo é que, embora a maior parte dos argumentos do AFP também se faça presente no debate brasileiro, os investimentos públicos em educação no Brasil permanecem aquém das metas do PNE e do nível necessário para elevar a economia do país ao nível de competitividade internacional.

---

* O presente trabalho foi realizado com apoio da Coordenação de Aperfeiçoamento de Pessoal de Nível Superior — Brasil (Capes) — Código de Financiamento 001. O autor agradece aos valiosos comentários e sugestões de André Roncaglia e Marcelo Araujo, isentando-os de eventuais erros e omissões remanescentes.

Investimento público em educação e financiamento do American Families Plan

Os níveis de ensino obrigatório dos Estados Unidos (conhecidos como *K-12*) compreendem 12 anos, iniciando-se aos cinco ou seis anos, quando a criança entra na escola elementar (*elementar school*) até o equivalente brasileiro do ensino médio (*high school*), quando o adolescente tem entre 17 e 18 anos de idade. Embora haja instituições privadas que ofereçam ensino *K-12*, o acesso da criança à educação pública e gratuita é garantido por lei, sendo uma responsabilidade primordialmente de estados e municípios: em 2018, os recursos federais, estaduais e municipais destinados aos níveis primário e secundário de educação totalizaram US$ 721 bilhões, tendo apenas 7,7% desse montante (US$ 55 bilhões) sido proveniente do governo federal. Esse total representou um investimento de US$ 14.839,7 por aluno no ano.[1] Haja vista os montantes investidos pelo setor público em educação, verifica-se a significância do AFP: apenas na educação primária e secundária, pretende-se investir US$ 209 bilhões (sendo US$ 200 bilhões no ensino pré-primário e US$ 9 bilhões no treinamento de professores), o que representará um montante expressivo se comparado ao investimento atual do governo federal na área.

As medidas referentes ao sistema de ensino superior, que visam tornar o acesso a *community colleges* gratuito para milhões de estudantes, também representam um marco nos Estados Unidos, dado que, até o momento, mesmo as instituições públicas no país não são gratuitas.[2] O alto (e crescente) custo da educação superior no país faz com que a maior parte dos alunos dependa de auxílio financeiro: atualmente, apenas um em cada três alunos não necessita se endividar para cursar uma faculdade, ao passo que, uma década antes, apenas um em três obtinha empréstimos estudantis (Collinge, 2017). Vale ressaltar que as pessoas com mais dificuldade no pagamento dos empréstimos, em sua maioria, vêm de famílias de renda mais baixa, têm maior probabilidade de não completar o curso superior e cursam instituições menos seletivas, como *community colleges*

---

[1] Dados do Census Bureau dos Estados Unidos, publicados no *2018 Public elementary-secondary education finance*.

[2] No ano acadêmico de 2017-18, o custo médio de frequentar faculdades e universidades nos Estados Unidos era de US$ 23.835, sendo de US$ 17.797 para instituições públicas e US$ 42.681 para privadas (US, 2019).

e faculdades com fins lucrativos (Looney e Yannelis, 2015). Além disso, esse cenário tem um componente racial significativo: pessoas negras têm níveis de dívida estudantil mais altos do que pessoas brancas, o que é substancialmente influenciado pela riqueza familiar e do próprio indivíduo (Addo et al., 2016).

A sustentabilidade fiscal do plano baseia-se não somente nos aumentos tributários sobre ganhos de capital e indivíduos nas faixas de renda mais alta (que devem financiar tanto o AFP quanto o American Jobs Plan), mas também na expectativa de aumento de arrecadação tributária com o AFP, dado que a educação apresenta retorno à economia no longo prazo. Um dos artigos acadêmicos citados no programa avalia os resultados de um estudo na Carolina do Norte de investimento em educação pré-escolar para crianças de até cinco anos de idade. O investimento no programa apresentou uma alta taxa de retorno, de 13,7%, e para cada dólar investido em educação para aquela faixa etária houve um retorno de US$ 7,30 em benefícios que incluíram escolaridade, saúde, condições de emprego e menor nível de criminalidade das crianças participantes do estudo nos anos seguintes (García et al., 2017). Outra análise de que o retorno do programa deve ocorrer no longo prazo é realizada pela Moody's Analytics, que estima que o AFP levará a um aumento do déficit fiscal público de US$ 326 bilhões entre 2022 e 2025. No entanto, quando combinado com o American Jobs Plan, o AFP deve se pagar em 15 anos (Zandi e Yaros Jr., 2021).

Ao tornar evidente que parte do financiamento do programa deverá ocorrer com o aumento de receitas tributárias decorrente do maior nível de atividade econômica futura resultante das medidas adotadas, o AFP demonstra um tratamento da educação como um investimento, não como gasto público. Esse argumento está presente na literatura econômica, sobretudo naquela relacionada com a teoria de capital humano, que estuda a forma como investimentos em escolaridade, capacitação profissional, saúde, entre outros que são incorporados por seres humanos, contribuem à criação de valor na economia. Um importante expoente dessa literatura é Theodore W Schultz (1960, 1961), que defende o tratamento de educação como um investimento e verifica o retorno sobre capital humano como mais atrativo que outras formas de investimento.

Medidas do AFP para educação

O AFP conta com uma atenção especial à educação infantil pré-escolar. US$ 200 bilhões serão direcionados à área, garantindo que toda criança de três e quatro anos de idade (faixa etária anterior à entrada no *K-12*) tenha acesso ao sistema de ensino público gratuito. Diversos estudos justificam a medida, mostrando não somente a contribuição à formação do(a) aluno(a), mas também à participação dos pais dessas crianças no mercado de trabalho (sobretudo feminina). Os investimentos nesse nível de ensino têm como objetivo desenvolver o ambiente de ensino, alcançar baixos níveis para a razão aluno-professor, elevar a qualidade do currículo escolar e garantir uma remuneração de ao menos US$ 15 por hora para trabalhadores desse nível de ensino.

O AFP também pretende tornar gratuito o acesso a faculdades comunitárias (*community colleges*).[3] Serão investidos US$ 109 bilhões, com o objetivo de que 5,5 milhões de estudantes tenham acesso a um ensino superior gratuito nessas instituições. Adicionalmente, serão destinados US$ 62 bilhões a medidas que visem elevar os níveis de retenção e conclusão de curso, sobretudo para aluno(a)s de comunidades menos favorecidas. O objetivo é transferir recursos às faculdades e universidades para que elas adotem medidas que reduzam a evasão e o atraso para conclusão de curso, tais como bolsas de auxílio emergencial, atendimento psicológico e serviços de cuidado infantil aos filhos de estudantes.

Uma outra medida busca reduzir a desigualdade de raça/cor, priorizando grupos de estudantes que são sub-representados em instituições de ensino superior. Alguns exemplos de instituições que serão afetadas com essas medidas são as Tribal Colleges and Universities[4] (TCUs), as Historically Black Colleges and Universities[5] (HBCUs) e as Hispanic-serving institutions[6] (HSIs). Dos US$ 46 bilhões destinados à questão, US$ 39 bilhões serão utilizados para subsidiar as taxas e matrículas dessas instituições por dois anos para aluno(a)s de baixa e

---

[3] *Community colleges* são instituições de ensino superior que oferecem cursos de dois anos. Embora os cursos dessas instituições não sejam considerados bacharelado (são chamados de Associate Degrees), é possível ao(à) aluno(a) aproveitar os créditos obtidos em um *community college* posteriormente em uma faculdade ou universidade, a fim de concluir a graduação.
[4] Faculdades e universidades para populações indígenas e nativas do Alasca.
[5] Faculdades e universidades historicamente negras. Fundadas anteriormente à Lei dos Direitos Civis de 1964.
[6] Instituições com uma proporção de estudantes hispânicos de, no mínimo, 25%.

média renda. Adicionalmente, US$ 5 bilhões serão destinados diretamente às instituições, para questões administrativas e expansão dos cursos oferecidos, e US$ 2 bilhões para pós-graduação de profissionais da área de saúde.

O AFP também planeja contribuir ao financiamento do ensino pós-secundário por meio de uma ampliação da concessão de bolsas de estudo. No ano letivo de 2019-20, uma média de 6,7 milhões de aluno(a)s de graduação recebiam auxílio financeiro do programa federal Pell Grants, cujo propósito é auxiliar estudantes de baixa renda com os custos da educação superior. Durante o ano letivo de 2021-22, o auxílio máximo compreende aproximadamente US$ 6.500 por ano. O AFP pretende elevar esse limite em US$ 1.400, o que representará um adicional de US$ 85 bilhões em bolsas de estudo para estudantes de cursos superiores de duração de dois e quatro anos.

Por fim, parte dos investimentos (US$ 9 bilhões) pretende reduzir o déficit de professores no sistema de ensino, sobretudo em instituições com predominância de estudantes de grupos sub-representados no magistério. A primeira medida consiste em dobrar as bolsas de estudo de futuros professores para US$ 8.000 por ano, bem como investir US$ 1,6 bilhão para que 100 mil educadores obtenham certificações de áreas da educação para as quais existe grande demanda. Adicionalmente, serão direcionados US$ 2,8 bilhões para programas que preparam professores das próprias comunidades locais (os chamados programas Grow Your Own), US$ 400 milhões para a preparação de professores especificamente de instituições como as mencionadas no parágrafo anterior e US$ 900 milhões para professores da educação especial.

As medidas do plano compreendem, sobretudo, a educação infantil pré-escolar e o ensino superior. Com relação à primeira, o objetivo é permitir o acesso ao ensino pré-primário gratuito, o que tem caráter distributivo e de contribuição à formação escolar, visto que as crianças de famílias de baixa renda frequentemente não têm acesso ao sistema educacional nessa faixa etária, ao passo que as crianças de famílias mais ricas podem frequentar instituições privadas de ensino na mesma idade. Outra questão importante é a formação de professores, não somente no sentido de elevar salários e investir em bolsas de estudo para educadores, mas também reparar a desigualdade racial no magistério. Sobre o ensino superior, o foco são faculdades e universidades frequentadas por faixas de renda mais baixa, garantindo o acesso gratuito e adotando medidas que visam contribuir para que esses estudantes concluam o curso superior. Tais medidas visam melhorar as condições de emprego e salário da população adulta, reduzir as desigualdades racial e de renda, estimular o aumento de produtividade e impulsionar a recuperação econômica dos Estados Unidos. Na próxima seção, eu analiso o cenário brasileiro e, em seguida, avalio como tais medidas poderiam contribuir ao debate no país.

Investimento em educação no Brasil

Os indicadores educacionais brasileiros, apesar de terem apresentado melhora nas últimas décadas, demonstram um grande desafio pela frente na área. A taxa de alfabetização média brasileira em 2019 (população com 15 anos ou mais de idade) era de 93,4%, com grande desigualdade entre regiões, sendo de 96,7% no Sul e 86,1% no Nordeste. Dado que uma das metas do Plano Nacional de Educação 2014-24 (PNE) é erradicar o analfabetismo absoluto até o fim da vigência do plano, esse resultado indica que os níveis de alfabetização no Brasil ainda estão longe desse objetivo. Também o analfabetismo funcional, que foi reduzido entre 2012 e 2019 de 18,5% para 14,1%, permanece bastante acima da meta para 2024, de 9,2% (Brasil, 2020).

Algumas das metas do PNE estão alinhadas a focos de atuação do AFP. Por exemplo, a Meta 1 estipulava universalizar, até 2016, o acesso de crianças de quatro e cinco anos de idade à pré-escola. Embora esse objetivo não tenha sido atingido em 2016 (em 2018, esse percentual era de 93,8%), o Inep argumenta que "a meta pode ser alcançada entre 2020 e 2024, uma vez mantida a tendência observada nos últimos 13 anos" (Brasil, 2020:21). Também objetiva-se atingir o percentual mínimo de 50% da população entre zero e três anos frequentando escolas ou creches. Apesar de também apresentar melhora nos últimos anos, a lenta trajetória de crescimento desse indicador, que atingiu 35,7% em 2018, demonstra a impossibilidade de se atingir a meta até 2024.

Também preocupantes são as diferenças por faixa de renda e raça/cor, que permaneceram estáveis durante a vigência do PNE. Quando considerada a escolaridade média da população de 18 a 29 anos em 2019, são evidentes as diferenças entre o primeiro e último quartis de renda (9,8 e 13,5 anos de estudo) e entre negros e não negros (11,1 e 12,3). As trajetórias desses indicadores nos últimos anos demonstram a dificuldade em atingirem-se as metas do PNE nesse quesito, sobretudo com relação a extinguir a desigualdade racial de escolaridade média.

Outras metas do PNE que se assemelham ao AFP estão relacionadas com formação e remuneração de professores. As proporções de docências com professores cuja formação superior estava adequada à área de conhecimento que lecionam em 2019 eram de 54,8% para a educação infantil, 66,1% para os anos iniciais do ensino fundamental, 53,2% para os anos finais do ensino fundamental e 63,3% no ensino médio, resultado bastante aquém da meta de 100% para todos os níveis até 2024. Quanto à remuneração, os profissionais do magistério das redes públicas de educação básica ainda apresentam rendimento médio equivalente a 78,1% dos demais profissionais com escolaridade equivalente, diferencial esse que tem se reduzido nos últimos anos não por uma melhora significativa para os professores, mas pela queda da remuneração dos demais profissionais.

Embora apresente um nível de investimento em educação em proporção do PIB elevado em comparação a países desenvolvidos e outros em desenvolvimento (OECD, 2020:293), o Brasil representa o sexto país mais populoso do mundo, o que demonstra a dimensão do número de aluno(a)s que devem ser atendido(a)s com esses recursos: em 2020, havia 47,3 milhões de aluno(a)s matriculado(a)s na educação básica (Inep, 2021). Assim, em 2017 o investimento público anual direto em educação por estudante estimado foi de R$ 8.043, sendo de R$ 6.823 para a educação básica e R$ 28.640 para a educação superior.[7] Dessa forma, para que o Brasil apresente níveis de ensino com qualidade compatíveis com demais países de renda similar ou superior, a necessidade de investimento em educação é ainda maior. O PNE tem como meta que o investimento em educação em proporção do PIB atinja 10% em 2024, nível bastante superior ao atual (tabela 1).

Tabela 1
Gasto público em educação por tipo de ente
— Brasil — 2015-18 (em R$ Bilhões*)

Responsável pela despesa	2015	2016	2017	2018**
Gastos do governo federal — Total	106.4	114.2	109.1	103.6
Gastos dos governos estaduais e do DF	118.5	118.6	110.7	110,6**
Gastos dos governos municipais	140.7	136.3	142.4	146,4**
Gastos educacionais de receitas parafiscais	9.5	8.1	8.2	8.2
Total	375.1	377.1	370.4	368,8**
Em % do PIB	5.5%	5.6%	5.4%	5,4%*

Fonte: Brasil (2020).
* Valores preliminares ** a preços de dez. 2018 (IPCA)

---

[7] Dados do Inep/MEC disponíveis em: http://inep.gov.br/indicadores-financeiros-educacionais.

Uma medida fiscal que contribuiu ao financiamento da educação básica foi a criação do Fundeb, no qual o governo federal complementa os recursos do fundo de estados e municípios direcionados à educação básica de regiões de mais baixa renda. Em 2020, o Fundeb totalizou R$ 162 bilhões, sendo as contribuições dos governos estaduais, municipais e federal de, nessa ordem, R$ 99,2 bilhões, R$ 48,3 bilhões e R$ 14,7 bilhões. A partir de 2021, as novas regras do Fundeb determinam que a complementação mínima da União deve ser elevada gradualmente, de 10% em 2020 até atingir 23% em 2026. A distribuição dos recursos do fundo passa a se basear no Valor Anual Total por Aluno (Vaat), que define o investimento equivalente a um padrão mínimo de qualidade de ensino. Por sua vez, esse valor tem como parâmetro o Custo Aluno-Qualidade (CAQ).[8]

O Custo Aluno-Qualidade Inicial (CAQi) e o Custo Aluno-Qualidade (CAQ) são medidas criadas pela Campanha Nacional pelo Direito à Educação (CNDE) para referenciar o investimento em educação, e o CAQi considera as condições mínimas para o processo de aprendizagem, enquanto o CAQ abrange os investimentos necessários para que o nível de qualidade de ensino no Brasil se aproxime ao de países mais desenvolvidos. Com essas medidas, existe uma clara mudança no tratamento da educação, de uma despesa pública restrita ao orçamento público, a um conceito mais relacionado com o de investimento, como destaca a CNDE:

> O CAQi e o CAQ representam uma inversão na lógica do financiamento das políticas educacionais no Brasil: o investimento, antes subordinado à disponibilidade orçamentária mínima prevista na vinculação constitucional de recursos alocados para a área, passa a ser pautado pela necessidade de investimento por aluno para que seja garantido, de fato, um padrão mínimo de qualidade em todas as escolas públicas brasileiras. [CNDE, 2018:11]

---

[8] Vale ressaltar que a implementação do Custo Aluno-Qualidade Inicial (CAQi) e do Custo Aluno-Qualidade (CAQ) como referência para o investimento em educação já estava prevista no PNE. No entanto, a portaria do Ministério da Educação (MEC) que viabilizava essa medida foi revogada em 2018 (CNDE, 2018).

Não obstantes os avanços do Novo Fundeb, com o aumento previsto da contribuição da União e a inclusão de medidas de qualidade para o cálculo de investimento mínimo por aluno(a), o cenário para os investimentos à educação básica no Brasil permanece desafiador. Como destaca a CNDE, o sucesso na implementação do CAQ depende do cumprimento da Meta 20 do PNE, que diz respeito à elevação dos investimentos públicos em educação pública a 10% do PIB (CNDE, 2018). Na atual situação de crise econômica e implementação de medidas de austeridade fiscal no Brasil, a ampliação dos investimentos em educação e, por consequência, o atingimento de grande parte das metas do PNE em 2024 podem ser comprometidos.

Com relação ao ensino superior, o sistema brasileiro se distingue do modelo dos Estados Unidos pelo fato de as universidades públicas serem gratuitas. Segundo o Censo Superior 2019, do total de matrículas em 2019 (8.603.824), cerca de 24% (2.080.146) ocorreram em instituições públicas (Inep, 2020). Além disso, para auxiliar o estudante de baixa renda no acesso ao sistema privado, o governo federal conta, principalmente, com dois programas: o Prouni, lançado em 2004, que concede bolsas de estudo integrais e parciais a aluno(a)s do ensino superior, e o Fundo de Financiamento Estudantil (Fies), criado em 1999, que concede empréstimo estudantil para o financiamento de cursos de ensino superior presenciais não gratuitos.

Cerca de metade das matrículas em instituições privadas em 2019 contava com algum tipo de financiamento, sendo aproximadamente um quarto delas composto por financiamentos reembolsáveis, entre os quais o Fies representou 68,9% das matrículas. Das matrículas que dependiam de financiamento não reembolsável, 23% tinham como fonte de recursos o Prouni. As figuras 1 e 2 apresentam os números de financiamentos concedidos pelo Fies e bolsas concedidas pelo Prouni, respectivamente, nos últimos anos. Em ambos os casos, evidenciam-se o aumento nos números de conceções até meados da década de 2010 e sua subsequente queda na segunda metade da década. No caso do Fies, após atingirem 732 mil em 2014, os financiamentos concedidos caíram para 85 mil em 2019. Para o Prouni, o recuo, embora mais modesto, também existiu: de 253 mil em 2015 para 167 mil em 2020.

Figura 1
Fies — financiamentos concedidos

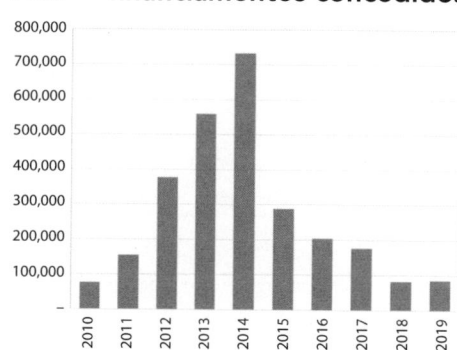

Fonte: Dados disponíveis em: < www.fnde.gov.br/index.php/financiamento/fies-graduacao/mantenedora-e-ies/financiamentos-concedidos >. Elaborado pelo próprio autor.

Figura 2
Prouni — bolsas concedidas

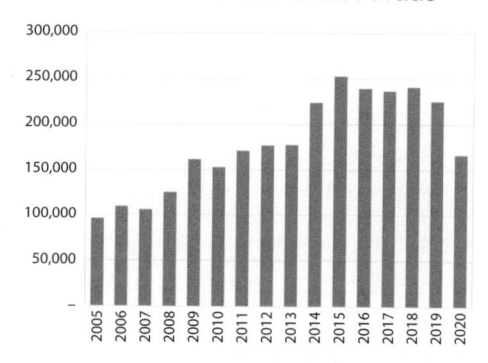

Fonte: Dados obtidos no Portal de Dados Abertos do Ministério da Educação. Disponível em: http://dadosabertos.mec.gov.br/prouni. Elaborado pelo próprio autor.

A despeito dos avanços no acesso ao ensino superior no Brasil nas últimas décadas, ainda existe uma necessidade significativa de sua expansão: em 2018, apenas 19,6% da população entre 25 e 34 anos de idade possuía educação superior completa no Brasil. Em comparação, essa parcela nos Estados Unidos é de 49,4% (Ipea, 2021). Se compararmos o desempenho brasileiro nesse quesito à Meta 12 do PNE, verificamos a dificuldade em se atingir o objetivo de matrículas na educação superior em 2024. O próprio Inep reconhece que o crescimento necessário deve ser muito superior ao observado nos últimos anos, quando menciona que a "taxa bruta de matrícula na educação superior cresceu 6,2 p.p. entre 2012 e 2019, registrando, neste ano, a taxa de 37,4%. Para o alcance da meta de 50% até 2024, será necessário um crescimento de 12,6 p.p. (2,5 p.p. ao ano)" (Brasil, 2020:60). Embora não caiba a este capítulo uma análise dos impactos negativos dos empréstimos estudantis a longo prazo, sobretudo à luz da experiência estadunidense, é importante ressaltar que a queda nos empréstimos concedidos pelo Fies, sem um aumento de bolsas pelo Prouni e investimento em universidades públicas como contrapartida, vem comprometer ainda mais o atingimento dessa meta.

Exemplo do AFP ao Brasil

As medidas previstas no AFP representam uma inversão na forma como a educação é abordada: o investimento em pesquisa e escolarização representa uma questão de competitividade econômica e redução de desigualdades racial e de renda. Reconhece-se que educação é uma condição necessária ao desenvolvimento econômico e, portanto, não deve ser relegada. A lógica do AFP inverte a premissa de que o investimento em educação deve ser restrito aos recursos do orçamento; ao contrário, sua sustentabilidade fiscal ocorre no longo prazo: ele contribui ao crescimento econômico, elevando a renda nacional e a arrecadação tributária futuras. Além disso, o Estado passa a atuar ativamente nesses investimentos e na redução de desigualdades.

Os conceitos de CAQ de CAQi já incorporam tal concepção de educação como um investimento. Contudo, o cenário brasileiro atual de contenção de gastos, incluindo aqueles relacionados com educação, representa um obstáculo ao cumprimento das metas do PNE e à melhora dos indicadores educacionais no país. A estratégia dos Estados Unidos pode servir de exemplo nessa questão: ao compreender o retorno do investimento em educação à economia (e, por conseguinte, à arrecadação pública), o AFP não o restringe à geração de superávits orçamentários, mas considera sua sustentabilidade financeira no longo prazo. Os investimentos no nível de ensino pré-escolar são defendidos no AFP por seu impacto em diversos aspectos. Por exemplo, eles contribuem à formação e desempenho escolar do(a)s aluno(a)s nos anos seguintes, reduzem a desigualdade de oportunidades no acesso à educação (o que tem impacto sobre as desigualdades de renda e racial) e elevam a participação no mercado de trabalho, principalmente a feminina, o que por sua vez contribui à economia no curto prazo.

A adoção de um entendimento semelhante no Brasil levaria não somente ao aumento dos investimentos em educação, mas a um maior desenvolvimento econômico com redução de desigualdades. Visto que o Brasil permanece aquém de atingir a Meta 1 do PNE no que diz respeito à universalização do acesso à pré-escola para crianças de quatro e cinco anos e na oferta de creches para crianças de até três anos, o exemplo dos Estados Unidos neste quesito pode representar mais uma motivação ao debate sobre tratar a educação nessa faixa etária com a devida atenção.

Ao se tratar a educação como investimento no Brasil, verifica-se seu alto retorno financeiro. Souza e Zylberstajn (2019) calculam o retorno médio à educação no Brasil como tendo sido de 12,1% em 2015, com um ligeiro recuo após níveis ao redor de 15% entre 1995 e 2003. No entanto, existe uma grande diferença para diferentes níveis de escolaridade. Schumacher e colaboradores (2014), por exemplo, comparam os casos do Brasil e EUA, mostrando que o retorno desse investimento aumenta significativamente no primeiro país (o que os autores descrevem como retornos crescentes à escala da escolarização) em comparação ao segundo (que teria retornos decrescentes à escala). No Brasil, a taxa de retorno para indivíduos com quatro anos de estudo é de 3,1%, ao passo que aqueles com 17 anos de escolaridade têm um retorno de 32,7% nesse investimento. Nos EUA, o retorno passa de 2% para 12,2% quando são comparadas escolaridades médias de, respectivamente, 5,5 e 20 anos de estudo. O aumento dos investimentos em educação também traz benefícios como a redução da criminalidade[9] e uma melhora da distribuição de renda.[10]

Com relação à educação superior, a queda observada nos últimos anos dos números de bolsas de estudo concedidas pelo governo brasileiro vai na contramão do AFP, o qual prevê facilitar o acesso ao ensino superior, inclusive, ao expandir a oferta de bolsas de estudos federais. Ademais, a redução do auxílio financeiro no Brasil tende a perpetuar desigualdades, ao comprometer o acesso ao ensino superior por parte das populações de renda mais baixa. Haja vista a relação positiva entre nível escolar e remuneração, a consequência desse cenário é uma situação na qual a pessoa de baixa renda tem maior dificuldade para cursar o ensino superior, ao mesmo tempo que sua baixa remuneração é explicada, em certa medida, por sua baixa escolarização.

O menor investimento em educação superior também se relaciona com outra meta do PNE que o Brasil está distante de atingir em 2024, referente à formação de professores. Nesse ponto, o exemplo dos Estados Unidos é não somente reduzir o déficit de professores na rede pública de ensino, como também elevar a participação de grupos raciais sub-representados no magistério. Dadas as

---

[9] Becker e Kassouf (2017) estimam que um aumento de 10% dos investimentos em educação leva a uma redução de 1% da taxa de homicídios já no período seguinte.
[10] Castro e Tannuri-Pianto (2019) verificam que os investimentos públicos em educação superior levam a uma transferência líquida de recursos dos dois decis da população com maior renda *per capita* para o restante da população.

devidas semelhanças entre Brasil e Estados Unidos no que se refere à presença do sistema escravocrata em sua formação histórica, a focalização de políticas nesses grupos pode diminuir as diferenças raciais de escolaridade e remuneração que também se fazem evidentes no Brasil.

Em conclusão, as propostas apresentadas no AFP não diferem sobremaneira do debate existente no Brasil, como é refletido, por exemplo, nas metas do PNE e na medida do CAQ. A principal contribuição da estratégia dos Estados Unidos consiste na urgência demonstrada pela maior economia do mundo na atualidade em investir em educação, de modo a não ser ultrapassada por outros países que adotam tais políticas. Para o caso brasileiro, a mensagem transmitida pelos Estados Unidos é evidente: o cenário econômico internacional mostra-se cada vez mais competitivo e conseguirão se desenvolver os países que investirem em seu capital humano. Visto que o retorno desse investimento é de longo prazo, postergar medidas que melhorem os indicadores educacionais tem o potencial de aprofundar o atraso econômico brasileiro perante o resto do mundo nas próximas décadas.

Referências

ADDO, Fenaba R.; HOULE, Jason N.; SIMON, Daniel. Young, black, and (still) in the red: parental wealth, race, and student loan debt. *Race and Social Problems*, v. 8. n. 1, p. 64-76, 2016.

BECKER, Kalinca Léia; KASSOUF, Ana Lúcia. Uma análise do efeito dos gastos públicos em educação sobre a criminalidade no Brasil. *Economia e Sociedade*, v. 26, n. 1, p. 215-242, 2017.

BRASIL. Instituto Nacional de Estudos e Pesquisas Educacionais Anísio Teixeira (Inep). *Relatório do 3º ciclo de monitoramento das metas do Plano Nacional de Educação — 2020*: sumário executivo. Brasília, 2020.

CAMPANHA Nacional pelo Direito à Educação. *CAQ e CAQi no PNE*: quanto custa a educação pública de qualidade no Brasil? São Paulo: E-book, 2018. Disponível em: https://media.campanha.org.br/caq/pdf/quanto-custa-a--educacao-publica-de-qualidade-no-brasil.pdf. Acesso em: 31 maio 2021.

CASTRO, Carlos Renato de Melo; TANNURI-PIANTO, Maria Eduarda. Educação superior pública no Brasil: custos, benefícios e efeitos distributivos. *Nova Economia* v. 29, n. 2, p. 623-649, 2019.

COLLINGE, Alan M. Foreword. In: HARTLEP, Nicholas D.; ECKRICH, Lucille L. T.; HENSLEY, Brandon O. (Ed.). *The neoliberal agenda and the student debt crisis in US higher education*. Nova York: Routledge, 2017. p. xxi-xxvii.

GARCÍA, Jorge Luis; HECKMAN, James J.; LEAF, Duncan Ermini; PRADOS, María José. *The life-cycle benefits of an influential early childhood program*. No. w22993. National Bureau of Economic Research, 2017. Disponível em: www.nber.org/papers/w22993. Acesso em: 31 maio 2021.

INSTITUTO NACIONAL DE ESTUDOS E PESQUISAS EDUCACIONAIS ANÍSIO TEIXEIRA. *Sinopse estatística da educação superior 2019*. [online]. Brasília: INEP, 2020. Disponível em: http://inep.gov.br/sinopses-estatisticas-da-educacao-basica. Acesso em: 31 maio 2021.

INSTITUTO NACIONAL DE ESTUDOS E PESQUISAS EDUCACIONAIS ANÍSIO TEIXEIRA. *Sinopse estatística da educação básica*. [online]. Brasília: Inep, 2021. Disponível em: http://inep.gov.br/sinopses-estatisticas-da-educacao-basica. Acesso em: 31 maio 2021.

INSTITUTO DE PESQUISA ECONÔMICA APLICADA (IPEA). *Políticas sociais*: acompanhamento e análise. Capítulo 4: Educação. Brasília: Ipea, n. 28, 2021. Disponível em: www.ipea.gov.br/portal/images/stories/PDFs/politicas_sociais/210409_boletim_bps_28_educacao.pdf. Acesso em: 31 maio 2021.

LOONEY, Adam; YANNELIS, Constantine. A crisis in student loans?: how changes in the characteristics of borrowers and in the institutions they attended contributed to rising loan defaults. *Brookings Papers on Economic Activity*, v. 2, p. 1-89, 2015.

OECD. *Education at a glance 2020*: OECD indicators. Paris: OECD Publishing, 2020. Disponível em: https://doi.org/10.1787/69096873-en. Acesso em: 31 maio 2021.

SCHULTZ, Theodore W. Capital formation by education. *Journal of Political Economy*, v. 68, n. 6, p. 571-583, 1960.

_____. Investment in human capital. *The American Economic Review*, v. 51, n. 1, p. 1-17, 1961.

SCHUMACHER, Florian I.; DIAS, Joilson; TEBALDI, Edinaldo. Two tales on human capital and knowledge spillovers: the case of the US and Brazil. *Applied Economics*, v. 46, n. 23, p. 2733-2743, 2014.

SOUZA, André Portela; ZYLBERSTAJN, Eduardo. Estimating the returns to education using a parametric control function approach: evidences for a developing country. *Brazilian Review of Econometrics*, v. 39, n. 2. P. 217-242, 2019.

U.S. DEPARTMENT OF EDUCATION. National Center for Education Statistics. *Digest of education statistics, 2018*. NCES 2020-009, 2019. Disponível em: https://nces.ed.gov/fastfacts/display.asp?id=76. Acesso em: 31 maio 2021.

ZANDI, Mark; YAROS JR., Bernard. *The macroeconomic consequences of the American families plan and the build back better agenda*. Moody's Analytics, 2021. Disponível em www.moodysanalytics.com/-/media/article/2021/american-families-plan-build-back-better-agenda.pdf. Acesso em: 31 maio 2021.

8. Investimentos em infraestrutura de cuidado: considerações para um projeto de desenvolvimento igualitário para o Brasil

Luiza Nassif-Pires

Em março de 2021, Biden anunciou dois planos, o American Jobs Plan, que também ficou conhecido como seu plano de infraestrutura, e o American Families Plan. Seu plano de infraestrutura tem dois objetivos diretos: criar milhões de empregos e reparar gargalos das estruturas da economia americana. Em seu orçamento original, Biden propõe investimento no valor de US$ 400 bilhões para cuidados com idosos no lar como parte do plano de infraestrutura e propõe em seu plano familiar, complementar ao plano de infraestrutura, investimentos em educação de primeira infância e básica além de saúde materna, entre outros.

A ideia de que existem gargalos estruturais na economia do cuidado não causa estranhamento a mulheres que se desdobram para cumprir tarefas no lar e trabalhar em tempo integral. Infelizmente, dentro de setores mais conservadores da sociedade americana, essa proposta não foi bem aceita. Ao inserir cuidado dentro de seu plano, Biden não apenas declarou sua preocupação material com parcela essencial da economia. Apesar da resistência encontrada por ele no Congresso americano, esse passo simbólico é de extrema importância.

Em economia, infraestrutura refere-se a redes de apoio ao sistema produtivo. Usualmente dentro do conceito encaixam-se as redes de saneamento básico, energia elétrica, rodovias, ferrovias e transporte de modo geral. No entanto, na origem da palavra infraestrutura reside a ideia de invisibilidade, a ideia de alicerces que sem que possamos ver sustentam uma estrutura. E na base da nossa sociedade, sustentando todo nosso processo produtivo, encontram-se milhares de pessoas, majoritariamente mulheres, diariamente realizando atividades do lar invisibilizadas. Tais atividades, como limpar a casa, cozinhar, cuidar de filhos, idosos e pessoas com necessidades, conhecidas como atividades de cuidado, são essenciais à existência humana e possibilitam que todas as outras atividades ocorram.

No entanto, apesar de o cuidado encaixar-se perfeitamente na definição de infraestrutura, infelizmente, entre economistas, a ideia de que a economia do cuidado deve ser vislumbrada em projetos de infraestrutura ainda não é aceita.

Por décadas, economistas feministas apontam a importância de atividades de cuidado, e clamam não apenas por seu reconhecimento, mas também por sua remuneração e redistribuição de seu fardo, conhecido como modelo dos três Rs (Elson, 2017). Entre os objetivos para o desenvolvimento sustentável traçados pela ONU para 2030, o reconhecimento e a redistribuição das tarefas são passos que a instituição aponta como necessários para alcançar a igualdade de gênero.[1] A ONU ainda enfatiza a importância dos serviços públicos e de infraestrutura para alcançar tal objetivo. Além de ser essencial para alcançar uma sociedade mais justa, um projeto de investimento em infraestrutura de cuidados é também um meio de promover o avanço econômico.

O que é cuidado?

A popularização do termo "economia do cuidado" é bem recente, de modo que existem algumas confusões com relação ao termo, dado não existir consenso absoluto sobre a definição (Folbre, 2006). De forma geral, cuidado pode ser definido como atividades e relações que atendem às necessidades físicas, cognitivas, psicológicas e emocionais de pessoas saudáveis ou não de todas as idades (Addati et al., 2018).

Dentro da literatura de economia do cuidado, autoras de tradição marxista se referem ao cuidado como reprodução social. As atividades de reprodução social podem ser definidas como todas as atividades necessárias para que um indivíduo possa, dia após dia, exercer tarefas produtivas. A teoria da reprodução social tem como base a teoria de exploração marxista, de acordo com a qual o trabalho é a origem de todo o valor produzido em uma economia. Assim, o trabalho doméstico é parte integral e essencial da reprodução dos trabalhadores remunerados, o principal ativo do sistema econômico. Dessa forma, as horas

---

[1] O objetivo 5.4 é "Reconhecer e valorizar o trabalho de assistência e doméstico não remunerado, por meio da disponibilização de serviços públicos, infraestrutura e políticas de proteção social, bem como a promoção da responsabilidade compartilhada dentro do lar e da família, conforme os contextos nacionais" (ONU, s.d.).

trabalhadas e remuneradas no mercado formal desconsideram as muitas horas de trabalho doméstico (não contabilizadas), as quais são indiretamente necessárias para a produção de bens e serviços.

As atividades de cuidado podem ser divididas em duas categorias: cuidado direto e cuidado indireto (Folbre, 2006). No primeiro grupo, estão atividades que requerem interação pessoal, também chamadas de atividades relacionais, como amamentar um recém-nascido, ajudar crianças com deveres de casa, cuidar de uma pessoa doente ou auxiliar idosos em tarefas de cuidado pessoal. Entre as atividades de cuidado indireto, estão atividades não relacionais, como lavar louça e roupa, limpar a casa e cozinhar.

Uma segunda importante distinção em economia do cuidado diz respeito à remuneração das atividades. Uma parte expressiva dos serviços de cuidado prestados no mundo são executados sem nenhuma contrapartida financeira, de modo que o custo em exercer essas atividades recai sobre provedores. Um dos principais custos incorridos por cuidadores é o tempo despendido, que frequentemente limita sua participação no mercado de trabalho remunerado formal. Antonopoulos e Hiraway (2010) utilizam o termo *time-tax* (imposto de tempo) para se referirem a esse problema e argumentam que esse imposto de tempo viabiliza um patamar mais baixo de salários e de gastos do governo. Além das atividades não remuneradas do lar, participação em grupos comunitários também contribuem para uma rede informal de cuidados. Estas redes têm um papel fundamental entre comunidades racializadas. Além disso, o trabalho em comunidades, nos EUA majoritariamente exercido por mulheres negras, também precisa ser contabilizado entre as horas de produção não remunerada (Banks 2020).

Entre trabalhadores remunerados de cuidado, encontram-se profissionais de um amplo leque de qualificações e observamos uma enorme variação salarial. No topo da categoria salarial estão profissionais do setor privado de saúde e educação, enquanto na base encontramos trabalhadoras domésticas e babás. O nível salarial não apenas varia de acordo com a qualificação, mas também a depender do tipo de empregador, que pode ser instituições públicas, privadas, terceiro setor e indivíduos. Um outro problema que observamos no setor é o alto grau de informalidade, facilitado pelo fato de que frequentemente atividades de cuidado, sobretudo os trabalhos domésticos, são prestadas em domicílios e pouco passíveis à fiscalização, colocando assim esses trabalhadores em situação de extrema vulnerabilidade.

O cuidado não remunerado e sua mensuração

A questão da não remuneração do trabalho doméstico é um tema muito explorado por economistas feministas. Uma das grandes questões levantadas por elas é o fato de que as atividades de cuidado não remuneradas não costumam ser contabilizadas no sistema de contas nacionais. Por exemplo, contribui para o PIB, na forma de serviços, o trabalho de uma empregada doméstica, porém não contribui para o PIB o trabalho de uma dona de casa.

A comissão de estatística da ONU estabelece diretrizes para a elaboração do sistema de contas nacionais, conhecido como SNA de 2008.[2] De acordo com o documento, os serviços domésticos e pessoais realizados para consumo próprio estão fora do escopo da produção em sistemas de contas nacionais. Entre as razões para a exclusão, a comissão de estatística da ONU cita a dificuldade de estimar o valor desses serviços e as consequências que teria para políticas públicas. No entanto, o documento aponta algumas direções com relação à elaboração de uma conta satélite[3] para a valoração das atividades domésticas não remuneradas. Ainda segundo o documento, a elaboração de uma conta satélite voltada para o trabalho não remunerado seria de extrema importância para políticas públicas. Folbre (2015) argumenta que a omissão dessas atividades do sistema de contas nacionais gera vieses em interpretações econômicas, como é o caso da superestimação do impacto que a entrada de mulheres no mercado de trabalho tem sobre o crescimento econômico, pois deixamos de descontar o impacto negativo sobre as horas trabalhadas no lar. Melo e Morandi (2021) oferecem uma proposta metodológica para a elaboração de uma conta satélite de trabalho não pago para o Brasil. Elas argumentam que sem os dados sobre o trabalho não pago é impossível elaborar políticas públicas que não sejam viesadas.

No entanto, para a elaboração de uma conta satélite, é primeiramente necessário que se faça uma pesquisa de uso de tempo que contabilize as horas

---

[2] System of National Accounts, traduzido como sistema de contas nacionais (United Nations Statistical Commission, 2009).
[3] Contas satélites são utilizadas no mundo inteiro para descrever de forma detalhada setores específicos da economia. Existem dois tipos de contas satélites: internas, que seguem todas as regras das contas nacionais, e externas, que podem incluir atividades não econômicas (United Nations Statistical Commission, 2009). Um exemplo de conta satélite interna que o IBGE produz são as tabelas de recursos e usos do setor de saúde.

despendidas por indivíduos em cada possível atividade ao longo de 24 horas. A partir desses dados é possível calcular de forma confiável o número de horas médias que indivíduos gastam exercendo afazeres domésticos e de cuidados.

Pesquisas de uso de tempo, realizadas em diversos países, consistentemente encontram um desequilíbrio de gênero no número de horas semanais dedicadas a atividades de cuidado não remuneradas. Dessa forma, diversas autoras argumentam que mulheres no mundo todo fornecem um subsídio ao sistema produtivo, ao restaurar a capacidade produtiva dos trabalhadores que retornam ao lar após suas jornadas de trabalho e ao preparar para o mercado futuros trabalhadores — por exemplo, Bhattacharya (2017), Vogel (2013), Hartmann (1981), Federici (2019), entre outras.

A figura 1 apresenta dados do número de horas por semana dedicadas às tarefas domésticas e de cuidados por sexo para países da América Latina e para o Brasil. O valor comparativamente baixo do Brasil, bem como a menor discrepância por sexo, deve ser analisado com cautela pois os dados coletados na PNAD-contínua a respeito do trabalho não remunerado não seguem o padrão internacional estabelecido.[4] Podemos perceber que em todos os países existe uma enorme desigualdade de gênero e que para mulheres de alguns países, como é o caso da Colômbia e México, o número médio de horas semanais despendidos em tarefas domésticas e de cuidado ultrapassa os de uma jornada completa em trabalho de tempo integral. Como consequência, ao somar-se o número de horas de trabalho não remunerado ao número de horas de trabalho remunerado, descobre-se que mulheres no mundo todo trabalham em média mais horas do que homens. Addati e colaboradores (2018) mostram que o hiato no número total de horas trabalhadas entre mulheres e homens é ainda maior em países de baixa e média renda.

---

[4] Diferentemente dos outros países cujos dados são aqui apresentados, onde indivíduos entrevistados mantêm um diário de atividades, os dados para o Brasil são reportados a partir de apenas três perguntas feita aos indivíduos entrevistados sobre quantas horas dedicaram a afazeres domésticos e quantas horas gastaram cuidando de alguém na semana de referência. Diferenças na percepção do tempo por gênero bem como a dificuldade de se contar com a memória tornam esses dados muito pouco confiáveis para a elaboração de políticas públicas ou estimação do valor do trabalho doméstico não remunerado no Brasil. Santos e Simões (2018) apresentam discussões e esforços prévios em produzir pesquisas de uso de tempo no contexto brasileiro.

Figura 1
Média de horas por semana dedicadas às tarefas domésticas e de cuidado por sexo para países da América Latina, Brasil e mediana mundial

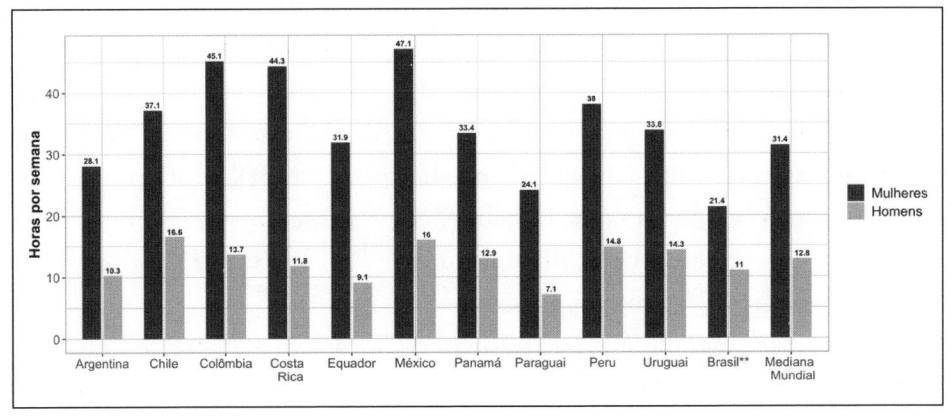

País	Mulheres	Homens
Argentina	28.1	10.3
Chile	37.1	16.6
Colômbia	45.1	13.7
Costa Rica	44.3	11.8
Equador	31.9	9.1
México	47.1	16
Panamá	33.4	12.9
Paraguai	24.1	7.1
Peru	38	14.8
Uruguai	33.8	14.3
Brasil**	21.4	11
Mediana Mundial	31.4	12.8

Fonte: Elaboração própria com dados de Charmes (2019) e PNAD-Contínua 5ª visita-2019.
** Todos os dados são do Charmes exceto o do Brasil que é da PNAD.

Cuidado no tempo: centro *vs.* periferia

Fraser (2017) é uma importante autora da teoria da reprodução social. Ela discute a crise do cuidado como apenas uma dimensão de uma crise mais ampla do sistema capitalista, no qual a busca por lucros leva a uma constante redução dos salários, gerando uma pressão sobre os trabalhadores, cada vez menos capazes de se reproduzirem. Ela traça a evolução da relação entre cuidado e produção, que é ao mesmo tempo simbiótica e predatória, desde a revolução industrial até os dias de hoje. Segundo Fraser, no século XIX, a crise do cuidado ocorre quando grandes centros industriais passam a empregar crianças e mulheres com salários baixíssimos e horas longas de trabalho. Na Europa, essa crise é solucionada a partir da criação de legislações trabalhistas, que regulam e reduzem a jornada do trabalho, mas também que restringem a participação de mulheres no trabalho remunerado (Moos, 2021b). A ação dos sindicatos busca proteger o emprego masculino por meio da limitação do acesso de mulheres a treinamentos específicos e, por isso, acaba por restringir sua participação em atividades qualificadas (Seccombe, 1986). Nesse momento histórico emerge a figura da dona de casa e o modelo do ganha-pão, onde o homem recebe uma remuneração pelo trabalho e a mulher cuida da casa (Folbre, 1991). Segundo Fraser, esse processo leva a uma separação artificial entre as esferas produtivas e reprodutivas, não precedente na história. Enquanto isso, nas colônias, como no caso do Brasil, escravas eram as principais responsáveis pelos trabalhos domésticos e de cuidado.

No pós-guerra, o Estado emerge como uma forte instituição reguladora do mercado a partir de uma demanda da sociedade por bem-estar social e direitos individuais, e a crise da reprodução social é estabilizada. Segundo Fraser, no entanto, esse modelo traz melhorias muito modestas para uma parcela grande da população, como foi o caso de afro-americanas nos Estados Unidos, que são excluídas de empregos de qualidades e não contavam com os mesmos direitos que outros cidadãos americanos.

No Brasil, projetos desenvolvimentistas ganham fôlego, mas não se propõem a integrar escravos libertos à força de trabalho, como aponta Sampaio (2019). Esses projetos tampouco vislumbram a formação de uma infraestrutura de cuidado. Ademais, durante o período da ditadura militar, observamos um aumento brutal das desigualdades de renda, racial e regional no país. O capitalismo financeiro que se instaura a partir dos anos 1970 baseia-se no liberalismo econômico e busca minimizar o estado de proteção social.

O avanço do capitalismo e a aceleração da entrada de mulheres no mercado de trabalho levam a crise do cuidado a pressionar o sistema. Como solução temporária, a maior parte das mulheres trabalha uma dupla jornada, em casa e no mercado, enquanto uma parcela privilegiada da população contrata trabalhadoras, com salários baixos e sem proteção trabalhista, para suprir a demanda pelos serviços de cuidado. Com a pandemia, essa crise passa a ficar escancarada no mundo todo, onde trabalhadores deixam de poder contar com suas redes de apoio formais e informais.

Ao estudar a evolução do custo de reprodução social norte americano, Moos (2021a) encontra evidências de que ao longo do tempo a parcela do custo de reprodução social que é coberta pelos salários se reduz. Por outro lado, e em linha com o estudo de Zacharias, Masterson e Rios-Avila (2018), existe um aumento da participação dos gastos do governo. Esses estudos consideram que o bem-estar das famílias é composto por renda provinda do trabalho, de riquezas e de transferências do governo, de um consumo de bens e serviços providos pelo governo e do valor imputado da produção doméstica não remunerada. As evidências apontam para uma estagnação do bem-estar social, onde um aumento da participação do governo compensa uma queda da participação dos salários.

Um aspecto muito interessante desses trabalhos está numa aparente contradição entre a hegemonia da austeridade fiscal, como discurso econômico e político, e a observação de um aumento efetivo da participação dos gastos do governo. Os dados de 2013 para os EUA de Zacharias, Masterson e Rios-Avila (2018) apontam para o fato de que apenas os 20% mais ricos pagam mais em impostos para o governo do que recebem na forma de transferências ou bens e serviços públicos. Ademais, uma redução da progressividade dos impostos aponta para uma redução da contribuição dos mais ricos com a receita do governo.

A estagnação dos salários acompanhada de uma entrada das mulheres no mercado de trabalho gera uma grande pressão sobre a capacidade das famílias de manter seu bem-estar, pois ao mesmo tempo que reduz o número de horas disponíveis que as famílias têm para exercer atividades de cuidado, reduz também seu poder material, o que as impede de comprar substitutos no mercado. No caso dos Estados Unidos, pode-se observar que o Estado cada vez mais supre essa lacuna. É importante frisar que, formal e historicamente, o Estado norte-americano e sua Constituição são muito menos contundentes com relação ao papel do Estado como provedor de bem-estar para a sociedade que o Estado brasileiro. Observamos, no entanto, a partir de uma pressão civil muito forte, uma tendência revisionista desse modelo ao longo do século presente. Um dos aspectos da polarização política que se observa tanto nos Estados Unidos quanto no Brasil é uma discordância a respeito do papel do Estado.

Um outro aspecto semelhante aos dois países diz respeito a uma integração da lógica do bem-estar ao capital financeiro, ou o que Lavinas (2017) chama de financeirização da proteção social. Observamos como consequência desse fenômeno um aumento de seguros de saúde e previdência privada, de hipotecas e, de modo geral, um aumento do papel do endividamento da famílias na manutenção do patamar de bem-estar. O foco de políticas públicas de aumento de acesso ao crédito possibilita um esvaziamento temporário do Estado como provedor de uma condição material mínima para a população. No entanto, nos Estados Unidos, a partir da crise de 2008, esse modelo mostra seus limites e passa a ser questionado pelas parcelas mais afetadas da população.

O papel do Estado no Brasil e nos Estados Unidos no século XXI

Como já dito, a constituição brasileira de 1988, diferentemente da norte-americana, inaugura um Estado comprometido com o bem-estar e garante como direito de todos os cidadãos brasileiros acesso a saúde e educação. O artigo 196 afirma que a saúde é direito de todos e dever do Estado. Por sua vez, o artigo 206 define o papel do Estado na educação e assegura acesso gratuito à creche, educação básica e fundamental, bem como acesso a material didático-escolar, transporte, alimentação e assistência à saúde.

Nos Estados Unidos, o compromisso do Estado com a educação básica e fundamental é de longa data, porém o acesso à educação superior ainda é baseado no endividamento de jovens. Esse modelo privado com acesso a crédito é frequentemente descrito como uma armadilha para populações racializadas (Cottom, 2017). Mas, mais uma vez, percebe-se nesse momento uma pressão civil contrária a esse modelo, como ilustrado pelo fato de que a discussão sobre o perdão da dívida estudantil ganhou corpo desde a eleição de Biden.

Similarmente, os Estados Unidos não possuem um sistema universal de saúde e a garantia de acesso à saúde é uma conquista social muito recente, a partir da assinatura do Affordable Care Act (ACA) pelo presidente Barack Obama em 2010, popularmente conhecido como Obamacare. Apesar de retrocessos significativos durante o governo de Donald Trump e de ataques significativos ao ACA, que dificultaram o acesso ao programa e reduziram a cobertura para imigrantes,[5] o programa sobreviveu ao seu governo e Biden vem revertendo regras impostas pelo ex-presidente.

Observam-se nos últimos 10 anos avanços e retrocessos com relação ao papel que o Estado americano se propõe a cumprir. A eleição de Biden, impulsionada por grande mobilização civil, sobretudo entre mulheres negras e latinas, indica a direção que a sociedade civil norte-americana espera de seu Estado. Os planos de infraestrutura e familiar que Biden propõem e as negociações que se desenrolam a partir de então ilustram bem a atual arena política e como a disputa entre

---

[5] Em 2019, Trump criou a chamada "public charge rule" que definiu que imigrantes que tivessem participado de qualquer programa de assistência social seriam considerados um risco para o Estado e, portanto, não poderiam aplicar para o Greencard. Em março de 2021 a regra foi extinguida.

interesses de diferentes parcelas da sociedade civil se torna um embate político de um Estado bipartidário.

O plano econômico proposto por Biden originalmente tinha um orçamento de 4 trilhões de dólares e contava com duas partes, um plano de infraestrutura e um plano familiar. Em ambos os planos, havia alocação de recursos para a economia do cuidado. Aproximadamente um trilhão dentro do plano familiar era alocado para educação e suporte a famílias e crianças enquanto 400 bilhões foram alocados para cuidados no lar com idosos e pessoas com necessidades especiais (Parlapiano, 2021). Infelizmente, no primeiro acordo firmado entre Biden e o Congresso em 24 de junho, no valor de 1,2 trilhão, apenas investimentos em infraestrutura física sobreviveram às negociações entre os partidos Democrata e Republicano. No plano atual, cumpre frisar que não há nenhum resquício do conceito inicial de cuidado como parte das infraestruturas.

De fato, a inserção do cuidado no plano de infraestrutura foi um dos pontos mais controversos de sua proposta, ao lado apenas dos projetos de enfrentamento à mudança climática. Essa rejeição, sobretudo entre republicanos, não é uma surpresa, visto que tais atividades são desvalorizadas e invisibilizadas por nossa sociedade. No entanto, isso escancara um machismo arraigado, e uma incapacidade de se pensar o valor estratégico desse setor, pois como muitos estudos apontam, investimento em infraestrutura de cuidado tem um impacto positivo na economia como um todo (Ilkkaracan, Kim e Kaya, 2015; Antonopoulus et al., 2010, entre outros).

O século XXI no Brasil também é marcado por legados contraditórios, avanços e retrocessos no campo da seguridade social e com relação ao papel do Estado. Se por um lado a primeira década traz redução da pobreza, inserção das classes de renda mais baixas em um patamar de consumo mais elevado e um aumento do compromisso do Estado com a provisão de bens e serviços básicos para a população como um todo, a partir de 2014 o discurso de austeridade começa a ganhar ímpeto e se traduzir em políticas de contenção dos gastos do governo. A inserção da austeridade na Constituição por meio da Emenda Constitucional nº 95, em 2016, conhecida como teto dos gastos, sinaliza um comprometimento do Estado em se abster desse papel tão importante. O Brasil dessa forma acelera de forma preocupante sua caminhada rumo a uma crise socioeconômica de modo geral e particularmente a uma crise do cuidado.

O trabalho doméstico remunerado no Brasil

Como tantas outras dimensões do bem-estar, a capacidade das famílias de proverem cuidado para si no Brasil é marcada por desigualdades de renda, raça, gênero e regionais. Uma particularidade do nosso modelo de cuidado, que mantém tradições enraizadas em seu passado escravagista, é a dependência de famílias de classe média do trabalho doméstico remunerado. No Brasil, trabalho doméstico representa 6,8% do total de emprego; a título de comparação, essa taxa é de 1,2% nos Estados Unidos (ILO, 2021). Vale ressaltar que esse fenômeno é observado em outros países da América Latina, sendo a taxa de domésticas no emprego na região de 8,4%. Esse alto número de domésticas no Brasil possibilita a participação de outras mulheres no mercado de trabalho formal qualificado no Brasil. Temos portanto a reprodução social de uma classe média, majoritariamente branca, sustentada por um exército de trabalhadoras domésticas majoritariamente negras.

De acordo com um relatório do Ipea (Pinheiro et al., 2019), na categoria de trabalhadores domésticos em 2018, as mulheres representavam 92% e pessoas negras, 63%. Entre todas as mulheres brancas ocupadas, 10% são domésticas. Esse número sobe para 18,2% entre mulheres negras. Outro fenômeno importante discutido no relatório é o envelhecimento da classe de domésticas no Brasil observado nos últimos 25 anos. Em 1995, 46,9% das trabalhadoras domésticas de 16 anos ou mais tinham até 29 anos. Em 2018 essa taxa já havia caído para 13,8%. Isso reflete um aspecto positivo, pois indica que outras oportunidades estão sendo criadas para jovens mulheres. Um relatório do ILO (2021) mostra que 39,2% das domésticas no Brasil rebem salário abaixo do mínimo; essa taxa é de 18,4% para outras ocupações. Além disso, estender o salário mínimo para toda a categoria reduziria a desigualdade salarial no Brasil, medida por meio do índice de Palma,[6] em 22%.

---

[6] O índice de Palma, também conhecido como Razão de Palma, foi proposto pelo economista chileno, José Gabriel Palma (Palma, 2011), como medida alternativa ao índice de Gini, que não incorpora bem a desigualdade consequente de uma acumulação muito discrepante no topo da distribuição. A partir da observação de Palma (2011) de que o grande problema da distribuição desigual de renda estava no fato de que os 10% mais ricos tinham uma parcela muito alta da renda, Palma propõe medir desigualdade como a razão entre a renda comandada pelos mais ricos sobre aquela dos mais pobres. Para a medida aqui apresentada, foi calculada a parcela nos salários dos 10% mais ricos sobre a parcela dos salários dos 40% mais pobres.

Por outro lado, o envelhecimento da mão de obra doméstica, assim como o envelhecimento geral da população escancaram a necessidade de um projeto integrado de governo para possibilitar que mulheres brasileiras continuem participando do mercado formal remunerado.

Investimento em infraestrutura física e de cuidado

Investir em infraestrutura física e de cuidado são formas muito efetivas de aumentar o número de horas disponíveis de trabalhadores, sobretudo mulheres. Muitos estudos apontam o excesso de tarefas domésticas sob responsabilidade das mulheres como um dos grandes empecilhos para alcançarmos a igualdade de participação no mercado e salarial entre gêneros (Elson, 2017; Razavi, 2007; Ferrant, Pesando e Nowacka, 2014). A responsabilidade pelas atividades domésticas e pelo cuidado com filhos e idosos limita o número de horas disponíveis das mulheres para o trabalho remunerado e a evolução de suas carreiras profissionais. Dessa forma, políticas de investimento em uma infraestrutura de cuidado, além de beneficiarem a sociedade como um todo, apresentam-se como excelente estratégia de avanço na direção de uma economia mais igualitária.

Ilkkaracan, Kim e Kaya (2015) calculam os impactos de investimento em cuidado da primeira infância por meio de um modelo de simulação micro-macro para a Turquia. Os autores demostram que investimentos nesse setor gerariam 2,5 vezes mais emprego do que investimentos de mesmo valor no setor de construção, reduziriam a pobreza de renda e de tempo entre as mulheres e possibilitariam o aumento da oferta de mão de obra de mulheres. Antonopoulus e colaboradores (2010) encontram resultados similares para os Estados Unidos e demonstram que investimento em cuidado da primeira infância geraria duas vezes mais empregos que em infraestrutura física e 1,5 mais vez que investimentos em projetos de energia renovável. Portanto, negligenciar projetos de cuidado não apenas atrasa a inserção da mulher no mercado de trabalho e a evolução da igualdade de gênero, como também cria um gargalo para o desenvolvimento econômico.

Não pretendo aqui propor que investimentos na economia do cuidado substituam investimentos em estruturas físicas. Pesquisas indicam que estes também possuem um impacto de gênero relevante. Mulheres, sobretudo residentes de áreas urbanas ou periferia, passam parte expressiva de seu tempo em transporte, seja em deslocamento relacionado com o trabalho remunerado como não remunerado, como ir ao mercado, levar filhos à escola ou dependentes ao médico. Zacharias e colaboradores (2019) simulam os impactos de investimentos em rodovias e educação para crianças entre zero e cinco anos em Ghana e Tanzania no crescimento econômico e encontram expressiva redução das taxas simuladas de pobreza de mulheres. Assim, investir em infraestrutura de transportes é também uma forma de reduzir desigualdades de gênero e promover o aumento da participação de mulheres na mão de obra assalariada. Projetos integrados de infraestrutura física e de cuidado, como originalmente proposto por Biden, são extremamente efetivos em alcançar um crescimento mais igualitário.

Agenor e Canuto (2015) encontram evidências na mesma direção para o Brasil. Os autores simulam o impacto da promoção da igualdade de gênero sobre o crescimento de longo prazo no país a partir de alguns mecanismos, entre os quais investimentos em infraestrutura física, redistribuição do tempo de trabalho não remunerado e aumento do poder de barganha da mulher. Em um dos cenários, os autores simulam um projeto integrado composto por investimentos em infraestrutura, transferências de renda para mães, políticas de redução da discriminação de gênero, entre outros e encontram como consequência um aumento de até 1,9 ponto percentual na taxa de crescimento de longo prazo. Os autores concluem que uma maior igualdade de gênero no Brasil pode ter um impacto substancial no crescimento de longo prazo e melhoras nos indicadores de educação e de saúde.

Considerações finais para políticas públicas

O principal empecilho que encontramos em nossa sociedade para avançar a discussão da economia do cuidado é a falta de reconhecimento desse setor fundamental de nossa economia. A recente experiência dos Estados Unidos, onde a tentativa de incluir um projeto de investimento em estruturas de cuidado em um plano de infraestrutura falhou, demonstra a barreira política que poderemos encontrar no Brasil.

Ao longo deste capítulo apresentei a centralidade do cuidado na manutenção de uma sociedade com capacidade produtiva. O envelhecimento da população leva a um aumento da taxa de dependência por cuidado, ou seja, a parcela da população que precisa ser cuidada aumenta como proporção da parcela capaz de cuidar. Da mesma forma, a entrada de mulheres no mercado de trabalho reduz o número de horas disponíveis no agregado para os cuidados (King et al., 2021). Ao longo do tempo a demanda por cuidado aumenta e sua oferta potencial diminui.

Historicamente, o Brasil contou com uma solução racista e classista, enraizada em injustiças sociais, para garantir uma parte da provisão de cuidados para sua sociedade e possibilitar o aumento da participação de mulheres de classe média na mão de obra. Um projeto robusto de cuidado deve buscar criar empregos qualificados no setor e centrar seus esforços na incorporação de toda a classe de domésticas, cuidadores de crianças e idosos e outras categorias do cuidado consideradas no emprego formal e qualificado. Esse projeto teria impactos positivos diretos na vida das mulheres e promoveria uma redução das desigualdades raciais e de gênero e um aumento da qualidade de vida de todos.

Do ponto de vista macroeconômico, um projeto contundente de cuidado teria externalidades para toda a economia, com efeito de oferta e demanda em empregos, pois ao mesmo tempo que cria empregos, possibilita a inserção de mais mulheres no mercado remunerado, expandindo a força de trabalho e consequentemente impulsionando o crescimento econômico. Ademais, um projeto integrado de cuidado na primeira infância e na terceira idade, que abranja aspectos de educação e saúde e centrados na figura do cuidador, a partir da formalização e qualificação de redes informais e não remuneradas de cuidado, poderia trazer complementaridades orçamentarias. Para tanto, seria preciso integrar projetos nos níveis municipais, estaduais e federal.

Referências

ADDATI, L.; CATTANEO, U.; ESQUIVEL, V.; VALARINO, I. *Care work and care jobs for the future of decent work*. Geneva: ILO, 2018. Disponível em: www.ilo.org/global/publications/books/WCMS_633135/lang--en/index.htm. Acesso em: 14 jun. 2021.

AGENOR, P. R.; CANUTO, O. Gender equality and economic growth in Brazil: a long-run analysis. *Journal of Macroeconomics*, v. 43, p. 155-172, 2015.

ANTONOPOULOS, R.; HIRWAY, I. Unpaid work and the economy. In: _____; _____ (Ed.). *Unpaid work and the economy*. Londres: Palgrave Macmillan, 2010. p. 1-21

_____: KIM, K.; MASTERSON, T.; ZACHARIAS, A. *Why president Obama should care about care*: an effective and equitable investment strategy for job creation. Public Policy Brief, n. 108. Annandale-on-Hudson, NY: Levy Economics Institute of Bard College, 2010. Disponível em: www.levyinstitute.org/publications/why-president-obama-should-care-about-care-an--effective-and-equitable-investment-strategy-for-job-creation.

BANKS, N. Black women in the United States and unpaid collective work: theorizing the community as a site of production. *The Review of Black Political Economy*, v. 47, n. 4, p. 343-362, 2020.

BHATTACHARYA, Tithi (Org.). *Social reproduction theory*: remapping class, recentering oppression. Londres: Pluto Press, 2017.

CHARMES, J. The unpaid care work and the labour market. An analysis of time use data based on the latest World Compilation of Time-use Surveys. Genebra: ILO, 2019.

COTTOM, T. M. Lower (Ed.). *The troubling rise of for-profit colleges in the new economy*. Nova York: The New Press, 2017.

ELSON, D. Recognize, reduce, and redistribute unpaid care work: how to close the gender gap. *New Labor Forum*, Los Angeles, v. 26, n. 2, p. 52-61, 2017.

FEDERICI, S. *O ponto zero da revolução*: trabalho doméstico, reprodução e luta feminista. São Paulo: Elefante, 2019.

FERRANT, G.; PESANDO, L. M.; NOWACKA, K. *Unpaid care work*: the missing link in the analysis of gender gaps in labour outcomes. Boulogne Billancourt: OECD Development Center, 2014

FOLBRE, N. Measuring care: gender, empowerment, and the care economy. Journal of Human Development, v. 7, n. 2, p. 183-199, 2006.

_____. The unproductive housewife: her evolution in nineteenth-century economic thought. *Signs*: Journal of Women in Culture and Society, v. 16, n. 3, p .463-484, 1991.

_____. *Valuing non-market work*. Human Development Report Office. UNDP, Think Piece, 2015.

FRASER, N. Crisis of care? On the social-reproductive contradictions of contemporary capitalism. In: BHATTACHARYA, Tithi (Org.). *Social reproduction theory*: remapping class, recentering oppression. London: Pluto Press, 2017. p. 21-36.

HARTMANN, Heidi. The unhappy marriage of marxism and feminism: towards a more progressive union [1975]. In: SARGENT, Lygia (Org.). *Women and revolution*: a discussion of the unhappy marriage of marxism and feminism. Montreal: Black Rose Books, 1981. p. 1-42.

ILKKARACAN, I.; KIM, Ke; KAYA, T. *A public investment priority for job creation in Turkey*: expanding child care and preschool services (No. op 50). Annandale-on-Hudson, NY: Levy Economics Institute of Bard College, 2015.

ILO. *Making decent work a reality for domestic workers progress and prospects ten years after the adoption of the domestic workers convention, 2011 (No. 189)*. Jun. 2021.

KING, E. M.; RANDOLPH, H. L.; FLORO, M. S.; SUH, J. Demographic, health, and economic transitions and the future care burden. *World Development*, v. 140, art. 105371, 2021.

LAVINAS, L. *Takeover of social policy by financialization*. Nova York: Palgrave Macmillan US, 2017.

MELO, H. P.; MORANDI, L. Mensurar o trabalho não pago no Brasil: uma proposta metodológica. *Economia e Sociedade*, v. 30, n. 1, p. 187-210, 2021.

MOOS, K. A. The historical evolution of the cost of social reproduction in the United States, 1959-2012. Review of Social Economy, v. 79, n. 1, p. 51-75, 2021a.

_____. The political economy of state regulation: the case of the British Factory Acts. *Cambridge Journal of Economics*, v. 45, n. 1, p. 61-84, 2021b.

ONU. *Sustainable development goal 5*: igualdade de gênero. As Nações Unidas no Brasil. United Nations. Disponível em: https://brasil.un.org/pt-br/sdgs/5. Acesso em: 14 jun. 2021.

PALMA, J. G. Homogeneous middles vs. heterogeneous tails, and the end of the 'inverted-U': it's all about the share of the rich. *Development and Change*, v. 42, n. 1, p. 87-153, 2011.

PARLAPIANO, A. Biden's $4 trillion economic plan, in one chart. *The New York Times*, 28 abr. 2021. Disponível em: www.nytimes.com/2021/04/28/upshot/biden-families-plan-american-rescue-infrastructure.html.

PINHEIRO, L. S.; LIRA, F.; REZENDE, M.T.; FONTOURA, N. D. O. *Os desafios do passado no trabalho doméstico do século XXI*: reflexões para o caso brasileiro a partir dos dados da PNAD contínua. Brasília: Ipea, 2019.

RAZAVI, S. *The political and social economy of care in a development context*: conceptual issues, research questions and policy options. Geneva: UNRISD, 2007

SAMPAIO, E. O. *Dialogando com Celso Furtado* — ensaios sobre a questão da mão de obra o subdesenvolvimento e as desigualdades raciais na formação econômica do Brasil. São Paulo: Hucitec, 2019.

SANTOS, C.; SIMÕES, A. Estatísticas de uso do tempo: classificações e experiências nacionais e internacionais. In: SIMÕES, A.; ATHIAS, L.; BOTELHO, L. (Org.). *Panorama nacional e internacional da produção de indicadores sociais*. Rio de Janeiro: IBGE, 2018.

SECCOMBE, W. Patriarchy stabilized: the construction of the male breadwinner wage norm in nineteenth-century Britain. *Social History*, v. 11, n. 1, p. 53-76, 1986.

UNITED NATIONS STATISTICAL COMMISSION. *System of national accounts 2008*. Nova York, NY: United Nations. 2009.

VOGEL, L. *Marxism and the oppression of women*: toward a unitary theory. Chicago: Haymarket Books, 2013. [1983]

ZACHARIAS, A.; MASTERSON, T.; RIOS-AVILA, F. *Stagnating economic well-being and unrelenting inequality: post-2000 trends in the United States (No. 146)*. Public Policy Brief, 2018.

_____; _____; _____; NIKIFOROS, M.; KIM, K.; KHITARISHVILI, T. *Macroeconomic and microeconomic impacts of improving physical and social infrastructure*: a macro-micro policy model for Ghana and Tanzania. Research Project Report. Annandale-on-Hudson, NY: Levy Economics Institute of Bard College, 2019.

9. Bidenomics e o gargalo da infraestrutura no Brasil

Gabriel Muricca Galípolo

Em níveis elevados de abstração, o que constitui o bem começa a se tornar uma caixa, em que todas as coisas associadas a ele são colocadas. Esse é um dos perigos de abstrações e categorizações, que tendem a se tornar binárias e realmente simples. Bem é um e mal é zero. Essa capacidade de abstração é o tipo de coisa que permite ao ser humano minar a si mesmo com o pensamento. A capacidade de realizar abstrações pode produzir hipergeneralizações ridículas, que de fato são excessivamente simples. É dessa forma que uma pessoa realmente deprimida pensa.
Jordan Peterson, psicólogo (excerto extraído de seu curso na Universidade de Toronto)

A epígrafe do famoso (e polêmico) psicólogo Jordan Peterson permite associação com a economia brasileira, deprimida pelo comportamento social e político autodestrutivo das polarizações abstratas entre Estado e mercado, em um antagonismo absoluto possível de existir apenas no campo das hipergeneralizações, ridículas se suas consequências não fossem trágicas.

É difícil negar que a percepção de excesso de tributos combinada ao sentimento de desamparo ante a precariedade dos serviços públicos essenciais não contribui para a boa impressão do brasileiro quanto à eficiência do seu Estado. A realidade parece sugerir reformar a estrutura arrecadatória regressiva e a composição das despesas, carente em investimento e abundante em custeio. Mas a conclusão é pouco adequada aos novos padrões de sociabilidade, praticados em alta frequência nas mídias não apenas sociais. A lógica binária insere o Estado na caixa das coisas ruins, o trata como ente alienado da sociedade e propõe miná-lo.

Regime fiscal e investimento público

O Novo Regime Fiscal, popularmente conhecido como "teto de gastos", fixou limite genérico às despesas primárias para impedir seu crescimento real (acima da inflação). Na oportunidade, muitos alertaram: "a imposição de um limite linear e genérico às despesas primárias pode deteriorar ainda mais a qualidade do gasto público. Historicamente, as despesas com atividades-meio e custeio apresentam tendência mais autônoma de crescimento. Por exclusão, os investimentos assumem o papel de despesas discricionárias. Os investimentos, já baixos e insuficientes, podem ser comprimidos ainda mais com a imposição de um limite genérico" (Belluzzo e Galípolo, 2016).

Menos de cinco anos após a aprovação do "teto de gastos", o Observatório de Política Fiscal (Ibre/FGV) registra o menor nível do investimento federal em infraestrutura, proporcionalmente ao PIB, desde 1947 (início da série histórica). O patamar é insuficiente para repor a depreciação, o que significa reduzir a já escassa oferta de infraestrutura disponível. A dinâmica foi reconhecida pelo ex-secretário do Tesouro Nacional, Mansueto Almeida, em matéria na *Folha de S.Paulo*, de 27 de agosto de 2019: "Pela lei do teto, os gastos públicos crescem apenas pela inflação. Como parte dos gastos é indexada à inflação e outra tem aumentos automáticos (como promoções no serviço público), as despesas obrigatórias sobem acima do teto, afirma". Às custas dos investimentos.

O sistema protetivo das crenças comanda a estrutura cognitiva a se livrar das informações conflitantes. Após contorcionismo para encontrar compensação nos investimentos privados, a frustração se volta contra a métrica empregada há mais de sete décadas. Enquanto se debate quantas unidades de investimento público equivalem a uma de investimento privado (via taxa marginal de substituição em um eixo cartesiano), na sociedade onde vivem as pessoas de carne e osso, a pandemia encontra a economia brasileira debilitada por anos de crise e restrição orçamentária.

Obras públicas e ação do Estado

Pode parecer contraditório ao senso comum, mas obras públicas não significam uma atuação puramente estatal, sem participação do setor privado. Estas, bem como muitos dos serviços necessários às empresas estatais, são realizadas por empresas privadas. Privatizar ou conceder não representa a eliminação da presença do Estado naquela atividade. Contratos de concessão ou parceria público-privada podem proporcionar bons incentivos à iniciativa privada para o alcance do interesse público, mas dependem da atuação do Estado, seja na regulação ou no fomento das atividades empresariais diretas, para alcançarem seus objetivos. O Estado atua na economia mesmo quando executa um programa de privatização, que constituiria, para muitos, a extinção da intervenção estatal na economia (Perez e Galípolo, 2020).

É possível vender parcial ou integralmente uma empresa pública, ou conceder a prestação do serviço à iniciativa privada, mas os ativos que compõem a infraestrutura dos serviços públicos permanecem como propriedade do setor público. A observação é contabilmente constatável, desde o ICPC 01 de 2011,[1] registrada juridicamente nos contratos e presente na lógica financeira. Ativos integrantes de infraestrutura para prestação de serviços públicos podem ter sua posse concedida ao setor privado, mas não sua propriedade. A distinção fica evidente ao considerar as garantias aos financiadores e investidores. Em caso de inadimplência contratual, não há possibilidade, tanto do ponto de vista legal como prático, de execução dos ativos físicos para liquidá-los. Inexiste mercado secundário para uma estação de tratamento de esgoto instalada em uma cidade ou possibilidade de suprimir uma rodovia tornando-a propriedade particular.

Os investimentos realizados em obras ou equipamentos para prestação de serviços públicos não compõem o ativo da concessionária sob um aspecto patrimonial tradicional, uma vez que o poder público detém a verdadeira titularidade sobre a propriedade do ativo. Representa a aquisição de um direito de receitas futuras, assim como a de um ativo financeiro, no caso, compostas por pagamentos oriundos de recursos públicos ou direito de cobrança de tarifa dos usuários (Galípolo e Henriques, 2017).

A reconfortante crença em solucionar os problemas sociais e econômicos pela estatização ou privatização absoluta (como eliminação do outro polo) só subsiste a uma distância segura (elevado grau de abstração) do problema. Aqueles que tiveram a oportunidade de tentar colaborar com a impossível tarefa de governar

---

[1] A interpretação técnica ICPC 01, versão brasileira da Ifric 12, ainda na forma de minuta, visa esclarecer como deve ser contabilizada no balanço das concessionárias a infraestrutura referente à concessão dos serviços públicos.

(segundo Freud), participando da gestão pública, foram angustiados pela tentativa de elaborar a contratação mais adequada à prestação do serviço, visando maximizar as chances do atendimento de sua finalidade.

Parte significativa do tempo e energia do gestor público é dedicada para encontrar a modalidade e redação contratual com maiores possibilidades de êxito, seja na constituição de uma nova empresa pública, edital de contratação de pessoal, ou de empresas privadas para desempenhar parcial ou integralmente o serviço. A história brasileira recomenda precaução quanto à opinião dos economistas neste processo decisório. Muitas vezes, privatizações e concessões (Lei nº 8.987/9595) não são motivadas pela ampliação e melhoria na qualidade do serviço público, mas pela sanha de elevar a receita do poder público no curto prazo (gestão vigente) por meio da "venda" de um ativo.

A chamada modelagem contratual define os incentivos do contrato, ao estabelecer o sistema de punições e recompensas ao contratado. Seja para uma pessoa física ou jurídica, estabelecer critérios de remuneração desvinculados de avaliações do produto, serviço ou trabalho prestado costuma ser mais determinante para o (in)sucesso do que o controle público ou privado. Por particularidades brasileiras, muitas vezes as contratações de parcerias público-privadas (Lei nº 11.079/2004) são motivadas pelas possibilidades em empregar tal recurso e contornar as limitações e adversidades da Lei nº 8.666/1993 para licitações e contratos administrativos pertinentes a obras, serviços, inclusive de publicidade, compras, alienações e locações.

As contratações de obras públicas, equipamentos ou prestações de serviço por órgãos da administração direta, fundos especiais, autarquias, fundações públicas, empresas públicas, sociedades de economia mista e demais entidades controladas direta ou indiretamente pela União, estados, Distrito Federal e municípios, são realizadas por licitações regidas pela Lei nº 8.666/1993. Em sua grande maioria, estas concorrências estabelecem o menor preço como critério. Para a grande maioria das pessoas, a contratação por menor preço não parece uma boa ideia, e as compras públicas no Brasil estão aí para dar razão a elas.

Para além do que se pode incialmente imaginar, os problemas não se restringem à qualidade, mas também à inconclusão, especialmente das chamadas obras públicas. Uma vez estabelecido o preço de contratação, restam poucos caminhos para o contratado buscar ampliar sua lucratividade. Uma delas é baratear seu custo, com frequentes reflexos negativos na qualidade do ativo. A segunda é tentar alguma forma de aditivo no contrato (limitado a 25% pela lei). Como os pagamentos são realizados por medições, o pleito de aditivo por uma superveniência, legítimo ou não, coloca o gestor público em um dilema.

As comparações entre gestão pública e doméstica causaram mais estragos à economia brasileira que a crise de 2008, mas seu emprego será aqui renovado em ambiente controlado, tentando conter seus riscos. Imagine em plena obra na sua residência receber um pleito do empreiteiro, afirmando que condições recém--descobertas, portanto não informadas quando da contratação, vão encarecer seu trabalho. Caso o contratado se revele irredutível, não é uma opção viável conviver com a obra inacabada, enquanto a questão percorre todas as instâncias jurídicas em busca de resolução.

As alternativas aparentemente lógicas, no entanto, representam uma ameaça ao gestor público do contrato. Não contratar por menor preço e a assinatura do aditivo, em valor parcial ou integral, trazem consigo a elevada probabilidade aos que assinam o contrato, e ordenam a despesa, de serem contemplados por processos movidos por uma corte de contas ou ministério público. A tentativa de cancelamento acompanhada de nova contratação costuma reunir os dois problemas, interrupção enquanto se enfrenta a batalha jurídica para poder efetivar a estratégia e risco de processo para o gestor público.

Concessões e PPPs

Os contratos de concessão e parceria público-privada (PPP) oferecem como benefício um maior alinhamento entre os interesses do contrato e contratante. Ao condicionar a percepção de receita à prestação do serviço, seja pela cobrança do usuário ou restrição de pagamento público (contraprestação) pelo artigo 7º da lei de PPPs, é de interesse do contratado fazê-lo fruível de forma célere, mas zelando pela qualidade do ativo, dado que estará responsável por sua manutenção e operação, geralmente por prazos longos.

Esta costuma ser a principal vantagem desta modalidade de contratação, superior à propalada alavancagem de recursos privados. Vale lembrar que em torno de 70% a 80% dos recursos para os investimentos nestes projetos são financiados, historicamente, por bancos públicos como BNDES e CEF. Muitas vezes, empresas públicas e governos têm acesso a linhas de crédito subsidiadas de bancos e agências de fomento, em condições melhores à TIR dos projetos de concessão e PPP. As despesas com contraprestações de PPPs estão limitadas a 5% da receita corrente líquida do ente federativo.

Apesar das vantagens, o Brasil coleciona e amontoa problemas em contratos de concessão e parceria público-privada, nas mais diversas regiões, esferas governamentais e setores que, pela profusão e diversidade, não podem ser elencados de forma exaustiva. Parece válido, no entanto, abordar duas recorrências amplas envolvendo aspectos econômico-financeiros dos contratos.

Tanto na crise de 2015 como na pandemia, foram observadas restrições de demanda e depressão nas receitas. Os efeitos negativos desse ambiente são especialmente dramáticos em projetos de infraestrutura, característicos por serem intensivos em capital, com longo prazo de maturação e apresentarem baixa liquidez. As crises evidenciam uma assimetria entre prêmio e risco. A baixa elasticidade da demanda limita a possibilidade de ganhos extraordinários; no entanto, pequenas reduções na receita podem resultar em insolvência, pois os custos fixos são elevados e os custos variáveis são baixos.

Durante a pandemia, as rodovias registraram queda do volume de tráfego de quase 50% para veículos leves e cerca de 25% para veículos pesados. Concessionários de transportes públicos nas principais metrópoles do país relatam queda de 50% a 80% na demanda de seus serviços. Nas operações nos aeroportos a queda atingiu 80%. A desestruturação da situação financeira das concessionárias provocou uma onda (justificada) de pleitos de reequilíbrios ao poder público (Rocha e Galípolo, 2020). Buscar equacionar o contrato sugere um custo inferior à economia e sociedade do que a insolvência do concessionário, mas, outra vez, ao gestor público é mais seguro não invocar a responsabilidade para si e aguardar uma ordem judicial.

O envolvimento de porção relevante das empresas do setor de infraestrutura em problemas de *compliance*, com repercussões jurídicas, restringiu seu acesso a financiamento, em especial nos bancos públicos responsáveis pelos empréstimos de longo prazo para os projetos. Não é preciso ser especialista no setor para saber que seccionar o acesso a crédito para essas empresas produziria efeitos deletérios para os projetos e a oferta de infraestrutura do país, mas sua concessão envolve, novamente, elevado risco ao gestor público responsável.

Uma realidade mais complexa

É preciso resgatar as ressalvas iniciais para evitar a associação do reconhecimento desta realidade com uma apologia do mau uso do dinheiro público. A complexidade da realidade demanda capacidade de diferenciação superior às hipergeneralizações do binarismo entre bem e mal.

Assim como nos negócios privados, as decisões dos gestores públicos são realizadas em um ambiente de profunda incerteza. A possibilidade de condená-los, criminalmente, pela contraposição *ex post* de seus atos com alternativas contrafactuais que poderiam especulativamente produzir resultados melhores implica um sistema de incentivos que recompensa a inação como a atitude racional. São os executivos da administração pública que executam a política. Sem evolução institucional para a criação de um ambiente com amparo mínimo às suas decisões, mesmo as melhores ideias não encontrarão quem as coloque em prática.

Em combinação com a asfixia fiscal, o Estado brasileiro é minado pelo terrorismo que imobiliza o administrador público, popularmente conhecido como "apagão das canetas". Ambos são o mesmo movimento. A retração na participação dos bancos públicos no financiamento da infraestrutura ilustra a simbiose dos movimentos de *compliance* imobilizante e diretrizes de política econômica. Também no crédito, público e privado são antagonizados de forma excludente. O recuo dos bancos públicos é celebrado pela compensação do mercado de capitais na oferta de recursos.

Em 2012, o BNDES representava 96% da oferta de financiamento de longo prazo para o setor. Em 2019, sua participação caiu para 40%. As debêntures de infraestrutura passam a responder por 56%. Em valores nominais, o total era de R$ 55 bilhões em 2012 e de R$ 60 bilhões em 2019. O valor financiado em 2014 somava R$ 81 bilhões, praticamente 35% superior ao de 2019. Apenas o BNDES ofertou R$ 69 bilhões em 2014 (Anbima e Ministério da Fazenda).

Além da intuitiva percepção de insuficiência pela retração no valor absoluto, o que sugere a necessidade de combinação e complementaridade, a mudança tem impactos de ordem qualitativa. A Lei nº 12.431/2011 institui as chamadas debêntures incentivadas, oferecendo como atrativo a alíquota zero de IR aos compradores pessoa física e 15% para pessoa jurídica. Este é um mecanismo importante que deve ser fomentado, mas não concebido como instrumento principal ou único de financiamento da infraestrutura, pelas dificuldades na compatibilização entre ativo e passivo, especialmente no que se refere ao tempo médio dos seus fluxos de pagamento (*duration*).

Por serem intensivos em capital, a remuneração dos investimentos em infraestrutura demanda prazos longos de maturação. A necessidade de pagamento do financiamento, que responde por 70% a 80% dos recursos, em prazo mais curto, pelo perfil e apetite de risco do credor (como no caso da pessoa física), inviabiliza boa parte dos projetos. Em especial, os chamados *greenfield*, com anos de investimento para implantação sem percepção de receita, responsáveis pelas mais expressivas ampliações da oferta de infraestrutura. Por essa razão, as debêntures incentivadas se dedicaram a financiar, predominantemente, projetos com maturidade na aferição de receitas e mitigação dos riscos de implantação (*completion*), ou pouco intensivos em capital.

Recentemente, foi aprovado projeto de lei que altera a Lei nº 12.431/2011, estendendo alternativamente o incentivo fiscal ao emissor. A alteração visa atrair pessoas jurídicas e investidores institucionais. Em casos como os fundos de pensão, que apresentam perfil vocacionado ao financiamento de infraestrutura, pela harmonia com o tempo dos fluxos de pagamento, sua personalidade jurídica em fundações imunes de IR não captura os benefícios das debêntures incentivadas. Antes o contrário, a isenção que permite a emissão a juros inferiores, pela equivalência à taxa líquida ao comprador pessoa física, torna o papel incentivado menos atrativo ao fundo de pensão do que uma debênture regular com o mesmo risco.

A alteração amplia as possibilidades de destinar a investimentos em infraestrutura o montante equivalente a R$ 1 trilhão nos fundos de pensão. Mas a necessidade de customização do perfil das debêntures às características dos ativos, a existência de prêmios de longo prazo ainda relativamente elevados, oferecidos por papéis de elevada liquidez, a alta demanda pelos recursos dos investidores institucionais, a recente experiência negativa do envolvimento como investidor (*equity*) em projetos de infraestrutura, associadas à urgência dos investimentos no setor, sugerem não aguardar passivamente o *crowding in*, ou seja, a elevação do investimento privado fomentado pelo público, em vez da apregoada rivalidade excludente entre ambos.

Bancos públicos, como o BNDES, podem desempenhar papel de coordenação para fomentar o ingresso dos fundos de pensão no financiamento intensivo de infraestrutura, oferecendo maior segurança não apenas pela sua ampla experiência na estruturação, mas também pela mitigação dos riscos e taxas de juros, assumindo maior parcela de ambos, por exemplo, por meio da aquisição de classes ou cotas subordinadas da dívida (que recebem seus rendimentos após as outras classes receberem).

A análise do estoque de debêntures de infraestrutura evidencia a concentração em setores como energia (72%) e transporte e logística (22%), considerados mais maduros, pois concedidos há mais tempo para a iniciativa privada, justamente pela sua viabilidade financeira decorrente das receitas tarifárias. Esta não é a realidade para muitos projetos que demandam, integral ou parcialmente, recursos orçamentários.

Subsídios cruzados

A Constituição atribui a responsabilidade para a prestação de boa parte dos serviços públicos aos entes subnacionais. É baixo o apetite para realizar ou financiar investimentos remunerados por pagamentos públicos diferidos no tempo, envolvendo o compromisso orçamentário por diversas gestões municipais ou estaduais. Riscos de investimentos, operação e manutenção do serviço podem ser gerenciados pelo contratado, mas o de inadimplência do contratante, neste caso, tende a majorar o prêmio para patamares impraticáveis.

A União poderia contribuir para um possível enfrentamento célere da questão, pela estruturação de um programa simplificado de garantias, lastreado por risco soberano, como forma de tornar atrativos projetos eleitos por critérios transparentes de vantajosidade pública. Muitas análises atribuem a necessidade de fundos ou companhias garantidoras dos pagamentos do poder público a uma questão cultural do Brasil, estabelecendo comparações com outros países que a dispensam. A realidade é que há uma enorme diferença entre deter direitos creditórios contra os entes federativos e contra o governo federal, controlador da autoridade monetária.

Os recursos internacionais talvez carreguem maior dose de esperança no debate público como fonte de financiamento para a infraestrutura. A expectativa é alimentada pela confluência da abundante liquidez internacional com o cenário nacional, onde as diversas carências são apresentadas como oportunidades. A entrada de recursos para participação como investidor (*equity*) apresenta maior viabilidade, pela flexibilidade na gestão do risco cambial (discricionaridade do momento da conversão). A variação cambial remete à harmonia exigida entre ativos e passivos no balanço das empresas. Não é recomendável deter dívidas em dólares se sua receita é percebida em reais. Serviços de infraestrutura são quase sempre geograficamente limitados, prestados dentro do território nacional, logo, não exportáveis. Mecanismos de proteção cambial para longo prazo "existem", porém a custos impraticáveis. Como o risco cambial não pode ser suportado pela prestadora do serviço, acaba alocado ao usuário, pela indexação da tarifa à variação cambial em alguma proporção, ou ao contribuinte, pela atribuição desse risco ao poder público.

A história econômica do país desaconselha a utilização desse expediente, ou ao menos recomenda muita parcimônia no seu emprego. As crises econômicas brasileiras podem ser contadas por meio das sucessivas contrações de dívida em moeda estrangeira para financiar projetos não geradores de divisas internacionais. Por outro lado, correlacionar a correção monetária das tarifas de serviços públicos à variação cambial apresenta efeitos perversos para a política monetária, inflacionando os preços administrados em momentos de desvalorização da moeda doméstica, induzindo a elevações na taxa de juros mesmo em momentos de baixo dinamismo da economia.

O debate acerca do financiamento da infraestrutura enquanto quem paga por ela, contribuinte ou usuário, aponta para o enfrentamento das composições das despesas e receitas do Estado, talvez o tema central não apenas para o setor. O clamor por serviços públicos gratuitos coloca a questão em termos que mais confundem do que esclarecerem. A política pública tem custos, que podem ser pagos pelo usuário do serviço (tarifa), pelo contribuinte (impostos) ou uma parcela da sociedade (como no caso da poluição decorrente de uma atividade).

Resistir à cobrança de tarifa em rodovias, por exemplo, implica financiar seus custos de implantação, operação e manutenção com tributos. No Brasil, mais da metade de tudo que o governo arrecada vem da tributação de bens e serviços, que incide de forma igual sobre desiguais. Isso significa que, independentemente da renda, o cidadão paga o mesmo imposto sobre aquele bem ou serviço consumido, onerando proporcionalmente mais quem tem menos. Neste modelo, os usuários de rodovias são subsidiados por cidadãos que podem não deter renda para ter um automóvel.

Outros exemplos sensíveis são os impactos para a sociedade nos setores de energia e saneamento. O consumo inconsciente de recursos naturais escassos tende a ser ampliado na ausência de resistências impostas pelo pagamento ao seu uso. A ausência de cobrança ou uma modicidade tarifária genérica, não progressiva, gera subsídios via impostos, muitas vezes dos com menor renda e sem acesso ao serviço público, para os extratos da população de renda mais elevada. Registro flagrante no cotidiano da sociedade e economia brasileira.

Conclusão

As deformidades desta sociedade se acentuaram nos últimos anos pela deterioração contínua das forças produtivas. No primeiro trimestre de 2021, o PNAD aferiu 33,2 milhões de pessoas subutilizadas e taxa de desocupação de 14,7% (14,8 milhões de pessoas), recordes da série iniciada em 2012 e o maior contingente de desocupados de todos os trimestres. O nível de ocupação está abaixo de 50%, o que indica que menos da metade da população em idade para trabalhar está ocupada no país. Os desalentados, que desistiram de procurar trabalho, somaram 6 milhões de pessoas, também maior patamar da série.

Após anos de clamor de diversos economistas e instituições como FMI e BIS para os governos centrais se juntarem às autoridades monetárias no esforço de recuperação das economias, os Estados Unidos reuniram forças políticas para viabilizar um programa de estímulo econômico, anunciado no montante de US$ 6 trilhões, incluindo um plano de infraestrutura de US$ 2,25 trilhões, batizado pela gestão Joe Biden de "Plano de Emprego Americano".

O plano prevê US$ 650 bilhões para infraestrutura residencial, incluindo construção e reforma de cerca de 2 milhões de casas; fornecimento de internet banda larga para a população rural; investimento em saneamento em creches; criação de escolas públicas e atualização em faculdades comunitárias; modernização de hospitais e clínicas voltadas para veteranos de guerra. São US$ 621 bilhões para infraestrutura geral, com renovação de estradas, rodovias e pontes e ampliação de calçadas e ciclovias; financiamento para o transporte público; subsídios para a construção de 500 mil postos de carregamento de veículos elétricos; substituição de 20% da frota de ônibus escolares por veículos elétricos; ampliação de terminais de aeroportos; investimento no sistema de balsas para viagens fluviais em todo o país.

Para pesquisa e desenvolvimento são mais US$ 580 bilhões destinados ao incentivo a energia limpa e redução da emissão de carbono; fabricação de semicondutores; representatividade nos postos de trabalho do setor de infraestrutura e aumento dos estágios. E US$ 400 bilhões para assistência e saúde, com expansão dos serviços comunitários para idosos e pessoas com comorbidades; extensão do programa Medicaid, que oferece cuidados domiciliares a idosos que hoje estão em asilos; aumentos salarias para cuidadores.

O programa tem explícita inspiração no New Deal de Franklin Delano Roosevelt, que após vencer a eleição em 1932, alterou profundamente o panorama da sociedade e economia norte-americana. Após o *crash* da bolsa em 1929, os Estados Unidos ingressam nos anos 1930 com sua taxa de desemprego superior a 22%. Para retomar o desenvolvimento, na infraestrutura foram construídos 70 mil quilômetros de rodovias, 1,6 mil quilômetros de hidrovias, 238 aeroportos, sete represas, 800 parques, 3 bilhões de árvores plantadas e 4 mil escolas construídas ou reformadas. Os anos 1930 nos Estados Unidos narram a vitória do pragmatismo sobre os demais "ismos" do debate ideológico. O presidente Roosevelt foi reeleito três vezes (quatro mandatos). Morre em 1945, um mês antes da rendição alemã.

No Brasil, um programa de tal inspiração poderia enfrentar o verdadeiro déficit público, isto é, o déficit no acesso à infraestrutura básica. Praticamente metade da população brasileira não tem acesso a esgotamento sanitário (instituto Trata Brasil e SNIS). O déficit habitacional monta 5,876 milhões de moradias (Fundação João Pinheiro). O BNDES estima um déficit de 1.633 Km de vias de mobilidade urbana nas regiões metropolitanas do Brasil. Levantamento realizado em 2020 pelo Conselho Federal de Medicina (CFM) aponta déficit de 18,2 mil leitos hospitalares no Sistema Único de Saúde. É preciso criar cerca de 1,5 milhão de vagas escolares até 2024, apenas para garantir o mínimo exigido pelo Plano Nacional de Educação (PNE). O modal rodoviário concentra 61% da movimentação de mercadorias e 95% da de passageiros, mas apenas 12,4% das rodovias nacionais são pavimentados (CNT).

Programas de investimentos nestas áreas, se devidamente coordenados, apresentados e realizados de forma consistente no tempo e com a devida intensidade, podem requalificar o parque industrial nacional, reduzir emissão de poluentes, incorporar novas tecnologias, ativar setores de pesquisa, empregar mão de obra em larga escala e elevar a qualidade de vida para o conjunto da sociedade.

O Estado emerge como mediador das sociabilidades que viabilizam a existência. Suas normas são convencionadas para balizar os comportamentos, por estímulos e sanções, para contribuir no convívio e atendimento das carências e desejos por cuidados mútuos. É nesse sentido que devem se dirigir as políticas públicas. Nunca é demais lembrar Keynes. O verdadeiro e único limite à sociedade é sua capacidade de produzir. Abster-se em um momento de depressão é desperdiçar máquinas e trabalhadores disponíveis, é falhar com a sociedade e promover a miséria.

Referências

BELLUZZO, L. G. M.; GALÍPOLO, Gabriel. A moratória do contrato social. *Carta Capital*, 2016.

GALÍPOLO, Gabriel; HENRIQUES, Ewerton de Souza. Rentabilidade e equilíbrio econômico-financeiro do contrato. In: MOREIRA, Egon Bockmann (Coord.). *Tratado do equilíbrio econômico-financeiro*: contratos administrativos, concessões, parcerias público-privadas, taxa interna de retorno, prorrogação antecipada e relicitação. Belo Horizonte: Fórum, 2017.

PEREZ, Marcos; GALÍPOLO, Gabriel. A retomada no pós-pandemia. *Valor Econômico*, 28 maio 2020. Disponível em: https://valor.globo.com/opiniao/coluna/a-retomada-no-pos-pandemia.ghtml. Acesso em: 23 jul. 2021.

ROCHA, Igor; GALÍPOLO, Gabriel. Infraestrutura: a vida como ela é. *A Terceira Margem*, 3 jun. 2020. Disponível em: https://aterceiramargem.org/2020/06/03/infraestrutura-a-vida-como-ela-e/. Acesso em: 23 jul. 2021.

10. A revolução das cidades*

Roberto Andrés

Para analisar as políticas urbanas, de mobilidade e de enfrentamento à crise climática do governo Biden é preciso revisitar o pacto de inspiração keynesiana que estruturou o New Deal norte-americano nos anos 1930 e o modelo implantado nos países do centro do capitalismo nas décadas que sucederam à Segunda Guerra. Essas políticas contavam com protagonismo do Estado no investimento em infraestrutura, na proteção social e na estabilização econômica; e com o fortalecimento de sindicatos, compreendidos como instrumentos legítimos de busca de melhorias para a classe trabalhadora.

Por décadas, esse arranjo resultou no crescimento da demanda e na ampliação de mercado para as empresas, que, por sua vez, acabavam por compartilhar parte dos ganhos de produtividade com os trabalhadores, por meio de aumento dos salários, e com os Estados, por meio de impostos que eram reinvestidos em infraestrutura e proteção social. Em uma perna, industrialização fordista e sindicalizada; na outra, estado de bem-estar social. O sociólogo alemão Wolfgang Streeck (2018), que utiliza a alcunha "trinta anos gloriosos" para se referir ao período, afirma que, nele, "as relações de poder entre as classes estiveram contrabalanceadas como nunca outrora no capitalismo".

Na Europa, o pós-guerra foi marcado por uma série de políticas públicas que foram além do crescimento com distribuição de renda, constituindo experiências de estados de bem-estar social significativas na busca por sociedades mais igualitárias. No centro dessa agenda, estiveram as políticas urbanas, com o investimento em transporte público, em moradia, em espaços e serviços públicos — enfim, em infraestrutura distribuída nos bairros, elemento essencial

---

* Trechos desse texto foram originalmente publicados pelo autor no artigo "A volta da alternativa", na revista *Piauí* de junho de 2021. Agradecemos à Editora Alvinegra por ceder os direitos de publicação.

para a vida em um mundo urbanizado. Para o urbanista italiano Bernardo Secchi (2019), "a urbanística europeia foi muito mais 'escandinava' do que os governos e as políticas dos diferentes países". Daí porque haveria menos desigualdade na Europa do que nos Estados Unidos, onde uma dimensão mais ampla do estado de bem-estar social nunca chegou a ser implementada.

Mas é possível enxergar no arranjo do pós-guerra contradições que desembocam na crise atual. O modelo de desenvolvimento produtivo e a organização industrial-urbana das democracias ocidentais no período basearam-se no petróleo e na criação de mercados globais para esse combustível. O controle do petróleo em países do mundo árabe foi essencial, como argumenta Timothy Mitchell (2011) no livro *Carbon democracy*. Para que os países do centro pudessem exercer sua combinação de democracia, desenvolvimento industrial e bem estar-social, ditaduras um tanto brutais foram mantidas nas bordas.

O automóvel é central no esquema. A indústria automotiva, considerada indutora da industrialização e ativadora de uma extensa cadeia econômica, passou a se tornar peça-chave da riqueza dos países. A difusão do estilo de vida baseado no carro exportava para o resto do mundo um modo de deslocamento extremamente perdulário no gasto de combustível e gerador de externalidades negativas. Enriqueciam os países produtores de carros e criavam-se mercados superdimensionados em demanda por petróleo e monopolizados por uma só indústria.

O próprio termo *fordismo keynesiano* — como o período é denominado por muitos analistas — partia já de uma contradição constitutiva que opunha, de um lado, a busca por sociedades mais igualitárias e coesas e, de outro, a difusão de um item de consumo produtor de individualismo e desagregação. A massificação do carro produz um cotidiano em que alguns ganham tempo, status e conforto às custas de outros, já que a adaptação das cidades para o transporte individual prejudica a coletividade, com impactos maiores sobre aqueles que não se motorizam. A filósofa Nancy Fraser (2020), referindo-se à suburbanização das cidades norte-americanas — baseada no automóvel —, processo que, ao retirar a classe operária de bairros com coesão social onde antes vivia, tornou-a "mais consumista e menos solidária", fez o seguinte diagnóstico: "A social-democracia criou seus próprios coveiros e acabou desativando as mesmas forças sociais que, historicamente, a sustentaram".

Por ocuparem uma quantidade descomunal de espaço para o deslocamento das pessoas, os carros rapidamente congestionam as ruas das cidades quando se difundem. O fordismo keynesiano abordou esse problema como uma oportunidade: optou-se por ampliar continuamente a infraestrutura viária, gerando impulso nas atividades econômicas pela execução das grandes obras de engenharia. Embora as novas pistas fossem rapidamente saturadas, o impacto que causavam nas outras formas de deslocamento e o estímulo que produziam à motorização serviram para tornar os carros cada vez mais necessários.

Especialmente nos Estados Unidos, essa dinâmica foi levada ao limite, promovendo verdadeiras necroses no tecido urbano e estabelecendo aquilo que poderíamos chamar de *democracia de motoristas*: as classes médias e altas foram morar nos subúrbios, usando carros cotidianamente para acessar os centros e beneficiando-se de altos investimentos em infraestrutura. Enquanto isso, quem não tinha carro enfrentava condições de deslocamento cada vez mais precárias e assistia à degradação de seus bairros, com o aumento da poluição e dos acidentes.

Houve resistência social a esse estado de coisas. É bastante conhecida a disputa da jornalista Jane Jacobs com o engenheiro Robert Moses em torno de grandes obras rodoviárias em Nova York. O poderoso engenheiro queria implantar avenidas e vias expressas que cortariam ao meio bairros tradicionais. A jornalista uniu-se a moradores e passou a liderar movimentos contra as obras. O corte de gênero era evidente: enquanto Moses tinha a seu lado burocratas e empresários engravatados, todos homens, grande parte das pessoas engajadas nos protestos eram mulheres e crianças.

Jacobs e seu grupo foram capazes de impedir os projetos de Moses em Manhattan, o que se repetiu em outros locais do país. A degradação dos bairros, no entanto, correspondeu a uma evidente desigualdade racial. Um estudo recente analisando toda a rede de vias expressas projetadas nos Estados Unidos desde a década de 1950 mostra que em regiões centrais, de maior poder aquisitivo e população branca, os projetos originais foram mais adequados às demandas dos moradores, enquanto em bairros pobres e majoritariamente ocupados por pessoas negras ou latinas, os projetos foram executados conforme o original. É dessa época a frase do escritor nova-iorquino James Baldwin segundo a qual "renovação urbana é remoção dos negros" — *urban renewal is negro removal*.

A poluição ambiental e a emissão de gases geradores da crise climática são outra consequência do modelo. Nos Estados Unidos, o setor de transportes representa hoje quase 30% das emissões que geram o aquecimento do planeta — e, dentro do setor de transportes, os automóveis respondem por quase

60% das emissões. Os carros nos Estados Unidos, apenas eles, produzem mais emissões do que o Brasil inteiro. A ampla difusão de veículos de 1 a 2 toneladas para transportar 1 ou 2 pessoas foi excelente para a indústria de petróleo, já que forjou uma demanda extraordinária para seus produtos. Para as cidades e para o planeta, foi desastroso. Ainda porque o modelo automobilista é indutor do espraiamento urbano e do esvaziamento dos centros, impulsionando a demanda por construção civil — segmento com contribuição relevante para as emissões.

Em resumo, o fordismo keynesiano norte-americano foi abastecido pela difusão global do petróleo, sustentado por uma geopolítica internacional que tolerou regimes ditatoriais sanguinários, estruturado em torno da massificação do automóvel e seus efeitos de degradação urbana, social e ambiental, baseado na afirmação do poder patriarcal em detrimento do restante da sociedade, e no racismo inoculado em obras de renovação urbana. O neoliberalismo, ao acelerar o modelo subtraindo dele a proteção social e a sindicalização, conduziu o barco até a tragédia atual.

Green New Deal e o plano Biden

Nenhuma dessas críticas é novidade para a nova esquerda norte-americana, cuja visão resultou no Green New Deal — proposta de descarbonização da economia com justiça social lançada em 2019 por intelectuais e lideranças políticas de esquerda, e que busca endereçar problemas que remontam ao New Deal original. Para a nova esquerda global, da qual a norte-americana faz parte, o capitalismo é compreendido como algo maior do que sua economia, produzindo injustiças que vão além da desigualdade financeira. A costumeira hierarquização das desigualdades promovida pela tradição marxista parece ficar para trás. A luta de classes, entre capitalistas e trabalhadores, é parte da disputa, mas deixa de ser vista como contradição primária. Elevam-se ao primeiro plano as lutas de fronteira — termo usado por Nancy Fraser (2020) para se referir aos conflitos ocorridos nos domínios de onde a economia capitalista suga valor sem repor, como o ambiente, as condições de reprodução social e os poderes públicos.

Em seu último livro, Bernardo Secchi (2019) afirma que, no mundo atual, não seria possível resolver de forma separada a questão ambiental, a mobilidade urbana e a desigualdade social. Essa ideia desembocou na geração do Green New

Deal, ganhando uma compreensão ainda mais ampla: a de que as desigualdades raciais e de gênero também são atravessadas pela economia e pelo modo de organização da vida no território. A nova esquerda parece ter entendido que qualquer solução que não seja de fato universalizável — e que respeite as diversidades — deixará os mais fragilizados pelo caminho.

Os últimos anos também deixaram evidente que a população mais pobre é a mais impactada pela tragédia climática que já começamos a vivenciar. Um planeta mais quente afeta a todos, mas a capacidade de se proteger é radicalmente diferente para ricos e pobres. Tornados e furacões, altas temperaturas, nevascas, desertificação de áreas, enchentes, deslizamentos — tudo isso impacta mais a população mais vulnerável, assim como tem ocorrido com a pandemia de Covid-19.

A abordagem da esquerda norte-americana transbordou para os "liberais" — termo que, nos Estados Unidos, refere-se aos centristas que hoje estão à frente da administração Biden. O jornalista Ezra Klein (2021) considera que, embora "Bernie Sanders não tenha vencido as eleições de 2020", ele "parece ter vencido suas consequências", lembrando que o plano de recuperação econômica do governo é muito mais próximo das propostas do senador por Vermont do que das do atual presidente.

Já o American Jobs Plan, o plano de infraestrutura de 2,3 trilhões de dólares do governo Biden, pode ser visto como uma versão mais moderada do Green New Deal. Embora sustente que o plano do governo seja ainda insuficiente, Alexandra Ocasio-Cortez aponta a proximidade entre as propostas, e chegou a afirmar que, "embora parte do Partido evite usar o termo 'Green New Deal' para descrevê-las, o quadro conceitual é o mesmo". Também por pressão de congressistas da esquerda do Partido Democrata e do Movimento Negro, as políticas do governo Biden têm dado ênfase a comunidades fragilizadas na destinação de recursos e à correção de injustiças sociorraciais herdadas do modelo de desenvolvimento urbano que o keynesianismo rodoviarista produziu.

A ideia de que a infraestrutura de transportes é também uma pauta de direitos civis vem sendo recorrentemente vocalizada por Pete Buttigieg, o ex-prefeito de South Bend, no estado de Indiana, que se tornou secretário dos Transportes de Biden, cargo equivalente ao de ministro no Brasil. Suas propostas para as rodovias do país incluem rever vias expressas que degradam bairros majoritariamente negros ou latinos. Referindo-se às grandes obras rodoviárias herdadas do século

XX, o atual secretário chegou a afirmar no Twitter que "as vias expressas do país foram muitas vezes construídas sobre bairros negros de propósito — dividindo comunidades, aumentando a poluição e tornando a vida pedestre menos segura".

O orçamento para esta revisão, no entanto, é ainda minoritário em relação aos outros gastos em transportes, a mais robusta das quatro áreas do plano de infraestrutura. Os maiores recursos vão para a transição para veículos elétricos (174 bilhões de dólares) e para a reparação e manutenção de estradas (115 bilhões), sinalizando que a ênfase no transporte individual motorizado não está sendo eliminada, mas ajustada para tecnologias menos poluentes e de menor impacto. Como o carro elétrico altera a fonte de energia, mas ocupa o mesmo espaço urbano que os automóveis convencionais, a transição reduz emissões e poluição do ar, mas não elimina outros problemas. Se o carro elétrico se massificar, a extração da colossal quantidade de lítio para fazer baterias produzirá consideráveis crateras mundo afora, elevará às alturas a necessidade de produção de energia elétrica e engendrará uma nova geopolítica da extração predatória de recursos. O gasto perdulário de energia nos deslocamentos não é universalizável com fonte alguma.

Os investimentos em ferrovias e transporte público podem atenuar essa tendência. Eles representam a terceira e a quarta maior rubrica da área de transportes do plano de infraestrutura — 85 e 80 bilhões de dólares, respectivamente. Eis aí uma diferença entre o plano de Biden e o Green New Deal, cujas propostas priorizam o investimento em transporte público e ferroviário. Em um país que tem uma das maiores taxas de motorização individual do mundo, o plano Biden parece se equilibrar entre as mudanças mais transformadoras vindas da esquerda e a conciliação com modos de vida estabelecidos no país.

O fordismo de mal-estar social brasileiro

A industrialização brasileira foi em muito distinta da dos países do centro. Por aqui não se chegou a constituir nenhum tipo de política ampla de bem-estar social nas cidades — na realidade, tratou-se de uma atuação seletiva do Estado, que garantia privilégios de uma minoria e se pautava pelo desleixo para a maioria pobre. Como argumenta o historiador Flávio Limoncic (1997), o modelo implantado no Brasil seria melhor caracterizado como "fordismo parcial não keynesiano": *fordismo parcial* porque o ganho de produtividade não foi repassado para os salários de forma a produzir uma ampla classe trabalhadora com poder de compra satisfatório; *não keynesiano* porque não houve nenhuma perspectiva de política pública universal de proteção social, havendo, quando muito, avanços trabalhistas segmentados, por nichos, dos quais amplos setores permaneceram excluídos.

A não incorporação dos ganhos de produtividade aos salários se deu por um truque manjado: importar mão de obra para deprimir os salários e sufocar a pressão dos de baixo, o que ocorreu com a migração de amplos contingentes da população pobre de regiões rurais, especialmente em estados do Nordeste, rumo aos centros urbanos, com grande foco em São Paulo. A forma de incorporação desses trabalhadores, como abordou Francisco de Oliveira (2003), baseou-se justamente na falta de políticas keynesianas, por meio da informalidade e do *laissez-faire* na ocupação das periferias. Ao invés de um estado de bem-estar ou mesmo de um capitalismo minimamente redistributivo que ampliasse o acesso das massas ao consumo, o que se constituiu no Brasil foi um tipo especial de fordismo: o *fordismo de mal-estar social*, em que a precariedade e a ação seletiva do Estado são constitutivas do esquema de acumulação.

Por tudo isso, os problemas que herdamos do século XX são um tanto distintos daqueles dos Estados Unidos. São cidades espraiadas na base da precariedade, em que a maioria pobre vive em territórios carentes de infraestrutura básica e onde a situação de imobilidade urbana produz aquilo que a urbanista Ermínia Maricato (2017) denominou, a partir da análise de Milton Santos (1990), de "exílio na periferia".

Além disso, a difusão global do automóvel se faz por meio de uma operação cruzada de benefícios e prejuízos: enquanto os países do centro enriquecem com a industrialização fordista, os países da periferia do capitalismo recebem os maiores impactos da motorização. Veículos individuais motorizados produzem uma série de externalidades negativas — poluição do ar, acidentes, congestionamentos, degradação dos centros etc. —, e estes impactos afetam muito mais os países com menos recursos. São nos países da África, da Ásia e da América Latina que os acidentes de trânsito têm taxas altíssimas, que a poluição do ar mais mata, para ficar em dois exemplos.

Dentro dos países, os mais impactados são os mais pobres. São pedestres e usuários de transporte público que mais respiram ar poluído, embora os principais emissores sejam automobilistas. Já no quesito acidentes de trânsito, motociclistas responderam por cerca de 54% das mais de 153 mil internações no Brasil em 2011; e por cerca de 34% das mais de 43 mil mortes no trânsito no mesmo ano. Pedestres, por sua vez, responderam por aproximadamente 27% das internações e das mortes. Somando os dois grupos, que são formados pela base da pirâmide econômica, chega-se a 83% das internações (125.032 pessoas) e 61% das mortes (26.471 pessoas).

A revolução urbana brasileira

Por tudo isso, a reversão do modelo automobilista e a transformação da infraestrutura de mobilidade no Brasil devem ser feitas junto da integração de extensos territórios às cidades, provendo uma distribuição minimamente equitativa de itens necessários para "uma vida decente", para utilizarmos o termo do economista Amartya Sen (2010) para a superação da pobreza — que vai além da questão monetária. Novas estações de metrô e de ônibus podem estar integradas a espaços e serviços públicos; ciclovias podem estar conectadas a parques e áreas de lazer. Os bairros precisam de calçamento e iluminação, de universalização de saneamento.

Embora o Brasil tenha uma taxa de motorização quase quatro vezes menor do que a dos Estados Unidos, a ênfase rodoviária dos últimos 70 anos produziu uma série de impactos nos centros urbanos, cuja recuperação é essencial para se constituir cidades democráticas, coesas e eficientes no uso de energia. A grande ocupação de espaço por avenidas, viadutos e elevados estrangulou as áreas centrais. A prevalência de automóveis tornou os centros ambientalmente degradados, expulsando a população de áreas que concentram grande investimento em infraestrutura.

Para retomar essas áreas, é preciso reduzir a circulação de automóveis por meio de mecanismos de restrição e de bons sistemas de transporte público e mobilidade ativa. Junto a isso, a política habitacional pode reocupar imóveis abandonados e construir novos imóveis em áreas hoje tomadas pelo complexo viário, permitindo que populações de diversos estratos econômicos possam habitar as regiões centrais, o que reduz a demanda por deslocamentos. As áreas recuperadas da infraestrutura viária precisam também servir a sistemas de drenagem e captação de água da chuva, o que pode ser conjugado com áreas verdes de lazer e contribuir para reduzir inundações cada vez mais recorrentes em um contexto de crise climática.

Tudo isso demanda uma verdadeira revolução no transporte público, desde sempre tratado no país como algo secundário, relegado ou largado na mão de empresas com mais controle do que deveriam sobre um serviço essencial. Esta transformação não pode ser deixada a cargo dos municípios: é necessária uma política nacional de mobilidade urbana, que estabeleça parâmetros de qualidade, garanta recursos, incentive boas práticas e puna cidades que não realizem avanços. Uma ótima proposta nessa linha foi apresentada em 2014 por uma série de coletivos por meio do site mobilidadebrasil.org e previa, além dos itens apontados, a realização de uma política industrial para incentivo, por meio de bancos públicos, para fabricação de ônibus elétricos, bondes, metrôs, bicicletas e outros itens ligados aos sistemas de mobilidade nas cidades.

Para logística de carga e transporte de passageiros, é urgente recuperar a malha ferroviária brasileira, que já teve quase 40 mil quilômetros de linhas de ferro e já transportou mais de 100 milhões de passageiros por ano, na década de 1950. Hoje restam cerca de 29 mil quilômetros, mas apenas 1/3 deles são explorados e apenas 10% são plenamente utilizados — e apenas cerca de 1,5 milhão de passageiros circulam anualmente nos trens não urbanos brasileiros. O transporte de passageiros e de cargas entre cidades, sem projetos megalomaníacos, recuperando a malha viária que já operou e dando a ela destinação de interesse público, é fundamental para a transição para um sistema de mobilidade de baixas emissões e maior proteção à vida.

Um transporte público de fato inclusivo, que promova democratização do acesso aos lugares e reduza poluição e emissões, demanda a operação como serviço público essencial — gerido por governos e empresas públicas, subsidiado para se tornar mais atraente, com transparência e controle social sobre sua operação. As melhores práticas mundo afora vão nesse caminho. Buscar formas de financiamento robusto e estável para a mobilidade urbana e entre cidades no Brasil segue sendo um desafio essencial.

Por fim, é importante destacar que os problemas das cidades no Brasil não foram sanados — nem sequer arranhados — *apesar* dos importantes avanços normativos realizados nos últimos 30 anos. Houve um descolamento entre texto e realidade muito singular ao país: nossas leis, como o Estatuto das Cidades e a

Lei Nacional de Mobilidade Urbana, apontam para um lado; as políticas reais executadas apontaram para outro. Será necessário ir além das boas intenções dos marcos regulatórios e estabelecer políticas concretas, com fonte de financiamento, responsabilidades de execução e metas pactuadas entre diversos setores.

Isso tudo pode parecer distante, mas o Brasil soube implementar um sistema dessa magnitude para um serviço público essencial: o Sistema Único de Saúde. Uma proposta como o Sistema Único de Mobilidade, que vem sendo apresentada por entidades atuantes no setor, como o Instituto MDT, precisa ser estruturada, já que o provimento da mobilidade urbana não se limita a obras de infraestrutura — ao contrário, demanda uma operação cotidiana, com financiamento, gestão pública e aprimoramentos contínuos. Um avanço nesse sentido, ainda, seria a estruturação de um Sistema Único de Desenvolvimento Urbano, como chegou a ser esboçado no primeiro Ministério das Cidades e é descrito pela urbanista Raquel Rolnik (2018) como "uma espécie de SUS: um sistema que pudesse ter repasses, fundo a fundo, nas três esferas da federação, constituindo fundos de desenvolvimento urbano cujas prioridades seriam estabelecidas por conselhos com ampla participação".

Oitenta e cinco por cento da população brasileira vivem em cidades. Nosso país teve uma das maiores taxas de urbanização do mundo entre 1940 e 1980, o que nos legou metrópoles espraiadas, desiguais, onde a violência é inerente à forma de organização do território. Os avanços econômicos do último ciclo progressista foram feitos sem significativos avanços nessa estrutura urbana — ao contrário, algumas soluções viciadas foram intensificadas. Isso deu teto baixo à inclusão que se buscava, já que a ascensão social mais completa demandava uma série de itens essenciais para uma "vida decente" que não funcionam na lógica individualista do consumo. A revolução das cidades e da mobilidade está no centro de uma ascensão social mais ampla e com horizonte mais longo.

Referências

BERTH, Joice. Com os carros, a nossa cidadania é concretamente mutilada. *El País Brasil*, 14/ nov. 2020. Disponível em: https://brasil.elpais.com/brasil/2020-11-14/com-os-carros-nossa-cidadania-e-concretamente-mutilada.html. Acesso em: jun. 2021.

CARVALHO, Carlos Henrique R. et al. *Tarifação e financiamento do transporte coletivo urbano.* Nota técnica do Ipea. 2013. Disponível em: http://ipea.gov.br/participacao/images/pdfs/notatecnicadirur_transpostetarifas.pdf. Acesso em: jun. 2021.

FRASER, Nancy; JAEGGI, Rahel. *Capitalismo em debate.* Uma conversa na teoria crítica. São Paulo: Boitempo, 2020.

JACOBS, Jane. *Morte e vida das grandes cidades.* São Paulo: Martins Fontes, 2009.

KLEIN, Erza; SANDERS, Bernie. An Unusually Optimistic Conversation With Bernie Sanders. The Ezra Klein Show. *The New York Times.* mar. 2021. Disponível em: https://www.nytimes.com/2021/03/23/opinion/ezra-klein-podcast-bernie-sanders.html?. Acesso em: 8 abr. 2022.

LIMONCIC, Flávio. *A civilização do automóvel*: a instalação da indústria automobilística no Brasil e a via brasileira para uma improvável modernidade fordista 1956-1961. Dissertação (mestrado) — Programa de Pós-Graduação em História Social, Universidade Federal do Rio de Janeiro, Rio de Janeiro, 1997.

LITMAN, Todd. *Transportation Cost and benefit analysis*: techniques, estimates and implications. Victoria: Victoria Transport Policy Institute, 2009. (atualizado com frequência na web).

MARICATO, Ermínia. *O impasse da política urbana no Brasil.* Rio de Janeiro: Vozes, 2017. E-book.

MITCHELL, Timothy. *Carbon democracy.* Political power in the age of oil. Londres: Verso, 2011.

OLIVEIRA, Francisco de. *Crítica à razão dualista / O ornitorrinco.* São Paulo: Boitempo, 2003.

REGALDO, Fernanda. Aguardando destino. *Piseagrama*, Belo Horizonte, n. 5, p. 46-47, 2013.

ROLNIK, Raquel. Democracia no fio da navalha. *R. B. Estudos Urbanos e Regionais*, v. 11, n. 2, nov. 2009.

_____. Produzir cidade. *Piseagrama*, Belo Horizonte, n. 12, p. 90-97, 2018. Disponível em: https://piseagrama.org/produzir-cidade/. Acesso em: jun. 2021.

SANTOS, Milton. *A urbanização brasileira.* São Paulo: EdUsp, 2008.

_____. *Metrópole corporativa fragmentada.* O caso de São Paulo. São Paulo: Nobel, 1990.

SECCHI, Bernardo. *A cidade dos ricos e a cidade dos pobres*. Belo Horizonte: Âyiné, 2019.

SEN, Amartya. *Desenvolvimento como liberdade*. São Paulo: Companhia das Letras, 2010. E-book.

STREECK, Wolfgang. *Tempo comprado*: a crise adiada do capitalismo democrático. São Paulo: Boitempo, 2018. E-book.

WAISELFISZ, Julio Jacobo. *Mapa da violência 2013*: acidentes de trânsito e motocicletas. Rio de Janeiro: Centro Brasileiro de Estudos Latino Americanos, 2013.

11. O verde nas medidas para recuperação da economia nos EUA e reflexões para o Brasil

Camila Gramkow*
Guilherme Magacho**

Introdução

A agenda ambiental nunca esteve tão quente. Se a década de 2010 a 2019 foi a mais quente já registrada na história (OMM, 2020), 2020 foi um ano marcado por recordes de temperaturas e eventos extremos no Brasil e no mundo. No Brasil, observou-se a maior estiagem em décadas no Pantanal, ciclone-bomba e tornados que atingiram Santa Catarina e inundações históricas no Acre. No mundo, registraram-se recordes de calor em janeiro, maio e setembro, incêndios florestais que consumiram mais de 2 milhões hectares na Califórnia, Oregon e Washington e devastaram mais de 8 milhões de hectares na Austrália. O ano 2020 trouxe amostras de eventos que se tornarão mais frequentes e mais intensos se nada for feito para conter o aquecimento global em até 2ºC, conforme acordado por 175 países no âmbito do Acordo de Paris em 2015 (CQNUMC, 2015). Esses eventos trazem enormes custos, muitas vezes irreparáveis, que vão desde a perda de vidas humanas até quebra da produção agrícola e animal e destruição da infraestrutura e das habitações. À medida que emissões de gases do efeito estufa (GEE) continuam a aumentar, também se acumulam as evidências sobre os crescentes custos da inação e a rápida aproximação dos chamados pontos sem retorno (*tipping points*). Não se trata mais de um problema do longo prazo, mas de uma realidade que se impõe já. Por isso, o tema tem sido chamado de *emergência climática*.

É urgente que as evidências sobre a emergência climática se traduzam em ações efetivas. Muitas das propostas de recuperação "verde" foram concebidas no

---

* As opiniões expressadas no presente estudo não representam necessariamente as visões da Cepal.
** As opiniões expressadas no presente estudo não representam necessariamente as visões da AFD.

contexto da Grande Recessão de 2008-09, incluindo o Global Green New Deal (Gramkow, 2019). Com a irrupção da atual crise provocada pela pandemia de Covid-19, as propostas de retomada com ênfase no "verde" têm ganhado novo fôlego. Segundo o índice de esverdeamento dos estímulos (Vivid Economics, 2021), baseado no estudo de caso dos países do G20 e mais 10 outras economias, incluindo o Brasil e os Estados Unidos da América (EUA), foram anunciados estímulos "verdes" da ordem de US$ 1,8 trilhão diretamente para setores que teriam um impacto grande e duradouro para a natureza. Apesar desses estímulos verdes representarem um passo importante na direção correta, em 19 das 29 economias analisadas os estímulos considerados danosos ao meio ambiente superam os estímulos verdes, incluindo o Brasil e os EUA. No entanto, tem havido um aumento do peso dos estímulos verdes à medida que as respostas aos efeitos da pandemia cada vez mais têm se dedicado a ações de recuperação de médio e longo prazo ao invés do enfrentamento emergencial no curtíssimo prazo. Há grandes expectativas em relação aos anúncios da gestão Biden-Harris, que podem ter um impacto decisivo para o futuro do planeta, seja pela escala das emissões de gases do efeito estufa (GEE) dos EUA, seja pela influência do país na geopolítica global.

O presente texto tem como objetivo analisar o componente "verde" das medidas recentemente anunciadas nos EUA para o enfrentamento da crise provocada pela pandemia de Covid-19 e traz reflexões sobre a aplicabilidade de políticas similares para o Brasil.

O verde nas medidas de recuperação dos EUA

O início do mandato da gestão Biden-Harris tem sido marcado pela busca da retomada do protagonismo norte-americano na agenda climática mundial. Essa tarefa não é elementar, uma vez que o país precisará reconquistar a credibilidade e a confiança de partes interessadas nacionais e internacionais. Um dos primeiros atos do recém-empossado presidente Joe Biden, em janeiro de 2021, foi reingressar os EUA no Acordo de Paris. Ainda em janeiro, foi assinado o *Executive order on tackling the climate crisis at home and abroad* (The White House, 2021a), que apresenta o roteiro segundo o qual os EUA têm buscado trabalhar com outros países e parceiros para colocar o mundo em uma trajetória climática sustentável. A ordem executiva coloca a agenda climática no centro da política externa e da segurança nacional norte-americana, estabelece mecanismos de governança, define uma abordagem de governo inteiro (*whole-of-government approach*) sobre a crise climática e dá outras provisões. Além de reconhecer os riscos da crise climática, a ordem executiva enfatiza as oportunidades das soluções climáticas, principalmente oportunidades para (i) criação de empregos bem pagos e sindicalizados a partir da construção de infraestrutura moderna e sustentável, (ii) alcançar um futuro equitativo com energias limpas e (iii) colocar os EUA em uma trajetória para atingir emissões líquidas zero até 2050.

De forma geral, até o momento em que o presente texto foi escrito,[1] o roteiro tem sido seguido. Conforme previsto na ordem executiva, os EUA submeteram sua nova Contribuição Nacionalmente Determinada (CND)[2] ao Acordo de Paris, que estabeleceu a meta de redução das emissões de GEE do país entre 50% e 52% até 2030, em comparação com os níveis de 2005 (EUA, 2021). Ademais, o país convocou a Cúpula do Clima (Leaders' Climate Summit), realizada em abril de 2021, para galvanizar os esforços das principais economias para enfrentar a crise climática. Na ocasião, o país anunciou diversas medidas, entre elas o Plano de Financiamento Climático (Climate Finance Plan), que busca prover ou mobilizar recursos financeiros para apoiar países em desenvolvimento a reduzir e/ou evitar emissões de GEE, construir resiliência e adaptar-se aos impactos das mudanças climáticas e que inclui o compromisso de dobrar, até 2024, o financiamento público climático anual para os países em desenvolvimento em relação ao nível médio durante a segunda metade do governo Obama-Biden (anos fiscais 2013-16; The White House, 2021b).

No entanto, muitos elementos dessa ordem executiva ainda devem traduzir-se na apresentação e aprovação de medidas e de recursos que permitam sua efetiva implementação. Ainda são aguardados anúncios de medidas, por exemplo, sobre a Iniciativa Justiça40 (Justice40 Initiative), que gerará recomendações para que

---

[1] Junho de 2021.
[2] No âmbito do Acordo de Paris (CQNUMC, 2015), as Contribuições Nacionalmente Determinadas (CNDs) são os instrumentos de que os Estados-nação dispõem para indicar os esforços do país para reduzir emissões nacionais e adaptar-se aos impactos da mudança do clima, buscando expressar a contribuição que o país poderá dar à consecução do objetivo do Acordo de fortalecer a resposta global à ameaça das mudanças climáticas, no contexto do desenvolvimento sustentável e dos esforços para erradicação da pobreza.

certos investimentos federais sejam realizados de forma que 40% dos benefícios gerais desses investimentos sejam direcionados para comunidades desfavorecidas ou marginalizadas; a eliminação de subsídios a combustíveis fósseis, que deverão desaparecer do orçamento público federal a partir de 2022; e a Estratégia Federal de Compra de Veículos e Eletricidade Limpos, que busca estabelecer frotas de veículos limpos e de emissões zero nos governos federais, estaduais, locais e tribais. Os próximos meses serão críticos nesse sentido.

Em paralelo, a gestão Biden-Harris está desenvolvendo um conjunto de três planos para apoiar uma reconstrução melhor (*build back better*) para os EUA, que incluem o Plano Americano de Resgate (American Rescue Plan), o Plano Americano de Empregos (American Jobs Plan) e Plano Americano de Famílias (American Families Plan) (The White House, s.d.). O Plano Americano de Resgate foi transformado em lei em março de 2021 (Public Law Number 117-2) e busca dar alívio imediato para os trabalhadores norte-americanos dos efeitos da pandemia por meio de, por exemplo, reduções de impostos e transferências diretas para famílias. O Plano Americano de Famílias, que está em fase de apresentação da proposta, diz respeito a investimentos em educação, saúde e creche (cuidados com crianças). Já o Plano Americano de Empregos, que está em fase de tramitação, consiste em uma proposta de investimentos da ordem de US$ 2 trilhões ao longo de oito anos para geração de empregos e para reconstruir a infraestrutura do país de forma sustentável. Entre os três planos do conjunto, este é o plano com componentes verdes mais proeminentes. As principais áreas previstas para investimentos nesse plano são:

i. Consertar rodovias; reconstruir pontes; e atualizar portos, aeroportos e centros de trânsito.
ii. Reconstruir a infraestrutura de água potável, uma rede elétrica renovada e banda larga de alta velocidade para todos os norte-americanos.
iii. Modernizar casas, prédios comerciais, escolas e prédios federais.
iv. Criar empregos de prestação de cuidados e aumentar salários e benefícios para trabalhadores de cuidados domésticos essenciais.
v. Revitalizar a indústria, garantir que os produtos sejam feitos nos EUA e investir em inovação.
vi. Criar empregos sindicalizados bem remunerados e treinar norte-americanos para empregos do futuro.

Como se vê, a maior parte das medidas está em fase muito inicial, uma vez que algumas estão sendo elaboradas, outras estão fase de apresentação de proposta, outras estão tramitando e poucas estão em fase de implementação. No entanto, é possível identificar um claro componente "verde" permeando essas medidas, o que aponta para uma centralidade da agenda climática nas medidas de recuperação anunciadas pelos EUA. O principal ponto a se destacar, não obstante, é que essa agenda é apresentada como uma plataforma de desenvolvimento e de aumento do bem-estar das pessoas. Ou seja, parece haver uma visão norteadora de que, embora enfrentar a crise climática seja importante por si só (objetivo ambiental), o objetivo primordial é aproveitar as oportunidades da ação climática em termos de, principalmente, geração de empregos e também de fortalecimento do setor produtivo nacional, estímulo à inovação, recuperação da competitividade e, em última instância, promoção do protagonismo norte-americano na economia mundial.

Reflexões para o Brasil: oportunidades e desafios

O Brasil, como boa parte dos países do mundo, está construindo suas respostas aos efeitos da pandemia de Covid-19. Entretanto, uma das principais diferenças do Brasil em relação à maioria dos demais países é seu vasto potencial de desenvolvimento sustentável. O Brasil é o país mais biodiverso do mundo, abriga a maior reserva de água doce do planeta e detém abundantes reservas minerais, energéticas e biológicas. Por conta dessa riqueza natural e por ser um país industrializado que conta com capacidades e competências produtivas relevantes, construir uma estratégia de recuperação transformadora baseada em um Grande Impulso (*Big Push*) de investimentos para a sustentabilidade pode trazer benefícios sociais e econômicos significativos para o país, para além dos benefícios ambientais (Cepal, 2020a). Estima-se que os investimentos de baixo carbono necessários para cumprir as metas estabelecidas pelo país em sua primeira CND (Brasil, 2015) podem chegar a US$ 1,3 trilhão até 2030 (IFC, 2016). Nesse sentido, poderia ser profícuo para o Brasil desenhar uma estratégia de recuperação inspirada por uma visão similar àquela que tem norteado as medidas recentemente anunciadas pelos EUA, qual seja, de que a ação climática, particularmente os investimentos em infraestrutura sustentável, pode ser motor para o desenvolvimento econômico e social a partir da geração de emprego e renda, desenvolvimento produtivo, inovação e competitividade.

Vale notar que a principal medida de recuperação verde dos EUA, o Plano Americano de Empregos, tem em seu título uma centralidade clara na geração de empregos, o que reflete uma abordagem acertada da agenda climática como uma agenda a serviço das pessoas e do desenvolvimento. Uma estratégia de recuperação sustentável para o Brasil poderia ser orientada pela visão de que o horizonte ou objetivo dos esforços deveria ser o bem-estar das brasileiras e dos brasileiros no curto, médio e longo prazo; os investimentos sustentáveis são o mecanismo transformador e as políticas são o alimento que pode desencadear essa transformação rumo à sustentabilidade e à igualdade.

A estratégia brasileira poderia ter como foco áreas prioritárias para investimentos, que tenham potencial de entregar benefícios sociais, econômicos e ambientais. Nas medidas anunciadas pelos EUA, nota-se um foco muito voltado para a modernização da infraestrutura, refletindo as necessidades daquele país. Embora o Brasil também possa prever investimentos e ações para atualizar sua infraestrutura, o país apresenta déficits relevantes de infraestrutura, notadamente em saneamento básico e infraestrutura digital. Torna-se necessário reconhecer que o Brasil é um país em desenvolvimento e que requer complementar ou até construir infraestrutura em diversos setores e regiões do país. Baseado nas especificidades e brechas de desenvolvimento do país, bem como nas evidências dos potenciais benefícios no tripé da sustentabilidade (Cepal, 2020b), podem-se identificar seis áreas-chave para a recuperação sustentável:

i. Gestão da água & combate à seca e desertificação. Começando pelo básico, a primeira área prioritária poderia ser a universalização do acesso ao saneamento urbano e rural. Considerando um acesso resiliente à agua no longo prazo, dado que o aquecimento global agravará as secas prolongadas, principalmente no Nordeste e no Norte, também se poderia prever a massificação do uso de tecnologias de conservação da água, tais como as cisternas.

ii. Cidades sustentáveis. Essa área abrangeria os setores e tecnologias que tornariam as cidades um ambiente saudável, inclusivo e próspero. Para isso, é essencial investir na eletrificação do transporte coletivo e na ampliação da infraestrutura de mobilidade ativa (transporte por bicicletas, a pé etc.), o que permitiria reduzir emissões de GEE e outros contaminantes atmosféricos locais, contribuindo para melhorias na saúde e na produtividade. Ademais, é preciso prever investimentos em moradias dignas com habitações sustentáveis, na economia circular e gestão de resíduos e na economia dos cuidados (creches, centros para idosos, atendimento de saúde etc.), contribuindo para a redução das iniquidades de gênero.

iii. Ruralidade sustentável. Esse grupo compreenderia investimentos em bioeconomia, na economia da floresta em pé, na valorização da sociobiodiversidade, na preservação de biomas sensíveis tais como a Amazônia, na restauração de florestas, na recuperação de áreas degradadas, na agricultura de baixo carbono e na intensificação da pecuária.

iv. Energias renováveis e eficiência energética. A competitividade sistêmica do país depende da cobertura, do custo, da confiabilidade e da segurança com os quais as pessoas e as organizações (de empresas a governos) podem contar para o acesso à energia. As energias renováveis são chave para a universalização do acesso à eletricidade, permitindo acessar seus vastos cobenefícios, incluindo as oportunidades de desenvolvimento produtivo que somente se tornam possíveis a partir de ampla e segura disponibilidade energética, sobretudo os setores industriais.

v. Indústria de baixo carbono e transformação digital. A indústria é o *locus* das inovações sustentáveis, gerando soluções para problemas ambientais (*e.g.*, turbinas eólicas) e produzindo bens que são aplicados em outros setores (*e.g.*, máquinas e equipamentos eficientes no uso de recursos naturais) e, por isso, os bens industriais apresentam potencial transformador, consubstanciado na tecnologia e aplicabilidade de uso em diferentes setores do tecido econômico. A indústria do futuro requer infraestrutura de banda larga de qualidade para uma inserção competitiva na manufatura avançada, que é central para uma utilização eficiente dos recursos naturais.

vi. Educação, ciência, tecnologia & inovação. De forma transversal a todas as áreas, é fundamental que a estratégia brasileira busque apoiar a força de trabalho com as habilidades e capacitações para os empregos verdes do futuro; além de fortalecer decisivamente as capacidades inovativas nacionais não apenas para gerar soluções sustentáveis adequadas à realidade local, mas também como fonte primordial de competitividade no longo prazo.

No Brasil, por ser um país marcado por profundas desigualdades de renda, raciais, étnicas, de origem, de gênero etc., também é crucial que uma estratégia de recuperação contemple políticas que busquem corrigir distorções e injustiças históricas a partir de uma agenda de recuperação sustentável. As medidas anunciadas pelos EUA apresentam explicitamente uma preocupação com a transição justa e a justiça ambiental, mais uma vez sublinhando a centralidade no bem-estar humano. Há provisões claras para comunidades marginalizadas, negros, mulheres, entre outros. A Iniciativa Justiça40, por exemplo, ao buscar direcionar 40% dos benefícios dos investimentos para comunidades desfavorecidas, pode ser uma ferramenta importante de trabalhar iniquidades sociais. Poder-se-ia pensar em criar uma meta similar à Iniciativa Justiça40 no Brasil, de forma a direcionar parte dos investimentos para as pessoas mais necessitadas. Há áreas em que esses benefícios aos mais desfavorecidos são muito pronunciados no Brasil, como os investimentos para universalização do acesso ao saneamento básico, à eletricidade, à banda larga de qualidade e à economia do cuidado.

É necessário também prever medidas explícitas para apoiar a transição de empresas e proteger os trabalhadores hoje ocupados em segmentos poluentes que perderão espaço para setores limpos. Embora estima-se que poderão ser criados 7,1 milhões de empregos líquidos no Brasil até 2030 em um cenário de baixas emissões de carbono, esse processo resultará em ganhadores e perdedores (OIT e BID, 2020). Esse tema não aparece de forma relevante nas medidas anunciadas nos EUA. Por exemplo, é preciso desenvolver ações de recapacitação e requalificação de trabalhadores hoje ocupados em setores tais como carvão, petróleo e gás de modo que, à medida que esses setores passem pela necessária redução de escala tendo em vista os objetivos climáticos, esses trabalhadores tenham oportunidade de se inserir nos novos empregos verdes do futuro. Também é preciso prever mecanismos de proteção para aqueles trabalhadores que não consigam se reinserir, como antecipação de aposentadoria (Dieese e WWF, 2021). Da mesma forma, as empresas não precisam necessariamente sair perdedoras. Devem ser contempladas iniciativas para a reinserção estratégica de empresas diante de um cenário de sustentabilidade de longo prazo. Empresas petroleiras, por exemplo, podem tornar-se empresas de energia, com um portfólio diversificado e sustentável de oferta de energia.

Para tornar viável a mobilização em larga escala de investimentos em áreas estratégicas, é necessária uma nova geração de políticas. É possível desenhar uma combinação de políticas que, para além do benefício ambiental (de redução de emissões de GEE, controle da poluição etc.), contribua diretamente para o bem-estar das pessoas e a recuperação da economia. Outro componente que permeia as medidas norte-americanas e que poderia ser buscado no caso do Brasil é a ampla coordenação, liderada pelo Estado, entre diversos atores públicos e privados. A coordenação e articulação entre diferentes atores é chave para que se possam mobilizar investimentos em áreas complementares e na escala necessária para a transformação aspirada (Cepal, 2020b). As medidas norte-americanas reconhecem explicitamente que será necessário coordenar diversos ministérios e áreas do governo federal, as diferentes instâncias do poder público (federais e subnacionais), os variados setores da sociedade (do setor privado à sociedade civil, particularmente as comunidades marginalizadas e os povos originários) e as medidas anunciadas propriamente ditas, que também devem ser coesas entre si. Ademais, os EUA também apontam que cabe ao Estado esse papel de coordenação, tanto ao criar os mecanismos de governança necessários quanto por prever que o governo federal deverá liderar pelo exemplo, utilizando compras públicas e gestão de ativos públicos para apoiar ação climática robusta. A perspectiva de um Estado coordenador, articulador e indutor de uma recuperação sustentável de longo prazo também poderia ser traduzida para a realidade brasileira.

No caso brasileiro, o aprendizado que foi obtido com experiências anteriores de coordenação de políticas públicas poderia ser aproveitado para compor o novo *mix* de políticas para a recuperação sustentável. Notadamente, o caso da rápida expansão da energia eólica e o desenvolvimento de sua cadeia produtiva no país ilustram como a coordenação de políticas de oferta (*e.g.*, financiamento combinado com políticas de conteúdo local) e de demanda (*e.g.*, leilões), entre outras, mobilizou grandes investimentos em geração eólica (mais de US$ 8,2 milhões), capacitação da mão de obra, expansão da indústria nacional e das competências tecnológicas e produtivas nacionais (hoje, 131 fabricantes brasileiros produzem 77 itens na cadeia de energia eólica; Rennkamp, Westin e Grottera, 2020).

Por fim, o federalismo brasileiro requereria a criação de uma governança federativa de um plano de recuperação sustentável, porque os setores que mais apresentam oportunidades para geração de benefícios socioeconômicos têm uma tutela compartilhada entre diferentes níveis. Esse é o caso, por exemplo, da mobilidade urbana sustentável, do saneamento básico e da educação, que podem ter iniciativas federais, mas em última instância dependem da ação local de estados e municípios.

Financiamento para uma recuperação sustentável

Conforme salientado, o processo de construção de uma estratégia de recuperação sustentável demandaria vultosos investimentos em infraestrutura física, social e tecnológica em áreas-chave. Embora o setor privado possa contribuir significativamente na realização desses investimentos, a participação direta do setor público no financiamento e sua articulação com o setor privado para o direcionamento dos investimentos para essas áreas são indispensáveis.

O Brasil tem observado um rápido aumento da presença de tecnologias verdes em alguns setores. A participação da fonte eólica na capacidade instalada de geração elétrica, por exemplo, passou de 0,8% do total (com 927 GWh) em 2010 para 9% do total do país em 2019 (com 15.378 GWh; EPE, 2020). Atualmente, a capacidade instalada de fonte eólica do Brasil é considerada a sétima maior do mundo (GWEC, 2021). Contudo, Semeniuk e Mazzucato (2018) argumentam que os investimentos em tecnologias renováveis podem apresentar um grau de incerteza elevado para o investidor privado, o que demanda a ação direta do Estado no seu financiamento. Investimentos em energia não renováveis, como eletricidade obtida a partir de combustíveis fósseis, estão perdendo atratividade, pois o risco eminente de se tornarem ativos encalhados (*stranded assets*) é cada vez mais uma realidade. Isso não significa, porém, que os recursos que deixarão de serem investidos em setores de alta intensidade de carbono fluirão automaticamente para indústrias que se utilizam de tecnologias renováveis. Ainda que muitas dessas tecnologias estejam em processo acelerado de consolidação, tratam-se de processos que estão em fase emergente, apresentando uma dinâmica de inovações e de difusão que faz com a velocidade da obsolescência tecnológica dos investimentos seja relativamente incerta. Ademais, especialmente em se tratando de investimentos no setor energético, os processos são geralmente intensivos em capital e, portanto, a escala dos investimentos é bastante elevada e o prazo de maturação pode ser relativamente longo, o que inibe de forma ainda mais intensa que os recursos que estão deixando de ser investidos em energias sujas fluam para energias limpas, gerando um vácuo de investimento no setor.

Projetos de infraestrutura que não são intensivos em carbono, mas se baseiam em tecnologias já consolidadas, como investimentos em logística de transportes ou investimentos em transmissão e distribuição de energia elétrica, em que há uma percepção de menor incerteza para o investidor privado, podem ser financiados por modalidades clássicas de estruturação financeira, como *Project Finance*.[3] Como o retorno em relação ao capital investido é pouco incerto, investidores institucionais, como fundos de pensão e seguradoras, o mercado de capitais e grupos financeiros são mais propensos a realizar esse tipo de investimento. Em contrapartida, investimentos em energias renováveis demandam muitos recursos, principalmente no período pré-operacional, e, ainda que apresentem custos de manutenção substancialmente menores, compreendem maior grau de incerteza em relação aos seus retornos para o investidor em relação a investimentos em outras áreas tradicionais, tais como infraestrutura logística, pois novas tecnologias de menor custo e com maior capacidade de produção podem emergir. Atualmente, o custo total por unidade gerada, que inclui tanto custos de capital quanto custos de operação, das energias renováveis (*e.g.*, eólica, solar ou termelétricas a bagaço de cana), representa menos de um quarto do custo total de uma termelétrica a gás natural, por exemplo (Cepal e CGEE, 2020). No entanto, com a emergência e difusão de novas tecnologias, o custo médio da energia advinda de fontes limpas tem caído rapidamente ano após ano. No caso da energia eólica *onshore*, por exemplo, o custo médio ponderado de produção global de novas instalações caiu mais do que 56% entre 2010 e 2020. No caso da energia solar, a queda foi ainda mais relevante: enquanto o custo de produção era de US$ 0,381 por quilowatt-hora, em 2020 esse custo médio ponderado se reduziu em 85% para US$ 0,057 por quilowatt-hora (Irena, 2021:15). Adicionalmente, o grande requerimento de capital inicial é apontado como uma grande barreira para o financiamento dessas tecnologias. As modalidades financeiras disponíveis pouco se adequam à natureza da demanda desse segmento, sendo necessário desenvolver mecanismos de financiamento que contemplem essa especificidade e a atuação direta do setor público como catalisador desses investimentos.

---

[3] Project Finance é uma modalidade de estruturação financeira de projetos geralmente utilizada para realização de projetos de grande porte em infraestrutura. Nesta modalidade, a principal fonte de receita para a amortização da dívida e demais capitais de terceiros vem do fluxo de caixa que é gerado pela sua própria operação.

Além dos investimentos públicos ou investimentos realizados em parceria com o setor privado, mas que demandam também recursos públicos, são necessárias ações explícitas voltadas para a transição de pessoas e de empresas atuantes nos setores poluentes que perderão espaço para setores limpos, conforme apontado, o que também exigirá atuação direta do setor público. O processo de construção de uma estratégia de recuperação sustentável pode ser compreendido como um processo de mudança estrutural, no qual segmentos produtivos mais poluentes perdem espaço para os setores e tecnologias verdes que os substituem. Como as empresas atuantes no setores mais intensivos em carbono não são necessariamente as mesmas que atuam nos setores mais limpos, e os trabalhadores possuem conhecimentos específicos que muitas vezes não se adequam às novas demandas, ainda que o ganho líquido no final do processo de transição possa ser positivo, muitas vulnerabilidades poderão emergir durante o processo, o que exigirá dispêndios públicos relevantes na consolidação de um sistema de proteção social e na sustentação da capacidade de investimento das empresas privadas mais afetadas.

Dessa forma, tanto os investimentos em áreas estratégicas para recuperação sustentável quanto os investimentos necessários para reinserção de trabalhadores e empresas no novo contexto demandarão dispêndios relevantes do setor público e do setor privado, que devem atuar de forma coordenada. Aqui, fica evidente uma outra diferença relevante entre as possibilidades e a forma de atuação dos EUA e do Brasil. Por mais que se admita que os dispêndios públicos possam ser financiados por emissão monetária ou por emissão de títulos públicos, as restrições fiscais brasileiras se distinguem das restrições dos EUA (conforme discutido nos capítulos 17 a 19 deste livro), o que faz com que o país apresente uma situação de maior vulnerabilidade e menor resiliência. Adicionalmente, a receita fiscal de muitos estados e municípios brasileiros depende da extração e comercialização de diversos produtos de alta intensidade de carbono, como combustíveis fósseis. Seja por conta de mudanças tecnológicas ou pela dinâmica da demanda internacional, é bastante provável que a receita desses entes federativos seja impactada diretamente nos próximos anos, podendo ampliar sua vulnerabilidade fiscal. Nesse sentido, é fundamental equacionar a questão fiscal para que seja possível realizar uma transformação de forma sustentável e contínua. Semmler e colaboradores (2021) discutem possibilidades para o financiamento do investimento público para recuperação sustentável, e concluem que o expediente de instrumentos deve ser amplo, mas alguns são mais efetivos, como títulos verdes (green bonds). Esses títulos, ao passo que atuam como um instrumento de crédito ponte, garantindo a viabilidade de investimentos ao prover recursos direcionados a áreas estratégicas, suavizam o caminho em direção a uma transição de baixo carbono, reduzindo os problemas derivados da visão curto-prazista do mercado financeiro e dos governos.

Instituições financeiras e investimento verde

Além da questão fiscal, o financiamento à transição energética passa necessariamente por mecanismos de realocação de recursos que sejam capazes de dinamizar os setores nascentes. A atratividade dos investimentos em tecnologias renováveis, mesmo para o setor público, tende a ser inferior aos ganhos sociais desses investimentos, pois a questão climática sofre do *problema da tragédia de horizonte* (Carney, 2015). Os impactos das catástrofes climáticas tendem a aumentar com o tempo e, portanto, serão percebidas em horizontes temporais que vão além do horizonte de atuação dos principais atores políticos. Bancos Centrais (BCs), por exemplo, têm seus mandatos estabelecidos para períodos relativamente curtos em relação ao período de efeito das suas ações sobre o clima. Usualmente, o horizonte de ação das políticas monetárias não excede dois a três anos, e as de estabilidade financeira quase nunca são superiores a uma década, o que significa que a responsabilidade da ação dos BCs em relação ao impacto climático de sua atuação tende a estar descompassada. No caso dos Bancos de Desenvolvimento, ainda que muitos tenham mandatos com horizonte temporal mais longo, na maioria das vezes a submissão a métricas de desempenho inadequadas, que não consideram o impacto social e ambiental de sua atuação, acaba levando a dificuldades de realizar investimentos em tecnologias renováveis.

Diante disso, é necessário reestruturar o Sistema Financeiro Nacional (SFN) a fim de adequá-lo às demandas de uma estratégia de recuperação sustentável, reorientando tanto a forma de atuação quanto os mandatos das instituições. Para que os bancos públicos e os demais agentes responsáveis pela organização dos SFN desempenhem papel de promotor o desenvolvimento sustentável, é fundamental que eles estejam articulados e tenham estruturas condizentes com as demandas atuais, as quais têm crescentemente envolvido a necessidade de descarbonização da produção e do consumo.

Tanto os BCs quanto os Bancos de Desenvolvimento desempenharam, historicamente, papel importante nas estratégias nacionais de desenvolvimento. A partir de 1945, com o fim da Segunda Guerra, muitos BCs atuaram diretamente na promoção do desenvolvimento econômico por meio, por exemplo, de controles seletivos de crédito ou pelo direcionamento das políticas de empréstimos bancários. Entretanto, nas últimas quatro décadas, os BCs mudaram de foco, voltando-se quase exclusivamente para a garantia da estabilidade de preços. Ainda que os mandatos de alguns BCs sejam mais amplos, incluindo, por exemplo, estabilidade financeira nas suas preocupações, a ausência de métricas objetivas para mensurar essas outras preocupações as colocam naturalmente em segundo plano.

Mais recentemente, porém, diversos BCs têm buscado atuar de forma mais direta para direcionar os recursos de forma adequada para o combate à crise climática. Neste aspecto, vale destacar o pioneirismo do Banco Central do Brasil (BCB), que, já em 2014, por meio da Resolução CMN nº 4.327, introduziu regras para o gerenciamento dos riscos socioambientais incorridos pelas instituições financeiras e exigiu o estabelecimento de políticas de responsabilidade sobre o tema.

O *Trade and development report 2019* (Unctad, 2019) desenvolveu um conjunto de recomendações de políticas buscando incorporar definitivamente a questão ambiental nos mandatos e nas ações dos BCs. Muito embora não seja uma mudança com resultados diretos, defende-se que as abordagens analíticas para modelagem macroeconômica sejam ampliadas a fim de incorporar explicitamente a exposição aos riscos das mudanças climáticas. Os riscos da mudança climática sobre diversos fatores determinantes da trajetória macroeconômica dos países e regiões, como seu impacto sobre os preços agrícolas, a oferta energética e a infraestrutura logística e tecnológica, precisam estar explícitos e serem adequadamente desenvolvidos no arcabouço de análise de política monetária, ainda que tenham um elevado grau de incerteza. De forma mais assertiva, com o objetivo de garantir que as empresas tenham conhecimento da exposição das suas carteiras, é fundamental que os BCs exijam e divulguem os riscos climáticos. A exposição desses riscos favorece alocações dos investimentos em carteiras mais sólidas do ponto de vista climático, estimulando investimentos em empresas e setores mais adequados à transição verde. Paralelamente, enquanto reguladores do sistema financeiro, os BCs precisam adequar regulamentações e instrumentos financeiros para mensuração da exposição ao risco. Atualmente, a exposição ao risco se baseia quase exclusivamente na liquidez, o que inibe bastante os investimentos em tecnologias de baixo carbono, pois há uma percepção de que eles são mais incertos e arriscados e têm menor liquidez e prazos longos.

Além dos BCs, a construção de uma estratégia de recuperação sustentável passa também pela atuação dos bancos de desenvolvimento. O papel histórico desses bancos na reconstrução e industrialização, especialmente após a Segunda Guerra, é inegável. Exemplos como o do Korean Development Bank (KDB), que garantiu crédito para indústrias destruídas durante a Guerra da Coreia, apoiando decisivamente a industrialização da Coreia do Sul, ou do KfD (Alemanha) e do JDB (Japão), que foram fundamentais no processo de posicionamento desses países como líderes tecnológicos globais, demonstram a necessidade desses bancos para o desenvolvimento. Após um arrefecimento nos anos 1980 e 1990, nas últimas décadas os bancos de desenvolvimento recuperaram a proeminência como fontes importantes de financiamento de longo prazo. Algumas vezes atuando de forma anticíclica, especialmente após a crise de 2008-09, e outras fomentando inversões em infraestrutura e setores estratégicos, esses bancos voltaram a atuar diretamente como determinantes das trajetórias de desenvolvimento dos países. Uma das principais funções dos bancos de desenvolvimento é lidar com mercados de capitais imperfeitos, que não estão dispostos a arcar com os riscos associados a projetos intensivos em capital de grande escala, caracterizados por altos graus de incerteza e longos processos de gestação e aprendizagem.

Mazzucato (2018) aponta, porém, para uma função ainda mais relevante desses bancos: capacidade de criar e estruturar mercados nascentes, cumprindo uma função catalisadora para além da função de correção de falhas de mercados. Neste sentido, o Brasil se coloca em situação bastante vantajosa. O país conta com um banco de desenvolvimento bem estruturado que, além de ter capacidade de desenvolver projetos, conta com fontes de financiamento estáveis. A despeito de ter sofrido um processo de desalavancagem nos últimos anos, o BNDES investiu pesadamente em energias renováveis e nos demais setores da Economia Verde. Entre 2011 e 2017, o banco desembolsou cerca de R$ 7 bilhões ao ano em energias renováveis, além de outros R$ 15 bilhões ao ano em outras áreas-chave para promoção do desenvolvimento sustentável, como gestão de resíduos sólidos e transporte público de passageiros. Mais recentemente, no entanto, em um processo que vai na contramão das principais economias do mundo, o BNDES tem reduzido seus investimentos, sendo os setores da Economia Verde os mais afetados, uma vez que dependem essencialmente desse tipo de financiamento para realizar suas inversões. Em 2015, o banco desembolsou R$ 31 bilhões nesses setores, valor que caiu para menos da metade (R$ 15 bilhões) em 2017, e novamente para menos da metade (R$ 7,3 bilhões) em 2020 (BNDES, 2021).

Para atingir esses objetivos sociais e econômicos, entretanto, os bancos de desenvolvimento dependem de fontes de captação ampla e de longo prazo. Ao contrário dos bancos comerciais, cuja captação normalmente se baseia em depósitos, como os bancos de desenvolvimento financiam projetos com longos períodos de retorno, eles dependem de fontes alternativas de capitalização para se adequarem aos requisitos de liquidez, como os de Basileia III. Segundo o *Trade and development report 2019* (Unctad, 2019), Fundos Soberanos de Riqueza, emissão de "títulos de investimento verdes" e capitalização dos governos federais são fundamentais para que esses bancos possam aumentar a escala dos seus investimentos. Paralelamente, é necessário que sejam repensadas as avaliações das agências de risco para os empréstimos desses bancos. As três principais agências de classificação de crédito focam na liquidez e no casamento entre ativos e passivos para chancelar uma boa avaliação aos bancos. Porém, os objetivos dos bancos de desenvolvimento diferem dos objetivos dos bancos comerciais, pois enquanto estes não cumprem uma função pública, tendo seu desempenho medido pela rentabilidade, os bancos de desenvolvimento devem promover melhorias sociais, ambientais e econômicas mais amplas. Consequentemente, os requisitos para se ter uma boa avaliação colocam os bancos em uma posição em que devem equilibrar o objetivo duplo de serem excessivamente cautelosos com os empréstimos e promoverem seus objetivos de desenvolvimento. Por fim, uma vez que seus objetivos diferem dos bancos comerciais, as métricas de desempenho precisam ser adequadas, e sistemas de relatórios devem valorizar suas contribuições sociais, ambientais e econômicas como instituições financeiras de desenvolvimento.

Considerações finais

Líderes de todo o mundo têm à sua frente uma oportunidade histórica para desenvolver estratégias para uma recuperação transformadora com sustentabilidade e igualdade. Os EUA têm buscado assumir o protagonismo nessa agenda, com anúncios e medidas que vão nessa direção. A maior economia do mundo e segundo maior emissor global de GEE pode contribuir decisivamente para levar os EUA e o mundo rumo a uma trajetória sustentável de desenvolvimento. Todos os olhos estão sobre os EUA.

Entretanto, o êxito dos esforços anunciados norte-americanos depende de um multilateralismo global, no qual todos os países têm um papel a desempenhar, sob o princípio das responsabilidades comuns, mas diferenciadas. Por ser um problema de natureza global, a emergência climática precisa ser tratada nesse nível.

O Brasil, para além de poder dar uma importante contribuição para a contenção do aquecimento global, pode ser um grande protagonista de uma estratégia de recuperação com sustentabilidade e igualdade, fazendo da agenda climática e ambiental uma ferramenta para seu desenvolvimento de longo prazo. Um histórico de amplo investimento em biocombustível e em energias renováveis, a consolidação de um banco de investimento com capilaridade e capacidade de desenvolver projetos e um Banco Central pioneiro na compreensão da importância de se identificar riscos socioambientais são fatores decisivos para a viabilização da agenda ambiental.

O sucesso do Brasil nesta agenda, no entanto, passa necessariamente por equacionar restrições específicas, as quais não atingem países centrais, como os EUA, na mesma proporção. A recuperação sustentável, por exemplo, demandará um volume substancial de investimento público direto em infraestrutura e financiamento público do investimento privado em segmentos estratégicos, em coordenação com investimentos privados. Ademais, por se tratar de um processo de transformação estrutural, muitos empregos serão destruídos e muitos serão criados, demandando gastos fiscais relevantes na capacitação e requalificação de trabalhadores e na sustentação de uma estrutura de proteção social adequada. Todos esses dispêndios públicos adicionais são complementados por possíveis perdas fiscais em localidades dependentes da extração e da produção em indústrias altamente emissoras de GEE e ganhos fiscais pelo maior dinamismo da atividade econômica sustentável.

Equacionar a questão fiscal e continuar construindo instrumentos de financiamento em áreas estratégicas são, portanto, elementos fundamentais para conseguir promover uma transição sustentada, pois os investimentos necessários são bastante elevados e seu fruto só será colhido se esses investimentos não se derem de forma intermitente.

Referências

BNDES. *Estatísticas de desembolso em economia verde e desenvolvimento social.* 2021. Disponível em: www.bndes.gov.br/wps/portal/site/home/quem--somos/responsabilidade-social-e-ambiental/nossos-resultados/!ut/p/z1/. Acesso em: 28 maio 2021.

BRASIL. *Pretendida contribuição nacionalmente determinada para a consecução do objetivo da Convenção-Quadro das Nações Unidas sobre Mudança do Clima.* Brasília, 2015.

CARNEY, Mark. *Breaking the tragedy of the horizon*—climate change and financial stability. Londres: Speech by the Governor of the Bank of England, 29 set. 2015.

CEPAL. *Construir um novo futuro*: uma recuperação transformadora com igualdade e sustentabilidade (LC/SES.38/4). Santiago, 2020a.

_____. *Investimentos transformadores para um estilo de desenvolvimento sustentável*: estudos de casos de grande impulso (*Big Push*) para a sustentabilidade no Brasil. Documentos de Projetos (LC/TS.2020/37; LC/BRS/TS.2020/1). Santiago, 2020b.

_____; CGEE. *Indicadores de desempenho associados a tecnologias energéticas de baixo carbono no Brasil*: evidências para um grande impulso energético. Documentos de Projetos (LC/TS.2020/73; LC/BRS/TS.2020/5). Santiago, 2020.

CQNUMC. *Acordo de Paris.* Paris: CQNUMC, 2015.

DIEESE; WWF. *Carvão mineral*: experiências internacionais na busca por uma transição energética justa para o setor carbonífero no Sul do Brasil. Brasília, 2021.

EPE. Empresa de Pesquisa Energética. *Balanço energético nacional 2020* — ano base 2019. Brasília: Ministério de Minas e Energia, 2020.

EUA. The United States' nationally determined contribution reducing greenhouse gases in the United States: a 2030 emissions target. 21 abr. 2021. Disponível em: www4.unfccc.int/sites/NDCStaging/Pages/All.aspx#collapseUSAFirst. Acesso em: 5 jun. 2021.

GRAMKOW, Camila. De obstáculo a motor do desenvolvimento econômico: o papel da agenda climática no desenvolvimento. In: LEITE, Marcos Vinicius Chiliatto (Org.). *Alternativas para o desenvolvimento brasileiro*: novos horizontes para a mudança estrutural com igualdade (LC/TS.2019/27 e LC/BRS/TS.2019/3). Santiago: Cepal, 2019.

GWEC. *Global wind report 2021*. Bruxelas, 2021.

IFC. *Climate investment opportunities in emerging markets: an IFC analysis*. Washington, DC, 2016.

IRENA. *Renewable energy power generation in 2020*. Abu Dhabi: International Renewable Energy Agency, 2021.

MAZZUCATO, Mariana. Mission-oriented innovation policies: challenges and opportunities. *Industrial and Corporate Change*, v. 27, n. 5, p. 803-815, 2018.

OIT; BID. *El empleo en un futuro de cero emisiones netas en América Latina y el Caribe*. Washington; Genebra, 2020.

OMM. *WMO statement on the state of the global climate in 2019*. Genebra: OMM, 2020.

RENNKAMP, Brita; WESTIN, Fernanda F.; GROTTERA, Carolina. Política de conteúdo local e incentivos financeiros no mercado de energia eólica no Brasil. In: GRAMKOW, Camila (Org.). *Investimentos transformadores para um estilo de desenvolvimento sustentável*: estudos de caso de grande impulso (Big Push) para a sustentabilidade. Documentos de Projetos (LC/TS.2020/37; LC/BRS/TS.2020/1). Santiago: Comissão Econômica para a América Latina e o Caribe (Cepal), 2020.

SEMMLER, Will; BRAGA, João Paulo; LICHTENBERGER, Andreas; TOURE, Marieme; HAYDE, Erin. *Fiscal policies for a low-carbon economy*. Washington, DC: The World Bank, 2021.

SEMIENIUK, Gregor; MAZZUCATO, Mariana. *Financing green growth*. UCL Institute for Innovation and Public Purpose WP (IIPP WP 2018-04), 2018.

THE WHITE HOUSE. *Build back better*. s.d. Disponível em: www.whitehouse.gov/build-back-better/. Acesso em: 5 jun. 2021.

_____. *Executive order on tackling the climate crisis at home and abroad*. Presidential Actions, E.O. 14008, jan. 2021a. Disponível em: www.whitehouse.gov/briefing-room/presidential-actions/2021/01/27/executive-order-on-tackling-the-climate-crisis-at-home-and-abroad/. Acesso em: 5 jun. 2021.

_____. *U.S. International Climate Finance Plan*. 2021b. Disponível em: <https://www.whitehouse.gov/briefing-room/statements-releases/2021/04/22/

executive-summary-u-s-international-climate-finance-plan/. Acesso em: 5 jun. 2021.

UNCTAD. *Trade and development report, 2019*: financing a global green new deal. Nova York; Genebra: United Nations publication, 2019.

VIVID ECONOMICS. *Greenness of stimulus index*. 2021. Disponível em: www.vivideconomics.com/casestudy/greenness-for-stimulus-index/. Acesso em: 5 jun. 2021.

12. Emprego e a transição verde

Julia Braga

O Plano Binden tem como um dos pilares a criação de postos de trabalho e a melhora nas possibilidades de renda dos trabalhadores americanos no âmbito do The American Jobs Plan. Como estratégia de desenvolvimento econômico, o plano articula esse objetivo de criação de empregos bem pagos, com a proposta de investimentos públicos nas áreas de infraestrutura, saúde e educação. Adicionam-se também propostas para o crescimento econômico induzido pelo Estado, como a política industrial e de inovação, além do fornecimento de treinamento e preparação da força de trabalho e a proteção social.

Alguns aspectos chamam atenção no comunicado oficial, postado no sítio da Casa Branca, a respeito do The American Jobs Plan. O texto ressalta a necessidade de: em primeiro lugar, reconstruir a infraestrutura pública doméstica que sofreu redução de mais de 40% desde os anos 1960; em segundo lugar, posicionar o setor produtivo americano para poder concorrer com as empresas chinesas; em terceiro lugar, melhorar o poder coletivo de barganha (sic) dos trabalhadores; em quarto lugar, gerar empregos de qualidade, dado o reconhecimento do quadro precário do mercado de trabalho americano que ameaçou a segurança econômica das famílias e erodiu mais de 30 anos de progresso da participação feminina na força de trabalho. O trecho seguinte do comunicado reforça vários desses aspectos em apenas uma frase.

Tem-se como objetivo:

> Criar empregos de boa qualidade que paguem salários adequados em locais de trabalho seguros e saudáveis, ao mesmo tempo em que garantem que os trabalhadores tenham uma escolha livre e justa para organizar, participar de um sindicato e negociar coletivamente com seus empregadores.[1]

---

[1] Tradução livre do trecho original: *"create good-quality jobs that pay prevailing wages in safe and healthy workplaces while ensuring workers have a free and fair choice to organize, join a union, and bargain collectively with their employers"*. Sítio da Casa Branca, 2021. Disponível em: www.whitehouse.gov/briefing--room/statements-releases/2021/03/31/fact-sheet-the-american-jobs-plan/. Acesso em: 5 jun. 2021.

O fim da era Reagan

Os EUA têm sempre usado políticas de Estado para desenvolvimento do setor produtivo, especialmente direcionadas para a indústria bélica, no que se pode chamar de keynesianismo de guerra, e que acabaram gerando a possibilidade de inovações como a internet e a telefonia móvel. Porém, no que tange à visão sobre o mercado de trabalho na esfera macroeconômica, o plano pode ser considerado uma ruptura com o pensamento que prevaleceu desde a era Regan.

A teoria macroeconômica predominante sugeria que o emprego é obtido por meio das forças de mercado e não cabe ao Estado interferir nesse processo. Nos anos 1990, toda uma agenda da escola neo-keynesiana se dedicava a identificar tipos diferentes de rigidez real (para os salários), tais como a existência dos sindicatos e associações de trabalhadores, o salário eficiência, os contratos de trabalho, teorias do *inside-outside* e os direitos trabalhistas que tornam excessivamente custosa a demissão ou a contratação. Segundo essa teoria, esse tipo de rigidez, no curto prazo, impede a necessária redução salarial, que permite o aumento da demanda por mão de obra e assim a criação de novos postos de trabalho. A teoria mostrava ainda, por meio de deduções de curvas de oferta e demanda por trabalho bem-comportadas, que a flexibilidade de salários no longo prazo levaria a economia ao pleno emprego da força de trabalho existente.

O Plano Biden é um reconhecimento da incapacidade da escola de pensamento neokeynesiana de gerar crescimento econômico com empregos de qualidade. Houve enorme queda do poder de barganha dos trabalhadores americanos ao longo dos anos, a partir da profunda recessão mundial depois do choque de alta de juros de 1979. Outros fatores determinantes foram as medidas de desregulamentação do mercado de trabalho adotadas na era Reagan e a ameaça da competição das exportações industriais de países asiáticos (e mais recentemente chinesa). Posteriormente, a grande crise financeira de 2008 e a crise da Covid-19 deixaram uma cicatriz no mercado de trabalho americano, levando à saída de muitos trabalhadores da força de trabalho.

A taxa de desemprego aberta passou a ser um indicador que não reflete adequadamente a situação do mercado de trabalho. A baixa taxa de desemprego alcançada logo antes deflagração da pandemia (perto de 4%) pode levar à enganosa impressão de um mercado de trabalho pujante, quando, na realidade, é acompanhado por uma baixa participação de alguns seguimentos na força de trabalho (como negros e mulheres) que não encontram oportunidade de emprego com salários dignos. A maior prova de tal hipótese é que o custo do trabaho apresentou baixo crescimento, mesmo com a taxa de desemprego aberta em patamar baixo.

A situação dos desempregados a longo prazo também tem retratado essa fragilidade do mercado de trabalho americano. Em março de 2021, 43,2% do total de desempregados estavam procurando emprego há mais de seis meses. Este valor atual está em um patamar próximo ao recorde, ocorrido em 2010 (45,5%), e corresponde a mais do que o dobro do valor de antes da crise de 2008 (20%).

A fragilização do mercado de trabalho americano, acentuada pela desigualdade funcional da renda, fez com que o mercado interno perdesse dinamismo e condenou o país a uma queda do crescimento econômico médio ao longo das últimas décadas. Esse baixo crescimento é um elemento que contribuiu para a perda de hegemonia dos EUA em face da competição chinesa. A reconstrução necessita do aporte de financiamento público para a geração direta e indireta de empregos.

A complementaridade entre capital e trabalho

Outra faceta do plano que pode ser considerada igualmente uma ruptura com a teoria econômica dominante é quanto ao tipo de interação entre o fator capital e o fator trabalho no processo produtivo. O plano Biden sugere uma visão de que é essencial o aporte de investimentos públicos, tanto para acumular capital como para gerar empregos. Implicitamente, está a hipótese de que os fatores de produção, capital e trabalho, são complementares e não substitutos. A teoria tradicional enxerga a possibilidade da escolha, por parte dos produtores, de técnicas mais intensivas em trabalho em detrimento do capital, em uma situação de abundância de oferta de mão de obra, quando os salários são flexíveis.

A visão de que os fatores capital e trabalho são complementares e que, a cada estágio tecnológico, o produtor não tem à sua disposição uma quantidade infinita de técnicas para substituição do capital por trabalho, já é estabelecida em algumas correntes do pensamento econômico e na literatura do desenvolvimento econômico. O debate do capital, cujos desdobramentos colocavam em xeque a visão de substituição de técnicas de acordo com os preços relativos de capital e trabalho, encontrava problemas lógicos e teóricos. Essa controvérsia teve como ganhador o lado representado pela visão dos sraffianos como Garegnani (1966), reconhecido por Samuelson (1966) como correto.

O baixo grau de substituibilidade entre trabalho e capital é também estimado na literatura empírica. Gechert e colaboradores (2021) estimam uma elasticidade de substituição de apenas 0,3. Os autores apontam problemas metodológicos nos estudos que encontram valores superiores. Já Zambelli (2018), utilizando matrizes de insumo-produto de diversos países, mostra não ser possível encontrar uma função de produção neoclássica, também rejeitando a hipótese de substituição ilimitada entre capital e trabalho, para dado paradigma tecnológico.

Emprego e o seguro-destrabalho no Brasil

No Brasil, mesmo considerando um período relativamente longo de três décadas, quando poderia ocorrer progresso tecnológico que justificasse uma alteração na relação entre capital e trabalho, observa-se que ambos tiveram uma tendência comum. Depois de 2015, observa-se uma estagnação tanto do processo de acúmulo de capital como de geração de empregos. Os dados confirmam a hipótese da dificuldade em gerar empregos (formais) na ausência de acúmulo de capital.

O Brasil entrou na era pandêmica já numa posição extremamente frágil do mercado de trabalho, apresentando uma das maiores taxas conjugadas de desemprego e subocupação por insuficiência de horas trabalhadas, numa amostra de 77 países. Essa taxa conjugada considera ocupações informais e atividades em tempo parcial, por tempo determinado ou sob contrato intermitente. A recuperação da atividade econômica ocorrida após a crise de 2015, além de lenta, não foi capaz de gerar o crescimento de empregos formais, tendo apenas gerado uma elevação da ocupação no setor informal.

Em Braga (2021), demonstrei como a queda da taxa de participação na força de trabalho, ocorrida durante a pandemia, com a saída especialmente de alguns grupos sociais, como mulheres e jovens, acaba levando ao efeito histerese na taxa de desemprego. Por meio de simulações, apresentei cenários para o crescimento econômico que geram uma taxa de desemprego elevada no médio prazo, mesmo com a hipótese de crescimento da atividade econômica. Existe um contingente de milhões de brasileiros que pode voltar a procurar emprego conforme o país consiga combater a pandemia. Mostrei também que, de fato, o emprego formal acompanha a trajetória de crescimento econômico.

Figura 1
Trabalho e capital no Brasil

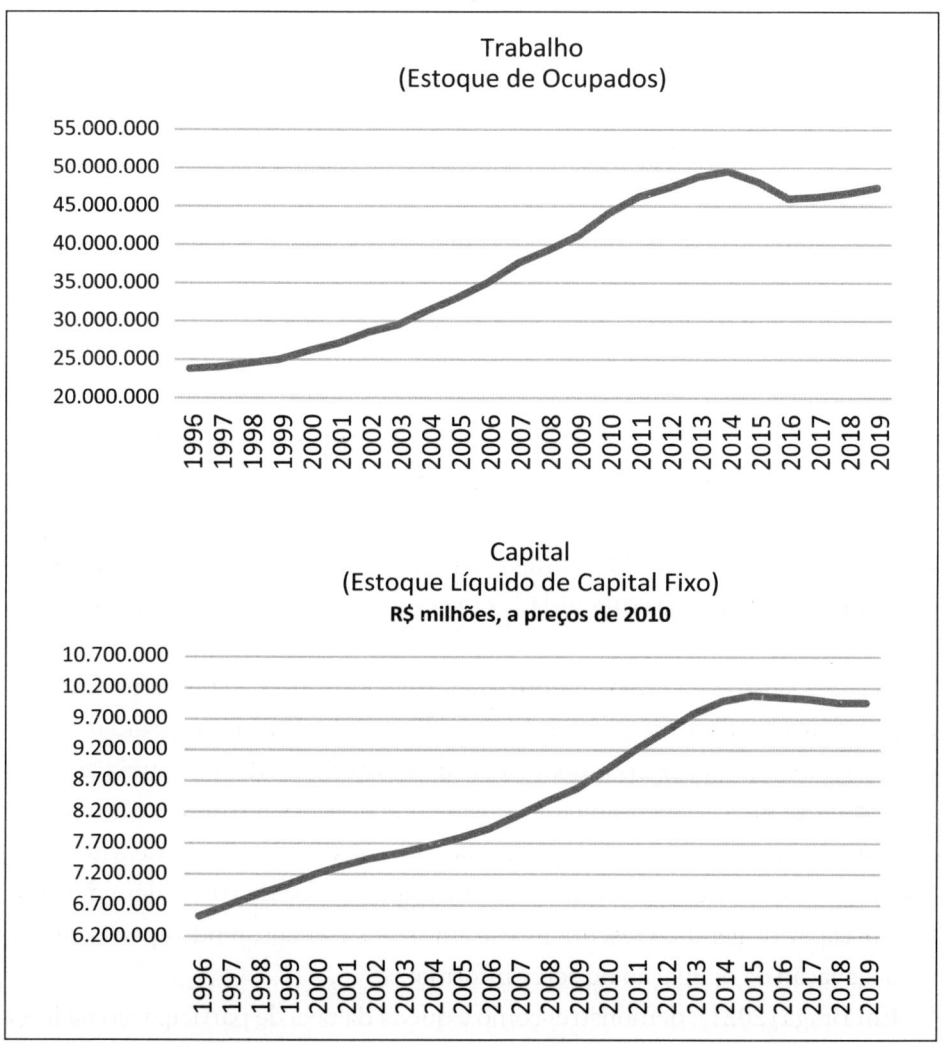

Trabalho
(Estoque de Ocupados)

Capital
(Estoque Líquido de Capital Fixo)
R$ milhões, a preços de 2010

Fonte: Elaboração da autora com base nos dados da Rais/SEPRT-ME e Dimac/Ipea.

Dados do Caged, por sua vez, sugerem que esse coeficiente de resposta (ou elasticidade) do emprego formal a mudanças da atividade econômica cresceu nos últimos meses. A nova metodologia do Caged, adotada pela Secretaria do Trabalho do Ministério da Economia no início de 2020, passou a incluir no cálculo os trabalhadores sujeitos a contratos temporários, incorporando um contingente de trabalhadores bem mais amplo e mais suscetível a flutuações sazonais ou cíclicas (Manzano e Welle, 2021). As mudanças são coerentes com a reforma trabalhista de 2017 que estendeu a possibilidade de terceirização da força de trabalho para qualquer atividade econômica, facilitou a contratação de trabalhadores como autônomos, criou instrumentos que flexibilizam a jornada de trabalho e inviabilizam o acesso a remunerações extras (como diárias de viagens, ajudas de custos e abonos). A reforma também criou a figura do trabalho intermitente, o que permite a prestação de serviço de forma descontínua, tendo o trabalhador que ficar à disposição do empregador caso seja convocado, e limita seu pagamento às horas efetivamente trabalhadas.

Esse crescimento da elasticidade de reação do emprego formal do setor privado a variações da atividade econômica, contudo, pode criar uma ilusão a respeito do real quadro do mercado de trabalho. A fragilização se mostra não somente no baixo número de horas trabalhadas no ano, relativamente ao que o trabalhador almeja trabalhar, como também nos baixos salários por hora efetivamente recebidos. Muitos trabalhadores ficam numa situação delicada: sem a segurança de que vai continuar trabalhando no mês seguinte; outros sem acesso ao seguro-desemprego.

A nova era, não só das relações trabalhistas advindas da reforma de 2017, como das próprias mudanças do paradigma tecnológico da quarta revolução industrial e da transformação verde, impõe a necessidade de atualizar políticas de proteção que melhorem a segurança de renda das pessoas que estão dentro da força de trabalho e daquelas que ficarão de fora. Nesse sentido, como propõe Afonso (2021), é preciso pensar não somente num programa de transferência de renda como em novas formas de seguro-desemprego:

> O seguro-desemprego precisa ser transformado em seguro-destrabalho em um esforço que vai desde dotar de novas habilidades os novos entrantes no mercado, até a requalificação de todos os inseridos nesse mercado, além de oferecer um benefício no caso de perda de renda e não apenas perda de salário. [Afonso, 2021:20]

Empregos verdes e *commodities*

Como argumentamos anteriormente, no Brasil, assim como nos EUA, a criação de empregos de boa qualidade não acontecerá se for desacompanhada de um processo de acúmulo de capital. Resta saber então a forma como essa acumulação de capital e trabalho ocorrerá de forma duradoura e sustentável.

O impacto imediato sobre a economia brasileira do anúncio do Plano Biden, e de planos de investimento já anunciados por outros países, foi uma melhora nas expectativas da demanda por *commodities*, especialmente energéticas e de minerais metálicos e não metálicos. As medidas de estímulo fiscal e monetário dos países desenvolvidos e da China já haviam provocado uma recuperação do preço do petróleo e do minério de ferro, além da continuidade do aumento do preço das *commodities* agrícolas. Nesse último caso, houve aumento mesmo nos períodos mais agudos da pandemia, devido à demanda chinesa para acumulação de estoques de grãos e recomposição do rebanho de suínos dizimado pela gripe suína.

Dessa forma, ironicamente, até agora, a forma de inserção da economia brasileira nessa nova era verde e da quarta revolução industrial está sendo por meio do crescimento de atividades com uso intensivo de recursos naturais, na indústria extrativa e na agropecuária. No caso da indústria petroleira, a possibilidade de redução da produção por parte de empresas privadas com capital aberto, como a Shell, pela pressão dos seus acionistas preocupados com a transição verde, abre espaço para um aumento do *market share* por parte das empresas estatais de países em desenvolvimento. Além disso, mesmo que o mundo caminhe para o fim da produção de bens movidos a combustão fóssil, ainda haverá a demanda de petróleo para atender a indústria petroquímica.

O acumúlo de capital produtivo no setor privado requer a prévia expectativa de uma demanda efetiva que justifique o aporte de financiamento para a compra de máquinas, equipamentos e estruturas. Contudo, no curto e no longo prazo, a demanda efetiva aquecida, devida a um *boom* de *commodities* e termos de trocas favoráveis, não oferece garantia de que trará um crescimento sustentável do ponto de vista ambiental. Como argumentam Alvarenga e Young (2019), existem muitas maneiras de estimular a economia e aumentar a renda *per capita*, contudo apenas um conjunto restrito é capaz de resolver o problema conjunto de falta de demanda efetiva e de sustentabilidade ambiental. E essas soluções não são espontâneas; o livre mercado não vai levar a essa solução verde, é necessário induzi-las por políticas econômicas.

Por outro lado, a proposição de que a simples organização do mercado de carbono é suficiente para trazer esse crescimento sustentável é advinda do paradigma da teoria convencional e já foi rechaçada pelos economistas que formularam as políticas do Green New Deal em diversos países. Nos EUA e nos outros países que já anunciaram seus planos de investimento, já existe o entendimento de que apenas o mercado de carbono não é suficiente para a geração de empregos de qualidade aliada a um crescimento sustentável. Não será num país periférico como o Brasil que esse mercado de carbono fará o trabalho sozinho.

Essa é a visão de propostas como o Green New Deal (Unpe, 2009) ou do Big Push Ambiental (Gramkow, 2019), voltadas para o objetivo duplo da sustentabilidade ambiental e empregos de qualidade. Vale adicionar a essa lista a proposta de Rocha (2019) e Rossi e colaboradores (2020) de um desenvolvimento econômico compatível com a quarta revolução industrial e com ênfase em investimentos em infraestrutura social.

Todas essas propostas têm em comum a necessidade da promoção de uma mudança estrutural, com o Estado coordenando a transição, seja diretamente, por meio dos investimentos públicos em infraestrutura, saúde e educação, gastos sociais e ambientais, seja indiretamente, por meio do incentivo ao investimento privado em setores verdes.

Os setores intensivos em *commodities* não são considerados setores verdes, que geram os chamados empregos verdes. Dessa forma, o Brasil terá que adotar medidas de incentivo para que as atividades intensivas em recursos naturais adotem tecnologias ou procedimentos mais sustentáveis.

A literatura não é consensual quanto à definição de empregos verdes. Segundo Jacob, Quitzow e Bär (2015), o conceito de empregos verdes tem como critério o corte setorial. Nesse sentido, apenas alguns setores são capazes de gerar empregos verdes. Qualquer tipo de mensuração com corte setorial deve levar em consideração as inter-relações setoriais, por meio da matriz insumo-produto. Além do impacto direto, existe ainda o impacto indireto intersetorial.

Bakker e Young (2011) classificam empregos verdes por meio da característica da atividade econômica que gera essa ocupação, agrupando as atividades listadas na Classificação Nacional de Atividades Econômicas (CNAE, 2.0) entre setores verdes, neutros ou poluentes. São verdes os empregos nos seguintes setores: água, esgoto, atividades de gestão de resíduos e descontaminação; serviços para edifícios e atividades paisagísticas; atividades ligadas ao patrimônio cultural e ambiental; e organizações associativas. Essas são atividades diretamente relacionadas com a preservação da qualidade ambiental. O segundo grupo (setores neutros) são aquelas atividades limpas e com potencial de esverdeamento da economia. São elas: pesquisa e desenvolvimento científico, administração pública, defesa e seguridade social e educação. O último grupo é formado por atividades econômicas cujo impacto ambiental negativo pode ser significativo e dependem da capacidade de gestão ambiental na produção: agricultura, pecuária, produção florestal, pesca e aquicultura; indústria extrativista; indústria de transformação; eletricidade e gás; construção; transporte, armazenagem e correio. A possibilidade de geração de empregos verdes nessas atividades depende das inovações tecnológicas específicas e intersetoriais, para que o processo produtivo minimize seu passivo ambiental.

Seguindo essa classificação, um plano de investimentos sociais, como o proposto por Rossi e colaboradores (2020), em setores como água e esgoto, é capaz de gerar empregos verdes. Como mostram Santos, Braga e Costa (2020), gastos com formação bruta de capital fixo dinamizam o emprego no setor de construção civil.

Pereira Filho (2020) estima, por meio da MIP de 2015, que apenas 6,4% dos empregos no Brasil eram verdes em 2015, número próximo ao obtido por Muçouçah (2009). Para Pereira Filho (2020), a atividade parcialmente verde capaz de gerar mais empregos verdes é a "energia elétrica, gás natural e outras utilidades", provavelmente devido à característica da matriz energética brasileira de ser limpa na comparação internacional.

Outro setor importante é o setor agrícola, que é um grande empregador, devido à agricultura familiar. Dados da matriz insumo-produto mostram que esta última é a quarta maior multiplicadora de empregos diretos e indiretos.[2] Young e Alvarenga Jr. (2020:187) destacam a importância da agricultura familiar na geração de empregos: "O principal setor a ser privilegiado é a agricultura familiar, que é quem mais emprega e mais alimentos põe na mesa dos trabalhadores, mas que vem sofrendo as maiores perdas de ocupação e área".

Os autores defendem então que as políticas de incentivos à agricultura familiar sejam intensificadas e colocadas como prioridade em detrimento dos subsídios destinados à produção comercial de larga escala, que desemprega, desmata e intensifica o uso de agrotóxicos.

---

[2] A matriz insumo-produto utilizada para verificar os efeitos multiplicadores da agricultura familiar contempla 42 ramos da atividade econômica, 25 atividades da indústria da transformação, três da indústria extrativa, 12 atividades voltadas para os serviços, a construção civil e a atividade que engloba agricultura, silvicultura, exploração florestal, pecuária e pesca.

Para Jacob, Quitzow e Bär (2015), pensar a transição verde requer uma abordagem não somente setorial, como a de empregos verdes, mas também em termos macroeconômico e interssetorial. De fato, a análise restrita a empregos verdes é limitada quando se consideram por exemplo classificações que deixam de fora o setor de saúde.

Assim, a discussão relevante não se restringe a empregos verdes, mas ao impacto da transição verde nos empregos em geral. Nesse sentido, setores impactados negativamente com a transição podem ser compensados com o crescimento do emprego em setores que satisfazem os requerimentos de baixa emissão de carbono, baixo nível de intensidade dos recursos naturais ou com a adoção de tecnologias ambientalmente corretas.

Finalmente, vale também notar que Jacob, Quitzow e Bär (2015), assim como Muçouçah (2009), ressaltam ainda a necessidade de combinar empregos verdes com empregos "decentes". O termo *decente* inclui tanto o trabalho com rendimentos justos como sindicalizados. Os autores exemplificam que não adianta a criação de empregos para implantação de painéis solares se não se remunerar adequadamente o trabalhador e atender aos direitos mínimos de segurança de renda. Vimos no começo deste texto que a preocupação com empregos de qualidade e de aumento do poder de barganha dos trabalhadores é também um objetivo central explícito do Plano Biden.

Considerações finais

O Brasil está atrasado em apresentar um plano de infraestrutura e de políticas de incentivo à transição verde e à criação de empregos que considere também as transformações advindas da quarta revolução industrial. Vários países já apresentaram o seu, incluindo a África do Sul, país com menor renda *per capita*, maior vulnerabilidade externa e que tem que pagar maior prêmio de risco para atrair capitais (CDS no patamar de 310pb contra 160pb do Brasil em junho de 2021).

O Brasil é plenamente capaz de planejar e financiar um projeto de desenvolvimento verde aliando propostas de reforma tributária mais progressiva como a própria emissão de títulos públicos. No curto e médio prazo, há uma janela de oportunidade que o mundo oferece de uma taxa internacional real baixa pelos próximos anos. Isso permite manter relativamente controlado o indicador de juros reais pagos da dívida líquida pública em relação do PIB. No longo prazo, os ganhos gerados pelo crescimento econômico são capazes de gerar um crescimento do PIB superior à taxa de juros e assim atender à condição de estabilidade da dívida pública.

Para se inserir na nova era verde e digital, é fundamental considerar políticas de treinamento para que a mão de obra possa se adequar às mudanças estruturais do mercado de trabalho. Contudo, vimos neste texto que a proposta de desenvolvimento envolve medidas que vão muito além da qualificação e treinamento da oferta de trabalho. É preciso considerar medidas que incentivem a geração de empregos decentes e bem remunerados e que fortaleçam o poder de barganha do trabalhador, por meio da sindicalização e da proteção de renda para os trabalhadores ocupados em colocações temporárias, no trabalho intermitente ou por tempo parcial. Finalmente, é preciso considerar que, mesmo com o aporte de um plano de investimentos, uma parte da população pode não conseguir se inserir no setor formal ou até mesmo na força de trabalho de nenhuma forma. Cabe ao Estado não só fornecer oportunidade de empregos no próprio setor público, como dar uma garantia de renda de subsistência por meio de um programa amplo de transferência de renda à população.

Referências

AFONSO, J. R. Nova (in)seguridade social. *Conjuntura Econômica*, fev. 2021.

ALVARENGA JR., M.; YOUNG, C. Contribuições à construção de uma agenda pós-keynesiana do meio ambiente brasileira. In: ENCONTRO INTERNACIONAL DA ASSOCIAÇÃO KEYNESIANA BRASILEIRA, XII, 2019, Campinas, SP.

BRAGA, J. O desemprego disfarçado revelado. In: FERNANDES, A.; E LACERDA, E. (Org.). *O salto do sapo*: a difícil corrida brasileira rumo ao desenvolvimento econômico. São Paulo: Akademy, 2021. p. 61-85.

GAREGNANI, P. Switching of techniques. *The Quarterly Journal of Economics*, v. 80, issue 4, p. 554-567, nov. 1966.

GECHERT, Sebastian; HAVRANEK, Tomas; IRSOVA, Zuzana; KOLCUNOVA, Dominika. Measuring capital-labor substitution: the importance of method choices and publication bias. *Review of Economic Dynamics*, 2021.

Disponível em: https://doi.org/10.1016/j.red.2021.05.003. Acesso em: maio 2021.

GRAMKOW, C. O big push ambiental no Brasil: investimentos coordenados para um estilo de desenvolvimento sustentável. *Perspectivas*, Fundación Friedrich Ebert, n. 20, 2019. p. 1-31.

JACOB, Klaus; QUITZOW, Rainer; BÄR, Holger. *Green jobs*: impacts of a green economy on employment. Environmental Policy Research Centre, Freie Universität Berlin Translated from German by InPuzzle. 2015. Disponível em: https://energypedia.info/images/f/fc/Green_Jobs_-_Impacts_of_a_Green_Economy_on_Employment.pdf. Acesso em: 24 jul. 2021.

BAKKER, L.; YOUNG, C. E. F. Caracterização do emprego verde no Brasil. In: ENCONTRO DA SOCIEDADE BRASILEIRA DE ECONOMIA ECOLÓGICA, IX, 2011, Brasília. Disponível em: www.researchgate.net/publication/262487231_Caracterizacao_do_Emprego_Verde_no_Brasil. Acesso em: 24 jul. 2021.

MANZANO, M.; WELLE, A. *A difícil arte de medir as oscilações do emprego durante a pandemia*. 2021. Disponível em: www.cesit.net.br/a-dificil-arte-de-medir-as-oscilacoes-do-emprego-durante-a-pandemia/. Acesso em: 8 jun. 2021.

MUÇOUÇAH, P. *Empregos verdes no Brasil*: quantos são, onde estão e como evoluirão nos próximos anos. Brasília: Organização Internacional do Trabalho Escritório no Brasil (OIT), 2009.

PEREIRA FILHO, P. E. *Empregos verdes no Brasil*: uma análise via matriz insumo produto. Dissertação (mestrado) — Escola Superior de Agricultura Luiz de Queiroz, Universidade de São Paulo, São Paulo, 2020.

ROCHA, M. A. Uma proposta para política de desenvolvimento produtivo e tecnológico: uma via para o Brasil no próximo paradigma tecnológico. *Revista Cadernos de Campo*, Araraquara, n. 27, p. 17-38, jul./dez. 2019.

ROSSI, P.; ROCHA, M.; DWECK, E.; MATOS DE OLIVEIRA, A.; MELLO, G. Uma agenda econômica para todos. In: DWECK, E.; ROSSI, P.; MATOS DE OLIVEIRA, A. (Org.). *Economia no pós pandemia*. São Paulo: Autonomia Literária, 2020. p. 303-320.

SAMUELSON, Paul A. A summing up. *The Quarterly Journal of Economics*, v 80, n. 4, p. 568-583, nov. 1966. Disponível em: https://doi.org/10.2307/1882916. Acesso em: 24 jul. 2021.

SANTOS, R.; BRAGA, J.; COSTA, K. Uma análise sobre o potencial do setor de construção civil na dinamização do mercado de trabalho brasileiro nos anos recentes. *A Economia em Revista*, v. 28, n. 3, p. 33-51, set./dez. 2020.

UNPE. *Global green new deal*. Nova York: United Nations Environment Programe, 2009.

YOUNG, C.; ALVARENGA JR., M. O pulo do gato: esverdear a economia para sair da crise. In: YOUNG Carlos Eduardo Frickmann; MATHIAS, João Felippe Cury M. (Org.). *Covid-19*: meio ambiente & políticas públicas. São Paulo: Hucitec, 2020. p. 184-190.

ZAMBELLI, S. The aggregate production function is NOT neoclassical. *Cambridge Journal of Economics*, v. 42, n. 2, p. 383-426, mar. 2018. Disponível em: https://doi.org/10.1093/cje/bex011. Acesso em: 24 jul. 2021.

13. Ciência, tecnologia e inovação como alavancas para o desenvolvimento

Tulio Chiarini*

A importância da ciência e da P&D

As descobertas científicas da química e da física no final do século XIX foram largamente aplicadas ao processo de produção e, a partir de então, as atividades intensivas em ciência se tornaram parte rotineira de processos produtivos em muitas empresas industriais, especialmente em países desenvolvidos. Conhecimentos científicos sobre átomos, moléculas, gases, magnetismo e eletricidade possibilitaram o desenvolvimento de uma infinidade de novos produtos e novos métodos de produção e garantiram a liderança mundial de empresas como a Dow Chemical Company, a Bayer e a General Eletric.

Os avanços científicos continuam a impulsionar o progresso industrial. Descobertas em materiais nanométricos possibilitam a manipulação de matérias em escalas moleculares e atômicas, e os avanços da biologia e da genética tornaram a nanotecnologia e a biotecnologia expressões corriqueiras no mundo empresarial, dando vida a uma gama de novos materiais, permitindo às empresas tanto melhorar quanto criar produtos e processos mais eficientes.

É exatamente o avanço da fronteira científica que tem possibilitado a geração de inovações, mesmo que o percurso da ciência à aplicação comercial não seja linear. Países em todo o mundo têm investido recursos públicos e privados e estimulado atividades para ampliar suas oportunidades inovativas. Entre essas, a pesquisa e desenvolvimento (P&D) ganha destaque por ser uma atividade "mais nobre". Em outras palavras, é aquela atividade criativa, empreendida

---

* As opiniões, ideias e recomendações expressas neste artigo não refletem necessariamente aquelas do Ipea e são de inteira responsabilidade do autor. Agradecimentos: o autor gostaria de agradecer aos comentários e sugestões feitos por Fernanda Cimini (Cedeplar/UFMG), Priscila Koeller (Ipea), Victo José da Silva Neto (DPCT/Unicamp), Pablo Bittencourt (UFSC) e Uallace Moreira (UFBA).

de forma sistemática, buscando aumentar o acervo de conhecimento e seu uso para desenvolver novas aplicações, tais como produtos ou processos novos ou substancialmente aprimorados, envolvendo o desenho, a construção e o teste de protótipos e de instalações-piloto que envolvam significativos avanços tecnológicos ou científicos (OECD, 2015).

Atividades de P&D nos EUA e o Plano Biden

O presidente Joe Biden privilegiou em seu recente American Jobs Plan uma seção sobre "Investimentos em P&D e tecnologias do futuro" e propôs alocar US$ 50 bilhões na National Science Foundation (NSF); US$ 40 bilhões na modernização da infraestrutura científica em todo o país; US$ 30 bilhões para financiamento de P&D, estimulando a inovação e criação de empregos; e US$ 35 bilhões em ações que permitam avanços tecnológicos em energia limpa.

Historicamente, os EUA sempre apostaram em P&D (dispendendo mais recursos que a média do G7, por exemplo). Em relação ao PIB, os dispêndios estadunidenses em P&D aumentaram ao longo de quase três décadas, passando de 2,62% em 1991 a 3,07% em 2019 (Figura 1). Suas agências nacionais como a Defense Advanced Research Projects Agency (Darpa) e a NSF sempre tiveram papel primordial na promoção do progresso da ciência e tecnologia (C&T), permitindo avanços, por exemplo, na saúde, na defesa nacional e buscando ampliar a prosperidade e bem-estar.

Apesar do reconhecimento do papel do Estado em alocar investimentos essenciais em tecnologias inovadoras, a fração de dispêndio público no total dos investimentos em P&D vem caindo paulatinamente nos EUA desde os anos 1980, chegando em 2018 ao menor nível (22,3% do total de P&D investido no país), inferior à média do G7 (Figura 2).

Justamente pelo reconhecimento da importância da C&T para ampliar as oportunidades inovativas, e olhando para os avanços da China e sua capacidade inovativa, o presidente Joe Biden busca intensificar o papel empreendedor do Estado, compartilhando os riscos relacionados com as atividades inovativas, financiando pesquisas com elevado potencial de gerar tecnologias revolucionárias.

Figura 1
**Dispêndios em P&D em relação ao PIB,
países selecionados, 1981-2019**

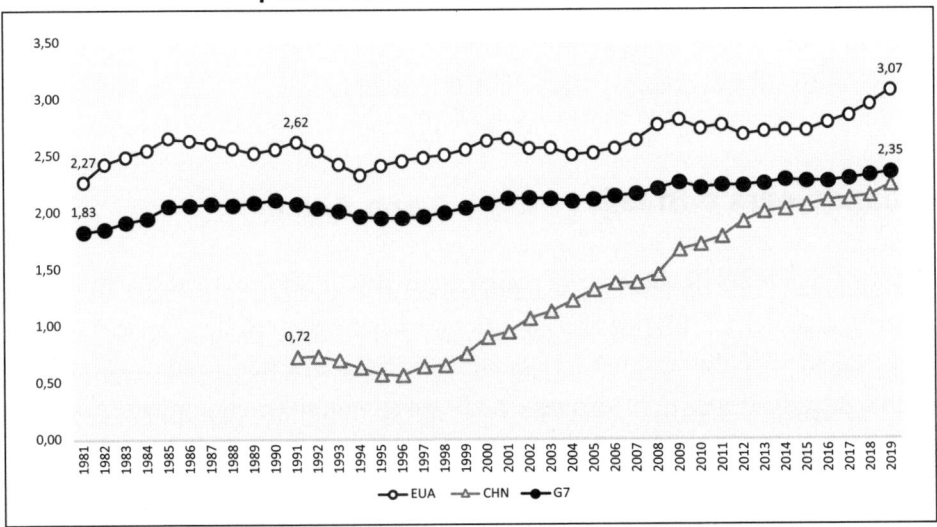

Fonte: OCDE. Elaboração do autor. Nota: países do G7: Alemanha, Canadá, EUA, França, Itália, Japão e Reino Unido.

Figura 2
**Dispêndios do governo em P&D em relação ao
total (%), países selecionados, 1981-2019**

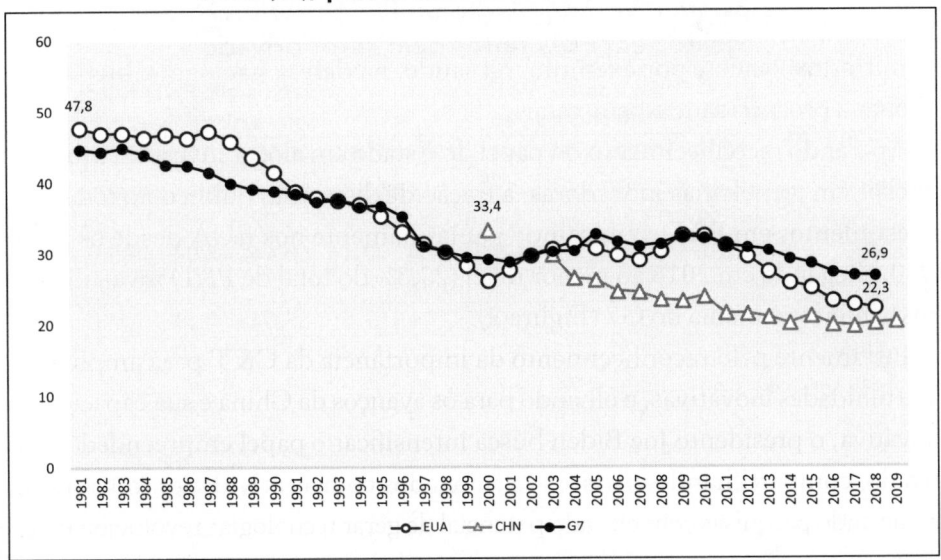

Fonte: OCDE. Elaboração do autor. Nota: países do G7: Alemanha, Canadá, EUA, França, Itália, Japão e Reino Unido.

Os dispêndios chineses em P&D vêm crescendo aceleradamente no período 1991-2019 (basta olhar a inclinação das curvas na Figura 1), passando de 0,72% a 2,23% do PIB. Se a China mantiver a média da taxa de crescimento de dispêndios em P&D dos últimos anos (4,3% a.a.), ultrapassará os dispêndios médios dos EUA da última década (2,8% do PIB) em 2025.

Olhando para o Brasil

O setor privado no Brasil tem um comportamento tímido em relação à inovação. Ele respondeu (em 2018) por 43,49% do investimento total em P&D no país, contra 63,12% nos EUA (Tabela 1). A relação entre dispêndios de P&D e receita líquida de vendas da indústria de transformação no Brasil atingiu seu menor índice, passando de 2,37%, em 2011, para 1,65%, em 2017, conforme apontam os dados da Pesquisa de Inovação (Pintec) do IBGE. Também é notável que entre as atividades inovativas com maior grau de importância estejam a aquisição (e não o desenvolvimento!) de máquinas e equipamentos (64,6%) e de *software* (32,0%). Portanto, pode-se afirmar que P&D não é o centro da inovação para as empresas localizadas Brasil.

Tabela 1
Gastos em P&D em relação ao PIB e proporção dos gastos em P&D feitos pelo setor privado

Países selecionados	Gastos em P&D em relação ao PIB, %					Gastos em P&D feitos pelo setor privado, %				
	2000	2005	2010	2015	2018	2000	2005	2010	2015	2018
Alemanha	2,41	2,44	2,73	2,93	3,12	65,85	67,51	65,52	65,67	66,01
Argentina	0,39	0,42	0,56	0,62	0,56*	23,28	31,02	-	17,22	17,82*
Brasil	1,00	1,00	1,16	1,34	1,14	47,16	50,44	47,04	45,55	43,49
Chile	-	-	0,33	0,38	0,35	-	-	25,44	32,77	29,90*
China	0,89	1,31	1,71	2,06	2,14	57,59	67,04	71,69	74,73	76,63
Coreia do Sul	2,13	2,52	3,32	3,98	4,52	72,38	74,96	71,80	74,55	76,64
Estados Unidos	2,63	2,52	2,74	2,72	2,95	69,03	63,31	56,93	62,45	63,12
França	2,09	2,05	2,18	2,27	2,20	52,52	51,93	53,50	54,04	56,71
Japão	2,91	3,18	3,14	3,28	3,28	72,42	76,12	75,93	77,97	79,06
México	0,31	0,40	0,49	0,43	0,31	29,52	41,51	33,02	17,38	17,46
Reino Unido	1,62	1,56	1,64	1,65	1,73	48,31	42,06	44,05	48,96	54,80

Fonte: OCDE e Ministério da Ciência, Tecnologia e Inovações para os dados brasileiros. Elaboração do autor.
Nota:(*) 2017

As atividades internas de P&D no país foram realizadas por apenas 16,5% das empresas industriais inovadoras, conforme demonstram os dados da Pintec. Os resultados das atividades inovativas estavam relacionados principalmente com melhorias marginais de produtos existentes e apenas 1,5% das inovações de produtos foram totalmente novas para os mercados internacionais. Ressalta-se também que a maioria das empresas de manufatura utilizava canais de cooperação distintos para inovar: fornecedores (85,4%), clientes (82,0%) e consultorias (46,0%). Universidades e institutos de pesquisa representaram 38,9% deles, embora a quase totalidade da pesquisa científica no país seja realizada nas universidades públicas.

De acordo com dados da Pintec, o método mais eficaz para manter e aumentar a competitividade das inovações introduzidas, segundo as empresas industriais brasileiras, eram o sigilo e a vantagem de tempo sobre os concorrentes. Na verdade, o patenteamento ainda não faz parte das estratégias competitivas das indústrias de transformação no Brasil: em 2019, apenas 21,5% do total de pedidos de patentes (entradas diretas e PCT na fase nacional)[1] no Instituto Nacional de Propriedade Industrial (Inpi) foram feitos por residentes, e 58,2% eram de pessoas jurídicas, das quais praticamente a metade eram universidades públicas.

Considerando os pedidos no escritório de patentes estadunidense (Uspto), enquanto os brasileiros depositaram 855 patentes de utilidade, a Coreia do Sul solicitou 38.205 e a China, 21.386. Diferentemente dos requerentes residentes, a totalidade dos não residentes que patentearam no Brasil em 2019 eram grandes empresas oriundas dos EUA (38,9%), Alemanha (8,8%), Japão (8,0%), França (5,7%) e Suíça (4,9%). Por fim, vale ressaltar que as empresas brasileiras das indústrias de transformação sinalizaram muitos obstáculos para inovar e entre eles é possível citar, conforme apontado pela Pintec: (i) altos riscos econômicos, (ii) altos custos de inovação e (iii) falta de mão de obra qualificada.

A despeito dos resultados tímidos do setor privado no Brasil em relação à inovação, nas últimas duas décadas, passos importantes foram dados pelo

---

1 PCT é o acrônimo usado para Patent Cooperation Treaty (Tratado de Cooperação de Patentes). Mediante a submissão de um pedido internacional de patente sob o PCT, os candidatos podem procurar simultaneamente, em mais de um país, a proteção de invenção de uma nova tecnologia, que atenda aos requisitos de novidade, atividade inventiva e aplicação industrial. Com o PCT, pedidos de patentes no INPI passam a ser publicados na base Patentscope da Organização Mundial da Propriedade Intelectual (Ompi), facilitando a internacionalização de uma patente. De acordo com a Ompi, atualmente o PCT conta com 153 Estados contratantes.

Estado brasileiro para fomentar as atividades de C&T e estimular a inovação, na tentativa de fortalecer o Sistema Nacional de Inovação (SNI). Uma miríade de arranjos institucionais, como atos, decretos, programas, planos de ação e planos estratégicos, foram elaborados e colocados em prática. Provavelmente, uma das principais contribuições foi o desenho de novos mecanismos de financiamento baseado em fundos setoriais.[2] Esses fundos foram concebidos para apoiar o desenvolvimento científico e tecnológico e promover a estabilidade dos recursos financeiros no SNI. No total, foram formados 16 fundos, dos quais 13 são temáticos (petróleo e gás natural; energia; transporte; recursos hídricos; recursos minerais; aeroespacial; telecomunicações; tecnologia da Informação; biotecnologia; agronegócio; saúde; audiovisual; e aeronáutica) e três são fundos horizontais[3] (colaboração universidade-empresa (fundo verde-amarelo); fundo da Amazônia; e infraestrutura).

Outros avanços institucionais incluem a elaboração de instrumentos legais para lidar com diferentes aspectos do SNI, buscando facilitar a interação universidade-empresa; reduzir os procedimentos burocráticos que dificultam a cooperação público-privada voltada para as atividades de P&D; fornecer amparo legal e fomentar a comercialização dos resultados das pesquisas científicas e tecnológicas desenvolvidas em universidades públicas e institutos públicos de pesquisa; e permitir isenções fiscais sobre investimentos corporativos em P&D — as chamadas "Lei da Inovação", "Lei do Bem" e "Nova Lei da Informática". Esses avanços surgiram em um ambiente de políticas industriais explícitas vinculadas à inovação, as quais estão alinhadas com a fronteira da pesquisa na área, bem como com o que o FMI rotulou de True Industrial Policy (Cherif e Hasanov, 2019).

Além disso, houve um grande esforço para impulsionar o desempenho de instituições de financiamento público como o Banco Nacional de Desenvolvimento Econômico e Social (BNDES), a Financiadora de Estudos e Projetos (Finep) e a Empresa Brasileira de Pesquisa e Inovação Industrial (Embrapii). Outras agências foram concebidas para proporcionar melhor coordenação entre

---

[2] Os fundos setoriais são instrumentos para o financiamento não reembolsável de projetos de pesquisa, desenvolvimento e inovação no Brasil. Foram criados a partir de 1998 e alocados no Fundo Nacional de Desenvolvimento Científico e Tecnológico (FNDCT) criado em 1969 (Decreto-Lei nº 719).
[3] Diferentemente dos fundos temáticos, de recorte setorial, os fundos horizontais abarcam diversos setores. Por exemplo, o chamado Fundo Verde-Amarelo buscava incentivar a implementação de projetos de pesquisa científica e tecnológica cooperativa entre universidades (e institutos de pesquisa) e empresas de diferentes setores de atividade econômica, estimulando a ampliação dos dispêndios privados em P&D.

as iniciativas pró-inovação e interação com outras instituições, como a Agência Brasileira de Desenvolvimento Industrial (Abdi), cujo objetivo era promover a implementação das políticas industriais, especialmente aquelas que contribuem para a geração de empregos, em consonância com as políticas de comércio exterior e ciência, tecnologia e inovação.

Apesar dos avanços institucionais, o país enfrenta ao menos os seguintes desafios primordiais relacionados com a inovação:

1) *Coordenação*: falta uma estrutura governamental ativa de coordenação para políticas pró-inovação. Os programas pró-inovação estão espalhados por diversos ministérios devido ao seu caráter transversal, mas não há uma definição clara de como deve ser a coordenação entre as políticas de longo prazo e o regime macroeconômico. As responsabilidades de coordenação das políticas públicas federais para inovação parecem não estar claramente definidas entre o Ministério da Ciência, Tecnologia e Inovações (MCTI) e outros ministérios;
2) *Financiamento*: volatilidade do orçamento, o qual tem diminuído consideravelmente nos últimos anos devido às medidas de austeridade que levaram à redução do investimento público e gastos do governo, especialmente em áreas estratégicas como ciência, tecnologia e inovação, conforme demonstram os dados da Figura 3;
3) *Desconexão*: acelerado processo de desindustrialização, saída de multinacionais do país e baixa inserção em cadeias globais de valor. Ademais, há fraca demanda por conhecimentos científicos por parte das empresas industriais;
4) *Desafios tecnológicos*: aceleradas transformações tecnológicas com a pervasividade das TICs e o surgimento de uma constelação de novas tecnologias como inteligência artificial, plataformas digitais etc.;
5) *"Revolução verde"*: pressões para que uma agenda de sustentabilidade ambiental seja efetivamente elaborada e posta em prática incentivando, por exemplo, o desenvolvimento de tecnologias limpas;
6) *(Velhos) desafios ainda não superados*: pressões para inclusão social e redução das desigualdades. Por exemplo, apesar de pretos e pardos somarem 54,9% da população de acordo com dados do IBGE, eles representam apenas 16% dos professores universitários, de acordo com dados do Instituto

Nacional de Estudos e Pesquisas Educacionais Anísio Teixeira (Inep). Além das disparidades de raça e gênero, há diferenças na distribuição regional dos recursos científicos e tecnológicos. Os ativos intelectuais e de pesquisa estão fortemente concentrados na região Sul-Sudeste.

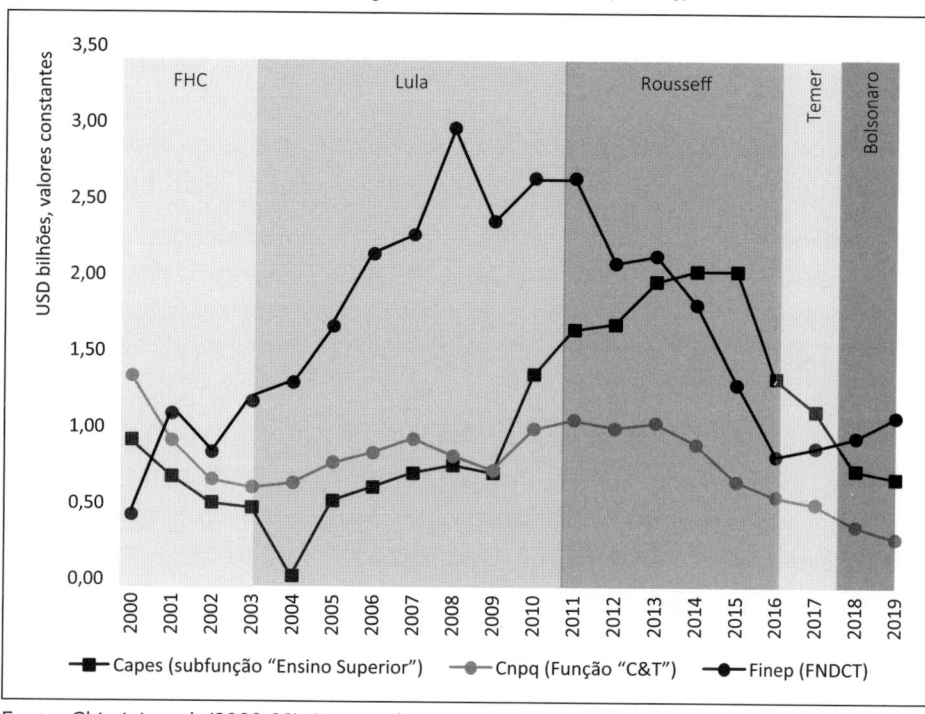

Figura 3
Projeto de Lei Orçamentária Anual (Ploa), 2000-19

Fonte: Chiarini et al. (2020:22). Nota: valores correntes em BRL foram deflacionados usando o deflator do PIB (ano-base 2018) e foram convertidos em USD usando a taxa oficial de câmbio (média), ambas séries do Banco Mundial.

Um plano para o Brasil?

É possível pensar num plano de longo prazo para ciência, tecnologia e inovação no Brasil à la Plano Biden? Sim! Provavelmente, a primeira ação é o reconhecimento do seu papel central para o crescimento econômico. Modelos econométricos corroboram haver uma relação positiva entre dispêndios em P&D e PIB, como é o caso da análise temporal que demonstra que com cada dispêndio adicional em atividades de P&D é possível esperar que o PIB brasileiro aumente em média R$ 60,57 (Oliveira et al., 2015). Ademais, investimentos em P&D também são importantes para o desenvolvimento econômico e para ruptura do processo perverso de subdesenvolvimento, como já apontava Celso Furtado. O Brasil talvez seja o exemplo mais concreto de que é possível ter ilhas de desenvolvimento juntamente com bolsões de pobreza, miséria e exclusão.

Políticas de C&T devem estimular ao mesmo tempo pesquisas que dialoguem com a fronteira científica — a partir do interesse básico sem objetivos específicos imediatos — e aquelas que ajudem a solucionar os desafios concretos que a sociedade brasileira enfrenta, auxiliando, portanto, não apenas o desenvolvimento de inovações tecnológicas, mas também de inovações sociais e ambientais.

Incentivos do governo (principalmente do Ministério da Educação e do MCTI) aos principais produtores de ciência — *i.e.*, as universidades — fortalecendo seu papel empreendedor, mas também reconhecendo seu papel desenvolvimentista — ao promover o desenvolvimento social, econômico e cultural, por exemplo, a partir de inovações sociais — são pontos-chave. Para fazer ciência, é preciso garantir a formação de recursos humanos altamente capacitados, assegurar fontes estáveis de financiamento, prover infraestrutura de ponta, promover a circulação de ideias por meio de intercâmbios e também usar métricas de avaliação compatíveis com o papel desenvolvimentista das universidades, além das métricas tradicionais.

Além das políticas de C&T, é possível pensar num conjunto de ações para incentivar a inovação. Políticas do lado da oferta, ou seja, crédito subsidiado e subvenções econômicas, podem ser instrumentos importantes para diminuir os altos custos de inovação e foram usadas nos últimos anos. É também possível olhar pelo lado da demanda, a partir das compras públicas e políticas orientadas por missões, estimulando soluções para os desafios econômicos, sociais e ambientais que estão presentes no país. Questões relacionadas com o desenvolvimento de tecnologias limpas (biomassas, energia eólica e solar etc.); infraestrutura urbana (mobilidade, saneamento, moradia etc.); entre outras.

Se o Brasil mantivesse a taxa de crescimento médio de 0,63% a.a. da relação investimentos em P&D/PIB do período entre 2000-18, uma estimativa simplificada mostra que somente daqui a 87 anos o país chegaria a 2%, taxa esta que a China atingiu em 2013 (Figura 4). O problema é que as fronteiras científicas e tecnológicas não ficariam "paradas" esperando a chegada do Brasil: elas se moveriam de forma acelerada. Ademais, os outros países também não ficariam "inertes" para que o Brasil conseguisse emparelhar; pelo contrário, eles continuariam investindo em P&D, aumentando cada vez mais o hiato. É o chamado "efeito da Rainha de Copas", ou seja, é preciso correr o máximo possível para permanecer no mesmo lugar. Eis a "maldição da corrida tecnológica".

Figura 4
Dispêndios em P&D em relação ao PIB (%), países selecionados, 2000-18

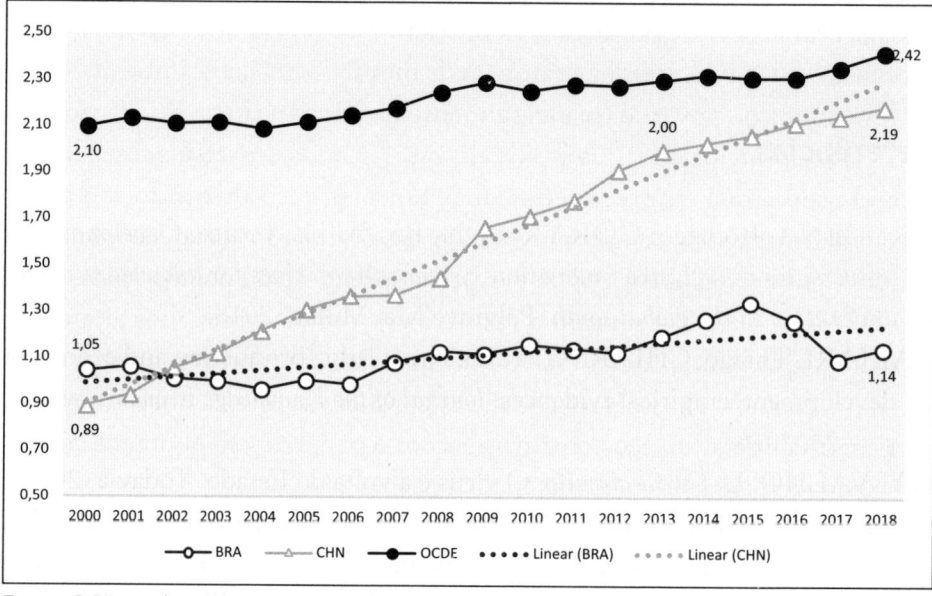

Fonte: OCDE e do MCTI. Elaboração do autor.

A partir da média do PIB brasileiro da última década (algo em torno a US$ 2,33 trilhões),[4] perseguir a meta de investir 2% do PIB em P&D (ainda abaixo da média dos países da OCDE) requer investimentos, para os próximos anos, na casa de US$ 46,5 bilhões ao ano. Se a participação público-privada em P&D não se alterar, serão necessários pelo menos US$ 24,3 bilhões anuais financiados pelo governo para garantir a musculatura científica e tecnológica brasileira, ou seja, pelo menos US$ 5 bi a mais por ano do que vem fazendo na última década.

---

[4] Dados do Banco Mundial.

Por fim, cabe lembrar que a história é permeada de exemplos que ensinam que o Estado e o setor privado possuem papéis complementares e não excludentes em prol da inovação, a qual é uma atividade cumulativa, coletiva e incerta. A construção de um Sistema Nacional de Inovação não ocorre sem esforços conscientes e coordenados. Para mantê-lo operante, são requeridos investimentos públicos em C&T constantes ao longo de décadas e incentivos para que empresas tenham estratégias de investimento produtivo (promovendo a geração de novos produtos e processos), evitando a captura por interesses particulares. Sufocar a produção científica brasileira e não utilizar o papel empreendedor do Estado não parece uma boa estratégia de curto prazo e trará impactos negativos para gerações futuras.

Referências

AROCENA, Rodrigo; GÖRANSSON, Bo; SUTZ, Judith. *Developmental universities in inclusive innovation systems alternatives for knowledge democratization in the global south*. Palgrave MacMillan, 2018.

CALIARI, Thiago; CHIARINI, Tulio. Knowledge production and economic development: empirical evidences. *Journal of the Knowledge Economy*, online, p. 1-24, 2016.

CARVALHO, L. *Curto-circuito*. O vírus e a volta do Estado. Todavia, 2020.

CASSIOLATO, José Eduardo; ZUCOLOTO, Graziela Ferrero; MILAGRES, Rosiléia; STALLIVIERI, Fábio. Transnational corporations and the Brazilian national system of innovation. In: CASSIOLATO, José Eduardo; ZUCOLOTO, Graziela Ferrero; ABROL, Dinesh; XIELIN, Liu (Org.). *Transnational corporations and local innovation*. Nova Delhi: Routledge, 2014. p. 68-132.

CHANG, Ha-Joon; ANDREONI, Antonio. Industrial policy in the 21st century. *Development and Change*, forthcomin, p. 1-28, 2020.

CHERIF, Reda; HASANOV, Fuad. *The return of the policy that shall not be named*: principles of industrial policy. IMF Working Papers no. 019/74, 26 mar. 2019.

CHIARINI, Tulio; CALIARI, Thiago (Org.). *Economia política do patenteamento na América Latina*. Tecnologia e Inovação à favor do desenvolvimento. Jundiai (SP): Paco, 2019.

_____; _____; BITTENCOURT, P. F.; RAPINI, M. Siqueira. U.S. R&D internationalization in less-developed countries: determinants and insights from Brazil, China, and India. *Review of Development Economics*, v. 24, n. 1, 2020.

_____; CIMINI, Fernanda; RAPINI, Marcia Siqueira; SILVA, Leandro Alves. The political economy of innovation. Why is Brazil stuck in the technology ladder. *Brazilian Political Science Review*, 2020.

_____; OLIVEIRA, Vanessa Parreiras; RAPINI, Marcia Siqueira. Obstáculos à inovação e porte das empresas industriais. Rumo a políticas públicas de incentivo à inovação mais assertivas no Brasil. *Planejamento e Políticas Públicas*, v. 56, p. 41-67, 2020.

_____; VIEIRA, K. P. Universidades como produtoras de conhecimento para o desenvolvimento econômico: sistema superior de ensino e as políticas de CT&I. *Revista Brasileira de Economia*, v. 66. n. 1, 2012.

CIMINI, Fernanda et al. *Formação de equipes extraordinárias para missões de desenvolvimento tecnológico*. Belo Horizonte: Centro de Orquestração de Inovação, 2021.

FURTADO, Celso. *Pequena introdução ao desenvolvimento*: enfoque interdisciplinar. São Paulo: Companhia Editora Nacional, 1981.

KOELLER, Priscila. *Dinâmica da inovação*: Brasil frente aos países da União Europeia (indícios de 2014). Brasília: Instituto de Pesquisa Econômica Aplicada (Ipea), 2018.

MAZZUCATO, Mariana. *The entrepreneurial State*: debunking public vs. private sector myths. Nova York: Anthem Press, 2013.

_____. *The value of everything*. Making and taking in the global economy. Londres: Penguin Random House, 2018.

_____; PENNA, Caetano. *The Brazilian innovation system*: a mission-oriented policy proposal. Brasília: Centro de Gestão e Estudos Estratégicos (CGEE), 2016.

NASSIF, André; BRESSER-PEREIRA, Luiz Carlos; FEIJO, Carmem. The case for reindustrialisation in developing countries: towards the connection between the macroeconomic regime and the industrial policy in Brazil. *Cambridge Journal of Economics*, v. 42, p. 355-381, 2018.

NEGRI, Fernanda de; KOELLER, Priscila. *O declínio do investimento público em ciência e tecnologia*: uma análise do orçamento do Ministério da Ciência,

Tecnologia, Inovações e Comunicações até o primeiro semestre de 2019. Brasília: Instituto de Pesquisa Econômica Aplicada (Ipea), 2019.

____; RAUEN, André Tortato; SQUEFF, Flávia de Holanda Schmidt. Ciência, inovação e produtividade: por uma nova geração de políticas públicas. In: DE NEGRI, João Alberto; ARAÚJO, Bruno César; BACELETTE, Ricardo (Org.). *Desafios da nação*: artigos de apoio. Brasília: Ipea, 2018. v. 1, p. 533-560.

____; RAUEN Andre Tortato. *Innovation and policies in Brazil during the 2000s*: the need for new paths. Brasilia: Ipea, 2018.

NEGRI, João de. Investir em inovação é garantir o futuro. *Radar*: Technologia, Produção e Comércio Exterior, v. 64, p. 27-30, 2020.

OECD. *Frascati manual 2015*: guidelines for collecting and reporting data on research and experimental development. Paris: The Organisation for Economic Co-operation and Development, 2015.

OLIVEIRA, Michel Angelo Constantino; Mendes, Dany Rafael Fonseca; MOREIRA, Tito Belchior Silva; CUNHA, George Henrique de Moura. Análise econométrica dos dispêndios em P&D no Brasil. *Revista de Administração e Inovação*, v. 12, n. 3, p. 268-286, 2015.

PACHECO, Carlos Américo. 2 Institutional dimentions of innovation policy in Brazil. In: REYNOLDS, Elisabeth B.; SCHNEIDER, Ben Ross; ZYLBERBERG, Ezequiel (Org.). *Innovation in Brazil. Advancing development in the 21st century*. Nova York: Routledge, 2019. p. 171-188.

PELAEZ, Victor et al. The volatility of S&T policy agenda in Brazil. *Brazilian Journal of Public Administration*, v. 51, n. 5, p. 788-809, 2017.

RAPINI, Marcia Siqueira, CHIARINI, Tulio; BITTENCOURT, Pablo Felipe. Obstacles to innovation in Brazil: the lack of qualified individuals to implement innovation and establish university–firm interactions. *Industry and Higher Education*, v. 31, n. 3, 2017.

____; RUFFONI, Janaina; SILVA, Leandro Alves; ALBUQUERQUE, Eduardo da Motta (Org.). *Economia da ciência, tecnologia e inovação*: fundamentos teóricos e a economia global. 2a ed Belo Horizonte: Cedeplar, 2021.

RAUEN, André Tortato (Org.). *Políticas de inovação pelo lado da demanda no Brasil*. Brasilia: IPEA, 2017.

RIBEIRO, Leonardo Costa; RUIZ, Ricardo Machado; BERNARDES, Américo Tristão; ALBUQUERQUE, Eduardo da Motta e. *The curse of technological race*: the red queen effect. Belo Horizonte: UFMG/Cedeplar, 2006.

ROCHA, Glauter; RAUEN, André. *Mais desoneração, mais inovação?* Uma avaliação da recente estratégia brasileira de intensificação dos incentivos fiscais a pesquisa e desenvolvimento. Brasilia: Ipea, 2018.

STEIN, Guilherme de Queiroz; HERRLEIN-JR.; Ronaldo. Política industrial no Brasil: uma análise das estratégias propostas na experiência recente (2003-2014). *Planejamento e Políticas Públicas*, v. 47, p. 251-287, 2016.

SUZIGAN, Wilson; FURTADO, João. Instituições e políticas industriais e tecnológicas: reflexões a partir da experiência brasileira. *Estudos Econômicos*, v. 40, n. 1, p. 7-41, 2010.

____; GARCIA, Renato; FEITOSA, Paulo. Institutions and industrial policy in Brazil after two decades: have we built the needed institutions? *Economics of Innovation and New Technology*, 2020.

14. Semicondutores, informação e automação

Uallace Moreira

1. Indústria 4.0 e o setor de semicondutores

O debate mais recente sobre as transformações na estrutura industrial da economia mundial gira em torno da chamada Indústria 4.0. Herman, Pentek e Otto (2015) a definem como um amplo movimento de diversificação das tecnologias aplicadas à produção manufatureira, em que normalmente está associada a combinação das seguintes tecnologias: Sistemas ciber-físicos (CPS), Big Data Analytics, Computação em nuvem, Internet das Coisas (IoT) e Internet dos serviços (IoS), Impressão 3D e outras formas de manufatura aditiva, Inteligência Artificial, Digitalização, Colheita de energia (*Energy harvesting*) e Realidade Aumentada. Ela cria e articula fábricas inteligentes (*smart manufacturing*) em um sistema produtivo e de comercialização substancialmente diferentes, onde os sistemas de fabricação estão conectados verticalmente ao longo da cadeia produtiva e horizontalmente com outras redes de valor, podendo ser geridos em tempo real.

A ascensão dessa nova fronteira tecnológica está vinculada também à relevância do setor de semicondutores na indústria mundial, a qual é essencial para construção de fábricas mais eficientes conectadas pela Internet das Coisas (IoT) e com robôs, tornando o processo produtivo mais eficiente. Nuvens inteligentes com conectividade 5G fornecerão a Inteligência Artificial (AI) necessária para operar as fábricas inteligentes.

Backer, Mancini e Sharma (2017) afirmam que a indústria de semicondutores é líder em coleção de dados e as ferramentas da indústria 4.0 podem ajudar as fábricas a extrair seu vasto estoque de conhecimento, fornecendo *insights* detalhados e práticos que são necessários para identificar soluções. A indústria 4.0 e o setor de semicondutores podem ofertar uma ampla disponibilidade de opções de automação de baixo custo e robótica avançada, ajudando também os gestores a implementarem seus programas enxutos com mais rapidez e eficiência, com algumas empresas obtendo melhorias reais em custos, produção e qualidade em poucos meses.

De acordo com Varas e colaboradores (2021), semicondutores são produtos altamente complexos para *design* e fabricação, além de serem um setor intensivo em P&D e capital. Estima-se que em 2019 a indústria investiu cerca de US$ 90 bilhões em P&D e US$ 110 bilhões em despesas de capital em todas as atividades da cadeia de valor, o que representa quase 50% dos US$ 419 bilhões em vendas globais de semicondutores no mesmo ano.

Em relação ao investimento em P&D, 65% do investimento total da indústria é feito em *design* da cadeia de valor. Há também investimentos para elos da cadeia como *electronic design automation* (EDA), propriedade intelectual (*core intellectual property* — IP), equipamento de semicondutor e fabricação de *wafer*. Em relação ao investimento em capital, 65% do total do investimento foi para a fabricação de *wafer*. Além disso, montagem e teste, materiais e até mesmo *design* também exigem investimentos significativos em instalações e equipamentos avançados.

Nenhuma outra indústria tem o mesmo alto nível de investimento em P&D, dado que, de acordo com indicadores de 2019, o investimento em P&D como proporção das receitas é de 22%, e o investimento em capital como proporção das receitas é de 26%.

O fato de a indústria de semicondutores ser intensiva em P&D e capital, e por definição ser um setor de inovação, exige uma profunda experiência em tecnologias complexas necessárias para produzir semicondutores, criando barreiras naturais à entrada nas atividades principais na cadeia de abastecimento, limitando, assim, a base de fornecedores e concentrando cada atividade em poucos países na economia global.

É justamente esse papel estratégico do setor de semicondutores na nova fronteira tecnológica industrial mundial que é um dos motivos da "guerra tecnológica", principalmente visibilizada nos confrontos entre EUA e China, envolvendo os principais *players* do setor de semicondutores no mundo, como Coreia do Sul, Taiwan, Japão e Europa. No espaço de um ano, Washington revisou suas regras de controle de exportação três vezes para atingir a Huawei[1]

---

[1] Empresas chinesas como Huawei e ZTE estão perdendo o acesso a *microchips* e placas de circuito avançados, diante dos boicotes dos EUA. As últimas regras anunciadas, em julho de 2020, pelo Departamento de Comércio proibiram efetivamente qualquer empresa, em qualquer lugar do mundo,

— mudanças estas que afetaram os fornecedores americanos e não americanos de *microchips* e placas de circuito avançados. Esse cenário, aliado à escassez de semicondutores na economia mundial, talvez seja o melhor exemplo da maior necessidade do domínio tecnológico e do fortalecimento das cadeias produtivas nacionais como elementos essenciais para a soberania nacional, em particular considerando o setor de semicondutores.

Nesse sentido, nos EUA, ao anunciar a estratégia de parceria com a indústria, aliados e parceiros para resolver a escassez de semicondutores, o Plano Biden deixou explícita a prioridade do setor.[2] O Department of Commerce (DOC) terá papel essencial na relação com a indústria, com o apoio de US$ 75 bilhões em investimentos diretos do setor privado na fabricação nacional de semicondutores e P&D. O DOC também irá fortalecer sua parceria com a indústria para facilitar o fluxo de informações entre produtores e fornecedores de semicondutores e usuários finais. Além do mais, o próprio documento reconhece que o setor de semicondutores não avançará no fortalecimento da estrutura produtiva e na inovação sem o suporte do governo.[3]

2. A cadeia de valor do setor de semicondutores na economia mundial: uma síntese

Para o IC Insights, o total de unidades de semicondutores — que incluem circuitos integrados, bem como optoeletrônica, sensor/atuador e dispositivos discretos — *optoelectronics, sensor/actuator, and discrete (O-S-D)* — deve au-

---

de fornecer *chips* para a Huawei ou qualquer uma de suas subsidiárias sem primeiro obter uma licença do governo dos EUA. Disponível em: www.asiatimesfinancial.com/china-s-semiconductor-firms-hit-hard-by-sanctions. Acesso em: 6 mai. 2021.

[2] Ver: FACT SHEET: Biden-Harris administration announces supply chain disruptions task force to address short-term supply chain discontinuities. Disponível em: www.whitehouse.gov/briefing-room/statements-releases/2021/06/08/fact-sheet-biden-harris-administration-announces-supply-chain-disruptions-task-force-to-address-short-term-supply-chain-discontinuities/. Acesso em: 9 jun. 2021.

[3] O documento da Casa Branca é explícito neste sentido: *"Rebuild America's production and innovation capabilities. Long-term competitiveness will require an ecosystem of production, innovation, skilled workers, and diverse small and medium-sized suppliers. Those ecosystems are the infrastructure needed to spur private sector investment in manufacturing and innovation. But that infrastructure cannot be created or sustained without the support and leadership of the federal government. Specific recommendations to rebuild our industrial base for critical sectors include: Provide dedicated funding for semiconductor manufacturing and R&D: We recommend Congress support at least $50 billion in investments to advance domestic manufacturing of critical semiconductors and promote semiconductor R&D"* (The White House, 8 jun. 2021).

mentar 13% em 2021 para 1.135,3 trilhão de unidades, um novo recorde. Entre 1978 e 2020 (em 43 anos), a taxa composta de crescimento anual de unidades de semicondutores foi de 8,6%.

O crescimento da produção das unidades de semicondutores se reflete na trajetória de crescimento do faturamento no mercado mundial (figura 1). Em 2020, o faturamento do setor foi de US$ 436 bilhões. Chama a atenção que esse crescimento tenha se intensificado muito após os anos 1990, fato atribuído à relevância que o setor ganhou na economia internacional e que ficou mais em evidência com a escassez generalizada de semicondutores que começou no final de 2020 e se acentuou no mundo em 2021.

Os semicondutores são usados para alimentar uma vasta gama de dispositivos eletrônicos — desde smartphones e servidores em nuvem, até carros modernos, automação industrial, infraestrutura e sistemas de defesa. O aprofundamento da crise global de chips já está atingindo fabricantes de smartphones, televisores e eletrodomésticos e a indústria automobilística. Dois motivos principais explicam essa escassez: a) o crescimento da demanda na economia mundial; b) e a política de estoque, principalmente da China como consequência das sanções impostas pelos EUA.

Figura 1
Faturamento do Mercado Mundial de Semicondutores — em milhões de US$ — 1977 a 2020

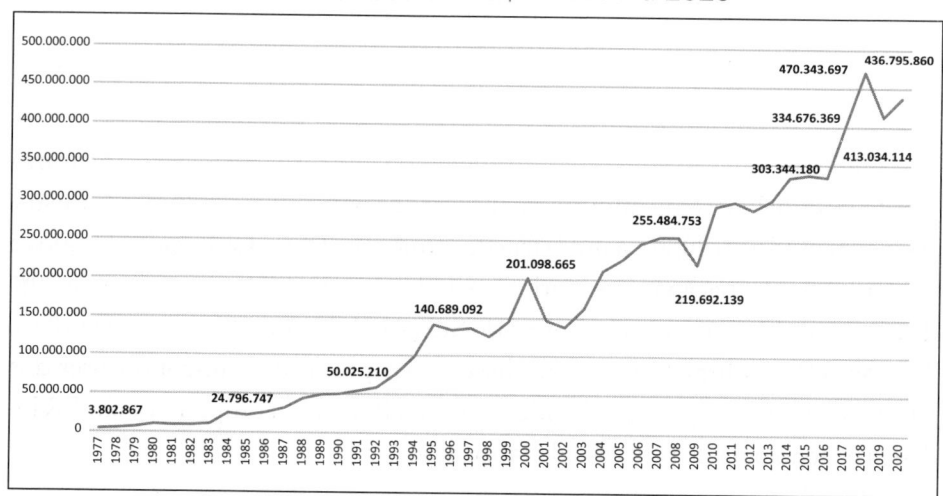

Fonte: Semiconductor Industry Association (SAI)/Boston Consulting Group (BCG). Elaboração própria.

Considerando a participação de países e regiões no faturamento mundial de semicondutores, a figura 2 mostra que os EUA vêm perdendo participação no faturamento, com a China ascendendo. Em 2020, a participação dos EUA foi de 21,5%, enquanto a da China foi de 34,6%, Japão com 8,3%, Europa 8,5% e o Pacífico da Ásia com 27,1%, tendo a Coreia do Sul e Taiwan como principais representantes dessa região.

Figura 2
Faturamento do mercado mundial de semicondutores — participação percentual (%) — 1977 a 2020

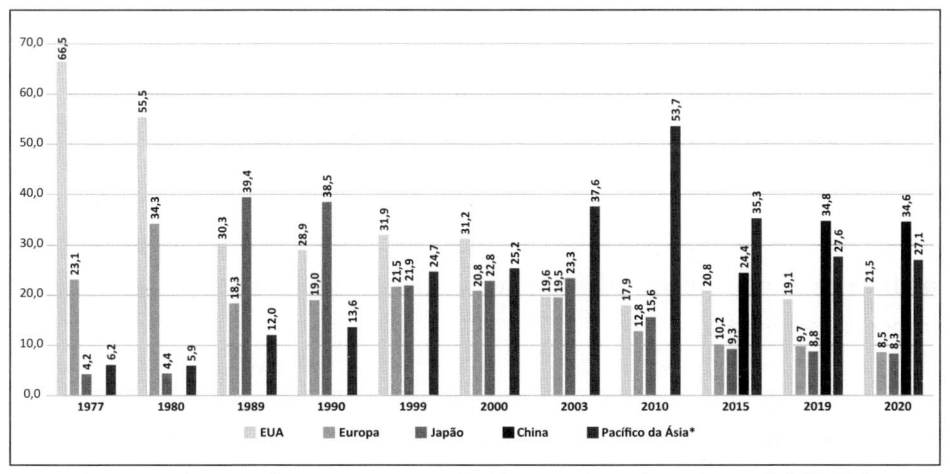

Ano	EUA	Europa	Japão	China	Pacífico da Ásia*
1977	66,5	23,1	4,2		6,2
1980	55,5	34,3			
1989	39,4	18,3	30,3	4,4	5,9
1990	38,5	19,0	28,9	12,0	13,6
1999	31,9	21,5	21,9		24,7
2000	31,2	20,8	22,8		25,2
2003	19,6	19,5	23,3		37,6
2010	17,9	12,8	15,6		53,7
2015	20,8	10,2	9,3	24,4	35,3
2019	19,1	9,7	8,8	27,6	34,8
2020	21,5	8,5	8,3	27,1	34,6

Fonte: Seminconductor Industry Association (SAI)/Boston Consulting Group (BCG). Elaboração própria.
* A partir de 2015, com a desagregação e tirando a China da Ásia, passou-se a chamar "Todos os outros do Pacífico da Ásia"

O interessante é que, embora a China tenha maior participação no faturamento mundial de semicondutores, de acordo com o Semiconductor Industry Association (SAI) (2020), a indústria de semicondutores dos Estados Unidos é a líder em participação no mercado de vendas/receitas global, com quase 50% de participação, seguida pela Coreia do Sul (19%), Japão (10%), Europa (10%), Taiwan (6%) e China (5%). Além disso, as empresas de semicondutores dos EUA mantêm uma posição de liderança ou altamente competitiva em P&D, *design* e tecnologia de processo de fabricação.

2.1 Modelo de negócios e a cadeia produtiva do setor de semicondutores

Para entender essa lógica, é necessário compreender como funciona a cadeia global do setor de semicondutores e dos modelos de negócios.[4] Como mostram Rivera e colaboradores (2015), os Circuitos Integrados (CIs) são o principal segmento dos componentes semicondutores — incluindo circuitos analógicos, microprocessadores, memórias e dispositivos lógicos — e representam mais de 81% das receitas.

Em relação às etapas da cadeia produtiva/segmentos dos componentes de semicondutores, conforme a figura 3 (lado direito), os EUA lideram nas atividades mais intensivas em P&D — concepção e design eletrônico — *electronic design automation* (EDA), propriedade intelectual (*core intellectual property* — IP), *design* de *chips* e equipamentos de manufatura avançados (Varas et al., 2021). Na dimensão de equipamentos e material, os EUA também têm elevada participação no setor de equipamentos. Por exemplo, esse poder dos EUA pode ser verificado na tecnologia de transistor — Fin field-effect transistor (FinFET) — que permitiu a fabricação do transistor de 22 nanômetros, projeto dominante para os *chips* de ponta de hoje em cinco nanômetros. OS EUA foram os pioneiros no desenvolvimento da tecnologia FinFET e são a fonte de 48% das patentes relacionadas. Nesse caso, Taiwan — que hospeda várias das principais *foundries* (modelos de negócios[5] — lado esquerdo da figura 3) do mundo — contribuiu com 20% das patentes FinFET, mas a liderança e o domínio dos EUA na cadeia permitem ao país ter maior participação nas receitas mundiais de semicondutores e, ao mesmo tempo, impor sanções à China.

---

[4] Para uma compreensão maior da cadeia e do modelo de negócio do setor, ver Varas et al. (2021).
[5] Modelo de negócios representa o ciclo de desenvolvimento e produção de um semicondutor, desde seu projeto até o encapsulamento e teste. No início da década de 1970, todas as etapas da produção da microeletrônica eram realizadas em um modelo vertical denominado Integrated Device Manufacturer (IDM). Até então, os Circuitos Integrados (Cis) desenvolvidos e fabricados eram geralmente consumidos pela própria empresa. Com o processo de fragmentação produtiva a partir dos anos 1980, surgiram as empresas especializadas nas etapas de produção e *design* nos modelos conhecidos como *foundry* e *fabless*. As *foundries* são a etapa de maior valor agregado da cadeia de semicondutores, pois geram mais empregos, apresentam maior volume de faturamento, oferecem maiores margens operacionais e, via de regra, atraem as demais etapas de produção. A fragmentação dessa cadeia também resultou na etapa de encapsulamento e testes [Assembly & Test Services (ATS)], que é o estágio final da fabricação de dispositivos semicondutores, quando o bloco de material semicondutor é encapsulado em um invólucro de suporte que evita danos físicos e corrosão. Posteriormente, vem o teste do circuito integrado.

Figura 3
Modelos de negócio e cadeia produtiva de semicondutores — 2019

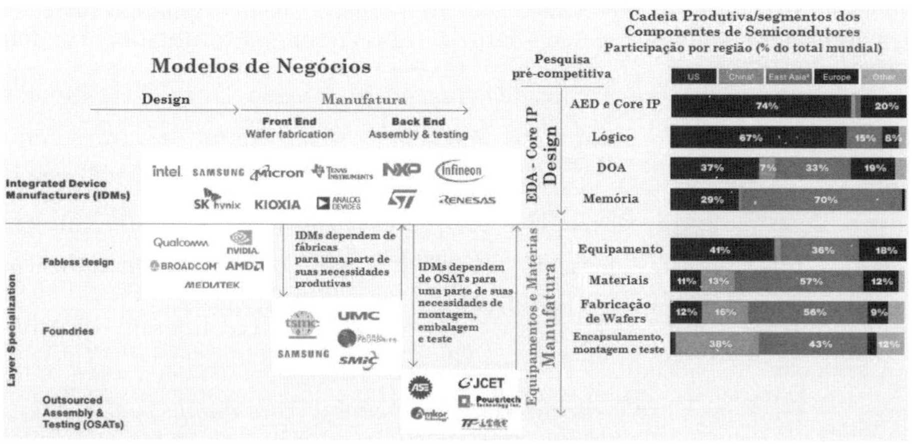

Fonte: BCG analysis.

O Leste Asiático está na vanguarda na fabricação de *wafer* (componente dos circuitos integrados), o que requer investimentos maciços de capital apoiados por incentivos governamentais, bem como acesso a infraestrutura robusta e força de trabalho qualificada. A China é líder em montagem, encapsulamento e teste, que exige menos qualificação e capital, e está investindo agressivamente para se expandir em toda a cadeia de valor.

A manufatura surge como um importante ponto quando se trata da resiliência da cadeia global de suprimentos de semicondutores. Cerca de 75% da capacidade de fabricação de semicondutores, bem como muitos fornecedores de materiais essenciais — como *wafers* de silício, fotorresiste e outros produtos químicos especiais — estão concentrados na China e no Leste Asiático. Além disso, toda a capacidade de fabricação de semicondutores mais avançada do mundo — em *nodes* abaixo de 10 nanômetros — está atualmente localizada na Coreia do Sul (8%) e Taiwan (92%) (Varas et al., 2021).

Em relação aos modelos de negócios (figura 3, lado esquerdo), as empresas de semicondutores podem se concentrar em um elo da cadeia de suprimentos ou se integrar verticalmente em várias dimensões. Nenhuma empresa (ou mesmo nação) está verticalmente integrada em todas as dimensões. Existem, portanto, quatro tipos de empresas de semicondutores, dependendo de seu nível de integração e modelo de negócios: i) fabricantes de dispositivos integrados (*integrated device manufacturers* — IDMs); ii) *fabless* (empresas de *design*); iii) *foundries*; iv) empresas terceirizadas de montagem e teste (*outsourced assembly and test companies* — Osats) (Varas et al., 2021).

As *foundries* compõem a etapa de maior valor agregado da cadeia de semicondutores, pois geram mais empregos, apresentam maior volume de faturamento, oferecem maiores margens operacionais e, via de regra, atraem as demais etapas de produção. As empresas de projetos, quando proprietárias dos Circuitos Integrados (CIs) e controladoras do ciclo de desenvolvimento e comercialização, passaram a ser denominadas de *fabless* (Rivera et al., 2015).

Em 2019, a fabricação de *wafer* (*front-end*) responde por aproximadamente 65% das despesas de capital totais da indústria e 25% do valor agregado. Está concentrada principalmente no Leste Asiático (Taiwan, Coreia do Sul e Japão) e na China (figura 3).

O estágio de *back-end* (figura 3), em geral, é responsável por 13% do total de despesas de capital da indústria e contribuiu com 6% do valor agregado total pela indústria. Ela está concentrada principalmente em Taiwan e na China, com novas instalações também sendo construídas recentemente no Sudeste Asiático (Malásia, Vietnã e Filipinas).

A estrutura da cadeia produtiva e o modelo de negócio do setor de semicondutores mostram a dispersão geográfica da atividade produtiva, mas com predomínio dos EUA e dos países asiáticos. As empresas sediadas nos EUA representaram cerca de 45% da participação de mercado nos grandes PCs e mercados de aplicativos de infraestrutura de informação e comunicação (que inclui centros de dados e equipamentos de rede), e uma participação de 30% no mercado de smartphones e equipamentos industriais. A China emergiu claramente como a segunda região, depois de triplicar sua participação nos últimos 10 anos. A ascensão da China como grande fonte de demanda de semicondutores foi impulsionada pela força de suas empresas locais em smartphones, PCs e eletrônicos de consumo: empresas como Huawei, Lenovo, Xiaomi e Oppo/Vivo não vendem seus produtos apenas para o mercado doméstico, mas também são concorrentes importantes em outros mercados.

Essa disputa pelo domínio do setor de semicondutores tem levado os países a adotarem várias políticas de estímulos para a ampliação da capacidade produtiva e internalização da cadeia produtiva. Nos EUA, estimulados pelo programa do presidente Biden para fortalecer a cadeia produtiva do setor, a Intel irá investir US$ 20 bilhões em novas fábricas de chips nos Estados Unidos.[6] Na Coreia do Sul, o governo anunciou um plano de estímulos de 510 trilhões de *won* (US$ 451 bilhões) e incentivos fiscais para impulsionar a competitividade dos fabricantes de *chips* coreanas, principalmente Samsung e SK Hynix.[7] A Taiwan Semiconductor Manufacturing Co Ltd (TSMC) estimulada por incentivos do governo, anunciou um planejamento de investir US$ 100 bilhões nos próximos três anos para aumentar a capacidade de suas fábricas.[8]

Na China, como resposta a sanções impostas pelos EUA, o governo anunciou o 14º Plano Quiquenal (2021-25), tendo como prioridade o aumento dos gastos em P&D, os investimentos em parques tecnológicos, os programas de compras e de financiamento de governo voltados para indústrias de alta tecnologia, tanto no setor de tecnologia da informação e da comunicação — caso do setor de semicondutores —, na biotecnologia e energia quanto no programa espacial e militar, reafirmando a estratégia do país em lograr estruturas produtivas mais densas e diversificadas, dando ao país maior autonomia em sua trajetória de desenvolvimento.

A China importa US$ 300 bilhões em *chips* de computador por ano e seus esforços para construir uma indústria doméstica de fabricação desses itens até agora produziram resultados pouco satisfatórios. Os *chips* de computador, a tecnologia central da era digital, são uma prioridade no plano de cinco anos proposto pela China de US$ 1,4 trilhão para ultrapassar os EUA e dominar o setor de semicondutores.[9]

A China também divulgou que nos próximos planos quinquenais do país haverá prioridade na estratégia chamada de "Dual Circulation Strategy",[10] com

---

[6] Disponível em: https://edition.cnn.com/2021/03/23/tech/intel-semiconductor-manufacturing-turnaround-plan/index.html. Acesso em: 24 mar. 2021.
[7] Disponível em: https://asia.nikkei.com/Business/Tech/Semiconductors/South-Korea-plans-to-invest-450bn-to-become-chip-powerhouse. Acesso em: 5 jun. 2021.
[8] Disponível em: www.reuters.com/article/us-tsmc-investment-plan-idUSKBN2BO3ZJ. Acesso em: 10 jun. 2021.
[9] Disponível em: www.paulogala.com.br/o-plano-da-china-de-us-14-trilhao-para-dominar-a-industria-mundial-de-semicondutores-ate-2025/. Acesso em: 5 mar. 2021.
[10] Disponível em: www.asiatimesfinancial.com/china-circulates-new-strategy-in-economic-duel-with-us. Acesso em: 15 abr. 2021.

foco em inovação e tecnologia, como nova estratégia para enfrentar o duelo econômico contra os EUA. Essa nova estratégica tem duas linhas de ação: a) fortalecer o mercado interno; e b) ampliar o investimento tecnológico.

Esse fato recente é interessante porque mostra que o setor de semicondutores sempre esteve associado a políticas de incentivos e subsídios. Varas e colaboradores (2021) mostram que há na Ásia uma deliberada política de incentivos ao setor que gira em torno de 25-30% do investimento realizado em novas fábricas e em investimento em P&D. Nos EUA e na Europa, esse percentual é de 10-15%. É importante citar que todos os países que têm suas empresas inseridas na cadeia de semicondutores — Coreia do Sul, Japão, Taiwan, EUA, Alemanha e China —, historicamente, tiveram políticas de estímulos, que incluíam a imposição de condicionalidades de transferência de tecnologias das multinacionais como contrapartida para explorar o mercado local, proteção tarifária, subsídios à implantação de novas fábricas e investimento em tecnologia e apoio a grandes grupos verticalizados (Morris, 2008; Amsden e Chu, 2003).

3. A indústria de semicondutores no Brasil

O surgimento de projetos voltados para o desenvolvimento do setor de semicondutores no Brasil remonta os anos 1960. De acordo com Filippin (2016), as primeiras atividades de pesquisa tiveram início com a criação do Laboratório de Microeletrônica (LME) da Universidade de São Paulo (USP) em 1968 e do Laboratório de Eletrônica e Dispositivos (LED) da Universidade Estadual de Campinas (Unicamp) em 1974. A primeira fábrica a operar no Brasil foi uma unidade de montagem e teste de circuitos integrados da Philco, inaugurada em 1964. A Semikron também inaugurou uma fábrica no país, em 1967, e em meados da década de 1970 diversas outras empresas se instalaram no país, inclusive filiais das principais empresas da indústria mundial de semicondutores, tais como Texas Instruments, Fairchild e NEC. Em 1974 também surgiu a primeira unidade de difusão de circuitos integrados no Brasil, uma fábrica da RCA em Contagem (MG).

O fato mais emblemático nos anos 1970 foi o surgimento do primeiro empreendimento brasileiro na indústria de semicondutores, a empresa Transit., a qual tinha participação do BNDES e o apoio do Conselho Nacional de Desenvolvimento Científico e Tecnológico (CNPq) e da Telebras. No início dos anos 1980, de acordo com Filippin (2016), havia mais de 20 fabricantes de componentes eletrônicos — semicondutores e passivos — instalados no Brasil, e a maior parte destas empresas realizava apenas a montagem final e o teste dos componentes, isto é, realizavam as operações com menor nível de complexidade tecnológica.

Nos anos 1980, outro fato relevante foi que a Secretaria Especial de Informática (SEI) lançou uma política para o segmento de componentes eletrônicos, com a intenção de fortalecer empresas nacionais. A secretaria selecionou três grupos nacionais para produzir circuitos integrados: em 1981, os grupos Docas e Itaú, e, em 1984, o grupo Sharp. Estes grupos fundaram as empresas Elebra Microeletrônica, Itautec Componentes (também conhecida como Itaucom) e SID Microeletrônica, que realizariam no país todas as etapas da fabricação de Cis.

Rivera e colaboradores (2015) afirmam que a partir do início da década de 1990, com o desordenado e abrupto processo de abertura comercial no Brasil, a incipiente indústria de semicondutores passou a perder competitividade, principalmente em razão da distância tecnológica, da reorganização produtiva mundial, por questões políticas, econômicas, financeiras e também gerenciais. A partir disso, iniciou-se um processo rápido de esvaziamento desse elo crítico da cadeia produtiva, tendo como exemplo o fechamento da única fábrica de difusão no país, a SID, em meados dos anos 1990. Uma tentativa de fortalecer o setor foi a Lei de Informática (Lei nº 8.248/1991), que concentrou os estímulos econômicos na etapa final de montagem, estipulando processos produtivos básicos (PPB) que, em geral, restringiam-se à montagem de componentes e kits importados, com toda microeletrônica já embarcada no exterior.

Como resultado desse processo, um fato sintomático é que o déficit na balança comercial da indústria eletroeletrônica passou a ser crescente (figura 4), principalmente quando há uma dinâmica da atividade econômica interna mais intensa, como o período entre 2010 e 2013, quando a taxa média de crescimento do PIB foi de 4,1%, com a demanda por importações se elevando muito e resultando em um maior déficit na balança comercial do setor.

Figura 4
Indústria eletrônica — balança comercial — em milhões US$ — 2001 a 2020

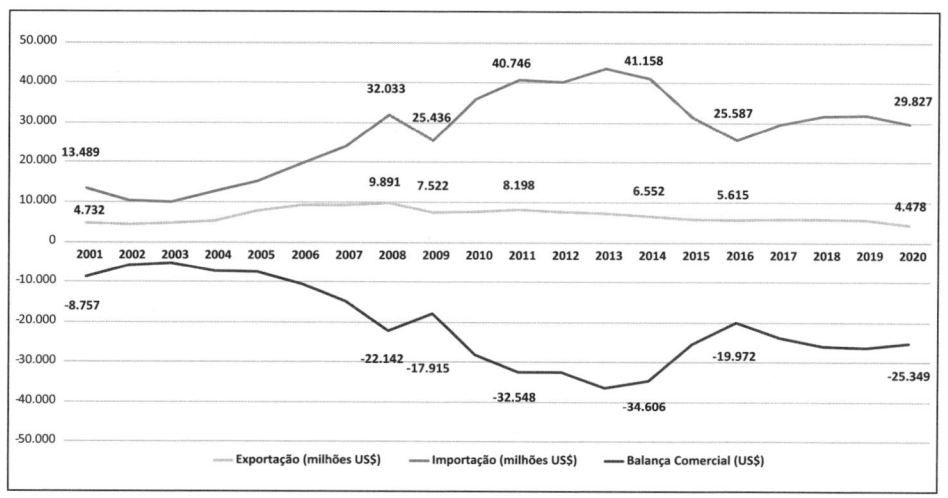

Ano	Exportação (milhões US$)	Importação (milhões US$)	Balança Comercial (US$)
2001	4.732	13.489	-8.757
2003		32.033	
2006		25.436	-22.142
2007	9.891		-17.915
2008	7.522	40.746	
2009	8.198	41.158	-32.548
2011			-34.606
2013	6.552		
2014	5.615	25.587	
2016			-19.972
2020	4.478	29.827	-25.349

Fonte: Associação Brasileira da Indústria Elétrica e Eletrônica (Abinee). Elaboração própria.

Semicondutor é o principal produto que mais contribui para o déficit na balança comercial de eletroeletrônicos, conforme tabela 1, com um percentual que foi de quase 20% no início dos anos 2000, caindo para 14,6% em 2020. Estes indicadores apontam para duas fragilidades do setor eletroeletrônico: a) o setor se tornou uma importante montadora, com decrescente penetração de produtos acabados (concentrando a importação em partes, peças e componentes), com peso crescente da microeletrônica nas importações totais do setor, principalmente semicondutores; e b) queda vertiginosa da competitividade internacional (relação exportação-importação).

Tabela 1
Importação de eletrônicos e semicondutores — 2003 a 2020

Ano	Importação Total Eletroeletrônicos (Em US$)	Importação Semicondutores (Em US$)	Participação (%) (Semicondutores/ Eletroeletrônicos)
2003	10.048	1.742,9	17,3
2004	12.667	2.397,5	18,9
2005	15.135	2.904,2	19,2
2006	19.705	3.332,5	16,9
2007	24.053	3.423,3	14,2
2008	32.033	4.040,5	12,6
2009	25.436	3.262,4	12,8
2010	35.836	4.424,4	12,3
2011	40.746	4.848,6	11,9
2012	40.222	4.766,3	11,8
2013	43.599	5.566,0	12,8
2014	41.158	5.173,0	12,6
2015	31.435	3.312,4	10,5
2016	25.587	3.149,0	12,3
2017	29.633	4.686,8	15,8
2018	31.756	5.057,7	15,9
2019	32.034	4.641,9	14,5
2020	29.827	4.362,1	14,6

Fonte: Associação Brasileira da Indústria Elétrica e Eletrônica (Abinee). Elaboração própria.

Na tentativa de superar essa deficiência estrutural e de colocar o Brasil na fronteira tecnológica, algumas políticas industriais e de inovação foram implementadas no período recente. Especificamente em relação ao setor eletroeletrônicos e de semicondutores, tem-se:

a) *Política Industrial, Tecnológica e de Comércio Exterior (Pitce)*, cuja vigência se estendeu de 2004 a 2008, previa: 1) linhas de ação horizontais (inovação e desenvolvimento tecnológico, inserção externa/exportações, modernização industrial e ambiente institucional); 2) promoção de setores estratégicos (software, semicondutores, bens de capital, fármacos e medicamentos); e 3) atividades portadoras de futuro (biotecnologia, nanotecnologia e energias renováveis) (Lima, 2017).

b) *Programa de Apoio ao Desenvolvimento Tecnológico da Indústria de Semicondutores (Padis)*, criado em 2007, que dispõe sobre os incentivos às indústrias de equipamentos para TV Digital e de componentes eletrônicos semicondutores, e sobre a proteção à propriedade intelectual das topografias de circuitos integrados, para estimular as atividades de pesquisa e desenvolvimento (P&D).

O Padis tem apresentado uma evolução que pode ser considerada positiva entre o período 2010 e 2018 (quadro 1). Só em 2019, como resultado da continuidade do baixo dinamismo econômico interno e os cortes de recursos para o programa, há uma queda em todos os indicadores — como número de projeto aprovado pelo Padis, faturamento e investimento em P&D.

Entretanto, considerando o período 2011 a 2018, houve crescimento do número de empresas incentivadas (em 2010 eram três e em 2018 foi de 24 empresas); as empresas beneficiadas pelo Padis apresentam crescimento em seu faturamento (saindo de R$ 336 milhões em 2011 e chegando a R$ 3,3 bilhões em 2018); o investimento em PD&I também apresentou um crescimento considerável (em 2011 era R$ 12,5 milhões e em 2018 ficou em R$ 102 milhões); e o percentual do faturamento de investimentos em P&D ficou em 5% em média ao longo do período.

Se comparamos esses valores que o volume de recurso de investimento no setor de semicondutores na economia mundial, conforme apresentado na seção 2 deste trabalho, pode-se considerar que os recursos ainda são muito baixos, o que aponta para a necessidade de ampliar o volume de recursos do Padis para dinamizar mais ainda o setor de semicondutores no país.

Houve um processo de crescimento e maior dinamismo do setor de semicondutores no país, pois em 2016 seu faturamento foi de R$ 2 bilhões e gerou 1,5 mil empregos, de acordo com a Abisemi (2020). Em 2020, a previsão do faturamento é cerca de R$ 3 bilhões, gerando aproximadamente 2 mil empregos. Para 2021, a expectativa é de crescimento do setor entre 4 e 5%, sobretudo se a taxa de câmbio média se mantiver estável nos patamares de R$ 5,20 a R$ 5,30, em relação à moeda americana.[11]

---

[11] Disponível em: www.abisemi.org.br/abisemi/noticia/104/industria-de-semicondutores-devera--fechar-2020--com-crescimento-de-5*-no-faturamento. Acesso em: 20 mai. 2021.

Quadro 1
Resultado do Programa Padis — 2010 a 2019

Descrição	2010	2011	2012	2013	2014	2015	2016	2017	2018	2019
Empresas Incentivadas	3	3	8	8	8	16	20	24	24	16
Número de Projetos Aprovados no Ano	3	0	8	0	2	10	6	2	0	0
Faturamento Bruto das Empresas Incentivadas		R$ 336,8 Milhões	R$ 253,5 Milhões	R$ 464 Milhões	R$ 919 Milhões	R$ 868 Milhões	R$ 1,1 Bilhão	R$ 2,37 Bilhões	R$ 3,3 Bilhões	R$ 2,2 Bilhões
Renúncia Fiscal		R$ 41,7 milhões	R$ 67,8 Milhões	R$ 117,7 Milhões	R$ 309 Milhões	R$ 399 Milhões	R$ 572 Milhões	R$ 715 Milhões	R$ 860 Milhões	R$ 507 Milhões
Impostos Federais Recolhidos		R$ 51,1 Milhões	R$ 3,7 Milhões	R$ 7,4 Milhões	R$ 20,5 Milhões	R$ 49,8 Milhões	R$ 48,5 Milhões	R$ 82,7 Milhões	R$ 85 Milhões	R$ 59,2 Milhões
Faturamento - Contrapartida P&D		R$ 245,2 Milhões	R$ 239,2 Milhões	R$ 463 Milhões	R$ 917 Milhões	R$ 745 Milhões	R$ 851 Milhões	R$ 1.894 Milhões	R$ 2.524 Milhões	R$ 1.671 Milhões
Investimentos em PD&I - Semicondutores		R$ 12,5 Milhões	R$ 14,3 Milhões	R$ 22,2 Milhões	R$ 32,4 Milhões	R$ 36,7 Milhões	R$ 53,4 Milhões	R$ 78,7 Milhões	R$ 102 Milhões	R$ 90,2 Milhões
Percentual do Faturamento de Investimentos em P&D		5,1%	6,0%	4,8%	3,5%	4,9%	6,3%	4,0%	4,0%	5,4%

Fontes: Secretaria de Empreendedorismo e Inovação (Sempi) e Ministério da Ciência, Tecnologia e Inovação (MCTI).

Além desses indicadores, estudos de Rivera e colaboradores (2015), dos relatórios do Ministério da Ciência, Tecnologia e Informação (MCTI) e informações da Associação Brasileira da Indústria de Semicondutores (Abisemi) mostram alguns resultados das políticas de estímulo ao setor, principalmente do Padis.

De acordo com os relatórios do MCTI, os estímulos do Padis contribuem para que no Brasil haja quatro empresas de semicondutores (quadro 1). A Smart Modular Technologies (Smart), empresa americana de montagem de módulos de memória. Essa empresa estabeleceu suas atividades no Brasil no fim de 2002, mas estimulada pela Pitce, iniciou as operações de encapsulamento de circuitos integrados de memória, construindo sua fábrica de encapsulamento e *clean room* em 2005. A unidade brasileira é a única do grupo a realizar o encapsulamento de componentes de semicondutores. A HT Micron também é uma empresa ainda em operação. Essas empresas atuam no setor de encapsulamento, segmento mais maduro do ecossistema brasileiro, o elo de *back-end* (Rivera et al., 2015).

Por outro lado, a Unitec Semicondutores S.A., instalada em Ribeirão das Neves, na Região Metropolitana de Belo Horizonte, lançada em 2012, era apresentada como marco tecnológico e a primeira brasileira a produzir *chips*, sob investimentos de R$ 1 bilhão. Entretanto, a empresa ainda se encontra parada.

Quadro 2
Situação das empresas de semicondutores no Brasil

Smart – A Smart está encapsulando memórias no Brasil desde 2005, o seu projeto Padis foi aprovado em 2013. Desde 2013, a empresa tem ampliado sua linha de produtos e em 2014 iniciará a operação das atividades de corte, encapsulamento e teste em uma sala limpa classe 10, destinada à fabricação de componentes eMCP, eMMC e LPDRAM.
Ceitec S.A. – Primeira foundry do País. Iniciou as atividades de fabricação de lâminas e de *back-end* em 2013. Possuía um dos maiores grupos de projeto de circuitos integrados do país. Estava fornecendo ao mercado chips para RFID. A empresa foi extinta em 2021.
Unitec Semicondutores S.A. – A empresa suspendeu os investimentos e encontra-se paralisada.
HT Micron – Está em operação no país desde 2009, em uma unidade provisória no campus da Unisinos em São Leopoldo (RS). Em outubro de 2013, inaugurou sua unidade fabril. A nova unidade iniciará a operação no primeiro trimestre de 2014, a empresa estará ofertando para o mercado memórias Dram e Nand Flash em larga escala. Em 2017, iniciou a operação de fabricação de memórias eMCP e eMMC.

Fontes: Secretaria de Empreendedorismo e Inovação (Sempi) e Ministério da Ciência, Tecnologia e Inovação (MCTI).

Recentemente, o fato que chamou mais atenção foi o fechamento da empresa Centro Nacional de Tecnologia Eletrônica Avançada S.A. (Ceitec). A empresa foi concebida no início em 2000, em Porto Alegre, mas somente em 2008 a estatal foi criada, tendo como estratégia inicial a fabricação de prototipagem para incluir um portfólio de produtos de mercado concentrado em soluções de Radio Frequency Identification (RFID) entre 600 nm e 180 nm, entre os quais *chips* para rastreamento bovino, de sangue (Hemobras), veicular (Siniav), registro civil (passaporte e identidade), além de produtos para CIs Asics para telecomunicações (*chip* Wimax e modulador da TV Digital) e automação industrial. Além do mais, a empresa tinha aproximadamente 70 projetistas especializados em tecnologia digital, analógica e mista e adota um modelo Fab-Lite.

O fechamento da Ceitec, por decisão unilateral do governo federal, gerou um amplo debate sobre a decisão equivocada do ponto de vista estratégico, principalmente diante do cenário geopolítico que mostra a essencialidade do setor de semicondutores no país.

4. Conclusão

O cenário mundial aponta para profundas transformações, tanto do ponto de vista técnico com a emersão da Indústria 4.0 como também econômico, com o mundo adotando políticas industrial e de inovação para fortalecer suas cadeias produtivas internas (Lima, 2021). Paradigmas tecnológicos emergentes podem servir como uma janela de oportunidades para os países retardatários avançar para novas tecnologias (Perez e Soete, 1988).

No caso do setor de semicondutores, nos próximos 10 anos, na economia global, a indústria precisará investir cerca de US $ 3 trilhões em P&D e despesas de capital em toda a cadeia de valor para atender à crescente demanda por semicondutores.[12]

As empresas e os governos devem construir uma extensa rede de colaboração para continuar facilitando o acesso mundial a mercados, tecnologias, capital e talento, e tornar a cadeia de suprimentos mais resiliente, principalmente para evitar novas crises de escassez do produto. Esse cenário cria janelas de oportunidades para países que já têm capacidades produtivas construídas no setor de semicondutores.

Diante do surgimento dessas janelas, a resposta de empresas e outros atores do sistema setorial de inovação de um país são essenciais para a maximização dessas oportunidades (Lee e Malberba, 2016). Para isso, alguns elementos são essenciais, como a construção do processo de aprendizagem, nível de capacidades, organização e estratégias. Além disso, as respostas dos outros atores e dimensões do sistema setorial em um país específico podem desempenhar um papel importante no *catch up*, principalmente considerando os diversos tipos e níveis de redes, sistema educacional, universidades, organizações financeiras, políticas públicas, entre outras dimensões.

Nesse sentido, o cenário mundial mostra que o setor de semicondutores é uma janela de oportunidades e o Brasil tem capacidades internas construídas, capazes de serem fortalecidas via políticas públicas, de tal modo que o Padis e as empresas existentes no país são elementos fundamentais.

Mesmo considerando que a Ceitec esteja em liquidação, é relevante levar em consideração a capacidade interna construída, o que aponta para a possibilidade

---

[12] Ver Varas et al. (2020).

de retomar o crescimento do setor no país. Para Rivera e colaboradores (2015), o Brasil tem um leque de oportunidades para a fabricação no Ceitec, entre os quais os componentes microssistemas — ex.: sensores, giroscópios etc., optoeletrônicos e fotônicos, bem como a possibilidade de retornar ao plano inicial de ser uma fábrica de prototipagem e inovação. Existe ainda a possibilidade de fazer um *upgrading* da tecnologia da fábrica para 350 nm ou 250 nm, o que ampliaria o leque de alternativas de mercado, e até mesmo a parceria ou venda do ativo para fabricante integrado no ecossistema internacional, fortalecendo parecerias com os principais fornecedores de *wafer*, como a Samsung, SK Hynix, Micron, Toshiba e Intel.

Sobre a possibilidade de internacionalização do setor com maior inserção via exportações, uma estratégia é estimular a busca de competitividade das memórias encapsuladas no Brasil, aproveitando oportunidades em negociações internacionais e na oferta de projetos especiais de novas memórias ou na exportação de memórias agregadas a bens finais.

As compras públicas também são um instrumento essencial para garantir transferência de tecnologia e fortalecimento da capacidade interna de produção. Ao contrário do que vem fazendo o governo brasileiro ao abrir as compras públicas para as empresas estrangeiras, o caminho seria seguir a mesma estratégia da maioria dos países na economia mundial, priorizando as empresas nacionais e o mercado interno.[13]

Além das compras públicas, o papel do BNDES para apoio a empresas nascentes inovadoras se faz necessário para apoiar projetos de maior risco, particularmente no apoio às empresas nascentes, em especial *fabless*, as quais precisam de um volume maior de recursos para as etapas de *design* e prototipagem. Importante mencionar que a maioria dos países tem instrumentos de apoio financeiro não reembolsável diretamente a empresas, algo inexistente no Brasil (Rivera et al., 2015).

Um ponto central para se pensar o setor de semicondutores no Brasil é o Padis, um mecanismo essencial de estímulo à inovação e ao fortalecimento da cadeia produtiva do setor. A experiência internacional no setor de semicondutores, já

---

[13] Disponível em: https://valor.globo.com/brasil/noticia/2021/04/19/empresas-dos-eua-lideram--interesse-estrangeiro-por-licitacao.ghtml. Acesso em: 20 jun. 2020.

apresentada aqui, deixam em evidência a essencialidade de políticas de incentivos, de modo que a manutenção do Padis, seu aprimoramento e a ampliação do volume de recursos são fundamentais para um processo de maior adensamento da cadeia produtiva de semicondutores no Brasil.

Referências

ABISEMI. Indústria de semicondutores deverá fechar 2020 com crescimento de 5% no faturamento. *Notícias*, 6 fev. 2021. Disponível em: www.abisemi.org.br/abisemi/noticia/104/industria-de-semicondutores-devera-fechar-2020--com-crescimento-de-5*-no-faturamento. Acesso em: 25 maio 2021.

BACKER, Koen; MANCINI, Matteo; SHARMA, Aditi. *Optimizing back-end semiconductor manufacturing through Industry 4.0*. McKinsey & Company, fev. 2017. Disponível em: www.mckinsey.com/industries/semiconductors/our-insights/optimizing-back-end-semiconductor-manufacturing-through--industry-40 Acesso em: 20 abr. 2021

FILIPPIN, Flávia. *Estado e desenvolvimento*: a indústria de semicondutores no Brasil. Dissertação (mestrado) — Universidade de Campinas, Campinas, 2016.

HERMANN, M.; PENTEK, T.; OTTO, B. Design principles for industrie 4.0 scenarios: a literature review (Princípios de design para Indústria 4.0 — cenários: revisão de literatura), 2015. Disponível em: www. researchgate.net/publication/307864150_Design_Principles_for_Industrie_40_Scenarios_A_Literature_ Review. Acesso em: 10 de set. 2017.

LEE, Keun; MALERBA, Franco. Catch-up cycles and changes in industrial leadership: windows of opportunity and responses by firms and countries in the evolution of sectoral systems. *Research Policy* (published online), Special Issue, 2016.

LIMA, Uallace Moreira. O Brasil e a cadeia automobilística: uma avaliação das políticas públicas para maior produtividade e integração internacional entre os anos 1990 e 2014. In: OLIVEIRA, Ivan Tiago M. et al. (Org.). *Cadeias globais de valor, políticas públicas e desenvolvimento*. Brasília, Ipea, 2017.

_____. Tendências da dinâmica do comércio mundial pós-covid-19. *Revista Princípios*, n. 160 nov. 2020/fev. 2021.

MORRIS, P.R. *A History of the World Semi-Conductor Industry*. The Institution of Engineering and Technology. Londres, 2008.

PEREZ, Carlota; SOETE, Luc. Catching-up in technology: entry barriers and windows of opportunity. In: DOSI, G.; FREEMAN, C.; NELSON, R.; SILVERBERG, G.; SOETE, L. (Ed.). *Technical change and economic theory*. Londres: Pinter Publishers, 1988. p. 458-479, 1988.

PRESIDÊNCIA DA REPÚBLICA. Secretária-geral. Subchefia para Assuntos Jurídicos. *Lei nº 13.969, de 26 de dezembro de 2019*. Disponível em: www.planalto.gov.br/ccivil_03/_ato2019-2022/2019/lei/L13969.htm. Acesso em jul. 2021.

RIVERA, Ricardo; TEIXEIRA, Ingrid; AZEN, Carlos; MIGUEL, Henrique; SALES, José Ricardo. Microeletrônica: qual é a ambição do Brasil? *Complexo Eletrônico*, BNDES Setorial 41, p. 345-396, 2015. Disponível em: https://web.bndes.gov.br/bib/jspui/bitstream/1408/4282/1/BS41-Microeletr%C3%B4nica_qual%20%C3%A9%20a%20ambi%C3%A7%C3%A3o%20do%20Brasil_atualizado_P.pdf. Acesso em: 20 abr. 2021.

SEMICONDUCTOR INDUSTRY ASSOCIATION (SAI). *2020: State of the U.S. semiconductor industry*. 2020. Disponível em: www.semiconductors.org/2020-state-of-the-u-s-semiconductor-industry/ Acesso em: 5 abr. 2021.

THE WHITE HOUSE. *Fact sheet: Biden-Harris administration announces supply chain disruptions task force to address short-term supply chain discontinuities*. 8 jun. 2021. BRIEFING ROOM, STATEMENTS AND RELEASES. Disponível em: www.whitehouse.gov/briefing-room/statements-releases/2021/06/08/fact-sheet-biden-harris-administration-announces-supply-chain-disruptions-task-force-to-address-short-term-supply-chain-discontinuities/. Acesso em: 25 maio 2021.

VARAS, Antonio; VARADARAJAN, Raj; GOODRICH, Jimmy; YINUG, Falan. *Strengthening the global semiconductor supply chain in an uncertain Era*. Semiconductor Industry Association (SIA)/Boston Consulting Group (BCG), abr. 2021. Disponível em: www.semiconductors.org/strengthening-the-global-semiconductor-supply-chain-in-an-uncertain-era/. Acesso em: 20 maio 2021.

PARTE III

15. Resgate da progressividade tributária no Plano Biden e alternativas para o Brasil

Rodrigo Octávio Orair

1. Introdução

O Plano Biden pode ser mais bem definido como uma estratégia baseada em três pilares: "resgatar", "recuperar" e "reconstruir" o país. A estratégia mais geral, por sua vez, se desdobra em três planos específicos. O primeiro é o Plano de Resgate Americano, já enviado e aprovado pelo Congresso, que tem como objetivo "resgatar" o país da crise causada pela pandemia da Covid-19. Trata-se de um pacote fiscal emergencial de US$ 1,9 trilhão que disponibiliza recursos para superar a crise sanitária (exemplo: programa nacional de vacinação) e para mitigar seus impactos sociais e econômicos.

Os outros dois planos, em fase de proposição ou tramitação, dizem respeito ao período pós-controle da crise sanitária e aos pilares de "recuperação e reconstrução". A intenção do governo norte-americano é conciliar um objetivo mais conjuntural, de superação da crise social e econômica, com objetivos estratégicos de médio e longo prazos. A natureza sem precedentes da tripla crise (sanitária, social e econômica) explicitou uma série de riscos aos quais as populações estão expostas e catalisou uma reflexão sobre maneiras de mitigá-los no futuro. Isto tem levado inúmeros países a formularem pacotes fiscais que contemplem ações de fortalecimento do sistema de saúde, proteção social e setores produtivos estratégicos, além de ações que lidem com questões distributivas e outros riscos de longo prazo como a crise climática.

A estratégia geral do Plano Biden não destoa destas diretrizes que formam a essência dos outros dois planos: o Plano de Empregos Americano e o Plano para as Famílias Americanas. O Plano de Empregos prevê principalmente um pacote de investimentos públicos em infraestrutura (econômica, urbana e social) e setores estratégicos (economia ambiental, serviços digitais, biossegurança, cadeias de abastecimento, pesquisa e desenvolvimento etc.). Este pacote fiscal reflete melhor o pilar de "recuperar" o país, o qual pode ser interpretado tanto no sentido mais restrito de acelerar a recuperação econômica e a geração de empregos quanto no sentido mais amplo de recuperar a liderança competitiva dos Estados Unidos em áreas estratégicas e reposicioná-lo na relação de concorrência com a China.

O pilar de "reconstruir" o país está melhor sintetizado no Plano para as Famílias. Este plano pretende redesenhar a proteção social, via ampliações do acesso a serviços (educação, saúde e assistência) e das transferências e créditos tributários para famílias e trabalhadores. Há complementarmente uma série de ações de fortalecimento da proteção trabalhista e das políticas afirmativas para minorias. Segundo a visão oficial, estes elementos proveriam a base para se "reconstruir" a classe média e os fundamentos da prosperidade do país. Ao fim e ao cabo, a estratégia do Plano Biden visa promover um padrão de crescimento sustentável, econômica e ambientalmente, e inclusivo do ponto de vista social.

Os planos contêm contrapartidas tributárias para compensar aumentos de despesas públicas. O Plano de Empregos prevê despesas da ordem de US$ 2 trilhões ao longo de oito anos e o Plano para as Famílias mais US$ 1,8 trilhão em uma década. Ambos preveem pacotes tributários, que gerariam receitas adicionais equivalentes no decorrer de um período mais longo de 12 a 15 anos, de modo que os déficits temporários seriam compensados no futuro. A mensagem implícita é que os esforços de ajuste fiscal devem ser conduzidos de maneira cuidadosa para não se mostrarem inconsistentes em relação ao objetivo conjuntural de recuperação econômica e aos objetivos estratégicos de sustentabilidade e inclusão social.

Mais ainda, a preocupação com a questão distributiva é reforçada nos pacotes tributários que concentram os aumentos de impostos sobre as grandes corporações e os contribuintes de alta renda, seja pela reforma do Imposto de Renda da Pessoa Jurídica (IRPJ) prevista no Plano de Empregos, ou do Imposto de Renda da Pessoa Física (IRPF) no Plano para as Famílias. Os pacotes tributários preveem aumentos das alíquotas federais do IRPJ, de 21% para 28%, e da máxima do IRPF, de 37% para 39,6%. No entanto, esses aumentos de alíquotas, que podem inclusive ser considerados modestos, obscurecem as mudanças mais significativas.

O diagnóstico presente na concepção dos pacotes fiscais identifica que um dos aspectos mais injustos do sistema tributário norte-americano tem sua origem em benefícios e práticas de planejamento tributário que abrem espaço para grandes empresas e indivíduos de alta renda elidirem do pagamento de impostos. Logo, o foco das propostas tributárias não recai tanto sobre as alíquotas em si, mas sim na eliminação das brechas para "igualar as regras e mudar o jogo" e assegurar que as corporações e os mais ricos "paguem sua parte justa".

A proposta de reforma do IRPJ se traduz em um conjunto de medidas para impor padrões mínimos e coibir procedimentos de erosão de base de cálculo e de migração de lucros para o exterior (inclusive paraísos fiscais) por parte das empresas multinacionais. Ao passo que a reforma do IRPF propõe rever tratamentos especiais para os rendimentos do capital de contribuintes de alta renda (dividendos qualificados, ganhos de capital de longo prazo e de propriedade real, carregamento de juros de parceiros de fundo *hedge* etc.). Com isto, boa parte dos rendimentos dos muito ricos, que hoje usufruem de alíquotas reduzidas (15% ou 20%), passaria a estar sujeita à alíquota máxima da tabela progressiva (39,6%). Haveria então uma equalização no tratamento tributário entre rendimentos do capital e do trabalho e advém daí o mote da reforma: "garantir que os ricos joguem pelas mesmas regras que todos os outros".

O foco deste texto é justamente sobre este último ponto que diz respeito ao resgate da progressividade da tributação de renda no topo da distribuição. De certo modo, o diagnóstico do Plano Biden sobre injustiça tributária guarda semelhanças com algumas análises aplicadas ao Brasil. Gobetti e Orair (2017) e Orair e Gobetti (2018), por exemplo, discutem o papel dos benefícios concedidos aos rendimentos do capital (entre eles a isenção integral aos dividendos) e de práticas de elisão fiscal que restringem o potencial arrecadatório e o grau de progressividade do IRPF no Brasil.

Partindo destes dois trabalhos, procuraremos argumentar que uma agenda bem desenhada de resgate da progressividade tributária tem potencial de levantar receitas de até 1,8% do PIB (R$ 153,2 bilhões). Caso acrescidas ao orçamento do Programa Bolsa Família, por exemplo, seria possível mais que quintuplicar os recursos disponíveis e redesenhar a proteção social não contributiva do país. Dependendo da opção de modelo de transferências (se focalizado, universal ou híbrido, que combina um elemento focalizado com outro universal para crianças), os resultados em termos de queda da pobreza e desigualdade seriam bastante expressivos, como mostram Paiva et colaboradores (2021).

2. Diagnóstico do imposto de renda no Brasil

A atual estrutura do imposto de renda no Brasil carece de lógica sistêmica e possui inúmeras brechas para planejamento tributário que limitam seu potencial arrecadatório e sua progressividade. Segue-se uma breve lista de distorções:

- As alíquotas estatutárias que incidem sobre o lucro da empresa são muito elevadas (até 34%, somando-se o IRPJ e a CSLL), mas há uma ampla gama de exclusões da base de cálculo e regimes especiais que, na maioria das situações, reduzem muito as alíquotas efetivas — cuja média se situa em 23,4% — ao mesmo tempo que geram arbitrariedades no tratamento tributário entre empresas e setores econômicos;
- Assimetrias no tratamento tributário entre as diversas fontes de rendimentos da propriedade do capital, com viés desfavorável aos ativos produtivos. As alíquotas sobre o lucro da empresa (até 34%) são com frequência mais elevadas do que as que incidem sobre ganhos de capital (15%), aplicações financeiras (normalmente de 15 a 22,5%, além de inúmeras isenções) e a alíquota máxima do IRPF (27,5%);
- A alíquota máxima do IRPF é baixa para padrões internacionais. Além disto, a base de cálculo do imposto é reduzida pelo grande volume de isenções e deduções, que carecem de justificativas sólidas sociais ou econômicas. Esta estrutura restringe o grau de progressividade do imposto e dá origem a iniquidades horizontais entre contribuintes com os mesmos níveis de renda;
- As iniquidades horizontais são agravadas pelas assimetrias no tratamento dos pequenos negócios e dos trabalhadores por conta própria em relação aos empregados assalariados. Parâmetros mal calibrados nos regimes especiais de pequenas e médias empresas (PMEs), conjugados com a isenção dos dividendos e a elevada tributação sobre a folha de pagamentos, geram incentivos para o fenômeno da "pejotização", em que pessoas físicas se convertem em sócias ou proprietárias de empresas para fins de elisão fiscal. Se no regime assalariado convencional a cunha tributária representa em média 42,4% dos custos laborais (somando tributos incidentes sobre a folha de pagamentos e IRPF), os sócios organizados em empresas de regimes especiais conseguem reduzir este custo de maneira substancial. Nos casos extremos de atividades de cunho personalíssimo com baixos custos operacionais, a cunha tributária dos prestadores de

serviços cai para uma média de 8,1% no regime do Simples e de 17,9% no Lucro Presumido, o que viola o princípio básico da equidade horizontal;

- O grau de progressividade tributária fica ainda mais restringido pelo fato de que apenas uma pequena parcela dos rendimentos dos muito ricos está sujeita à tabela progressiva do IRPF. A maior parcela advém de rendimentos do capital que gozam de tratamentos especiais, como os dividendos isentos e as aplicações financeiras isentas ou tributadas na fonte por alíquotas especiais. Este tratamento diferenciado conferido aos rendimentos do capital é a principal razão que explica a existência de uma quebra na escala de progressividade do IRPF no extremo topo da distribuição, o que viola o princípio básico da equidade vertical.

Longe de ser exaustiva, esta breve lista de distorções serve para ilustrar que nosso modelo de tributação da renda é incoerente e injusto, desestimula o investimento em ativos produtivos (em favor de outras modalidades) e abre inúmeras brechas para elisão fiscal. O resultado está sintetizado no gráfico 1 que mostra as alíquotas médias do IRPF por estratos da distribuição de renda.[1]

Gráfico 1
Alíquotas médias do IRPF ao longo da distribuição de renda no Brasil

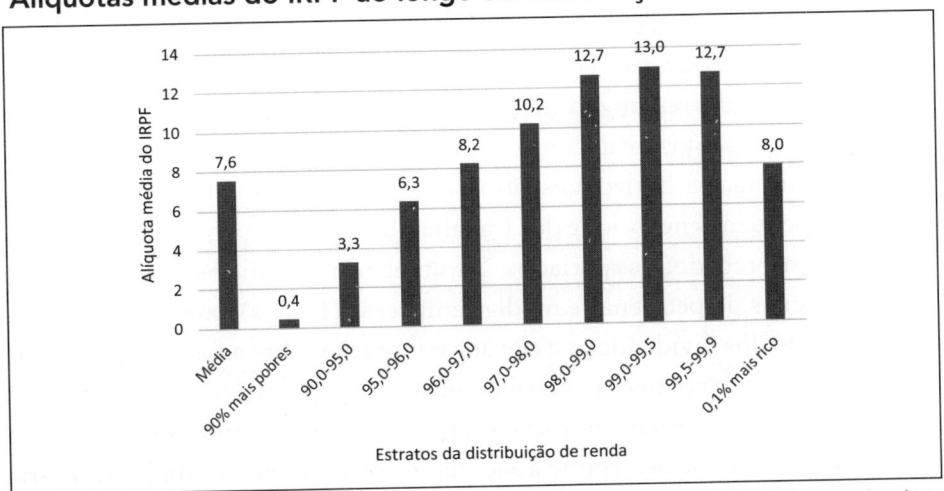

Estrato	Alíquota média do IRPF
Média	7,6
90% mais pobres	0,4
90,0-95,0	3,3
95,0-96,0	6,3
96,0-97,0	8,2
97,0-98,0	10,2
98,0-99,0	12,7
99,0-99,5	13,0
99,5-99,9	12,7
0,1% mais rico	8,0

Fonte: Elaboração do autor a partir das tabulações dos Grandes Números do IRPF, ano-calendário 2017.
Nota: Médias calculadas para os declarantes do imposto de renda.

---

[1] As alíquotas foram calculadas seguindo os mesmos procedimentos de Gobetti e Orair (2017) e incluem estimações do imposto de renda retido na fonte.

De maneira sintética, o IRPF pode ser considerado progressivo porque incide quase inteiramente sobre os rendimentos dos 10% mais ricos do país (isto é, cerca de 15 milhões de contribuintes da população de pouco mais de 150 milhões de adultos). Entre os 90% mais pobres, a grande maioria é isenta e somente uma minoria recolhe o imposto a uma alíquota média de 0,4% sobre seus rendimentos. Porém, as alíquotas médias que incidem sobre os 10% mais ricos são relativamente baixas (entre 3,3% e 13%) e deixam de crescer no extremo topo da distribuição, restringindo-se bastante o grau de progressividade do imposto. Outra peculiaridade é que há uma quebra na escala de progressividade que faz com o milésimo mais rico — isto é, cerca de 150 mil contribuintes auferindo uma média anual de R$ 2,9 milhões de rendimentos originados principalmente do capital —, em média, arque com uma alíquota menor do que o 96º centésimo da distribuição de renda — cuja renda média é 24 vezes inferior e provém principalmente dos rendimentos do trabalho.

Este breve diagnóstico não deixa dúvidas de que há ampla margem para ampliar o potencial arrecadatório e a progressividade do imposto de renda, desde que se tomem os devidos cuidados para não reproduzir ou mesmo amplificar distorções atuais. Ele também serve para relativizar a visão de que o IRPF no Brasil é alto. Isto pode ser verdade para alguns, mas não para todos.

3. Alternativas para resgate da progressividade do imposto de renda

A ideia de se ampliar a progressividade do imposto de renda está convencionalmente associada à restrição das deduções e/ou fixação de alíquotas marginais mais elevadas para a tabela progressiva. Entretanto, sob a configuração do IRPF no Brasil, estas medidas, por si só, teriam efeitos redistributivos e arrecadatórios muito limitados porque só atingiriam os rendimentos classificados como tributáveis, o que não inclui os dividendos nem os rendimentos de aplicações financeiras que são as principais fontes de renda dos muito ricos. O ônus ficaria bastante concentrado sobre os assalariados e, em parte, seria contraproducente ao incentivar ainda mais o fenômeno da "pejotização" mediante a transfiguração artificial da renda do trabalho (tributável) em renda do capital (isenta do IRPF).

Por outro lado, a mera restituição da tributação sobre dividendos tampouco resolveria o problema, já que manteria o desalinhamento de alíquotas, o desincentivo ao investimento em ativos produtivos e as brechas para elisão tributária. Se os dividendos fossem submetidos à tabela progressiva do IRPF, por exemplo, uma parte dos seus impactos seria neutralizada porque as empresas seriam induzidas a usar mecanismos alternativos para remunerar sócios e proprietários, como é o caso da recompra de ações tributada por uma alíquota especial de ganhos de capital ou distribuições disfarçadas de lucros.

Além disto, a alíquota estatutária máxima sobre a renda de dividendos, integrando a tributação da pessoa jurídica e física, seria superior a 50%, valor muito elevado para padrões internacionais. Isto é, se o lucro for tributado em até 34% no nível da pessoa jurídica e sobre os 66% restantes incidir uma alíquota de até 27,5%, chega-se à tributação máxima de 52,2%. Uma alíquota máxima próxima à da França (52,7%) e só superada em outros quatro países da OCDE, ou talvez um quinto, caso a proposta tributária do Plano Biden venha a ser aprovada. A média dos países-membros desta organização é de 41,7%, subdividida entre uma alíquota de 22,5% no nível da empresa e outra de 24,7% no nível pessoal (aplicada sobre os 77,5% de lucros restantes).

As experiências internacionais sugerem que o Brasil tributa muito no nível da empresa, quando comparado, por exemplo, com estas médias dos países da OCDE, onde prevalece uma tributação mais equilibrada entre os níveis da empresa e pessoal. A grande maioria destes países utiliza mecanismos para integrar a taxação dos lucros na pessoa jurídica e na pessoa física e amenizar a dupla tributação dos dividendos, mas praticamente nenhum os isenta integralmente. No Brasil, a tributação do lucro varia de acordo com o porte da empresa e pode a chegar aos 34%, que é superior à de qualquer outro país da OCDE.[2] Em contrapartida, o Brasil concede isenção integral para os dividendos no nível pessoal que só encontra paralelos na Estônia e na Letônia. O resultado é um modelo com extremos anacrônicos que incentiva as empresas a distribuírem dividendos ao invés de reterem e reinvestirem seus lucros.

Estas constatações reforçam o argumento de que, mais que medidas simples, o ideal seria caminhar na direção de um modelo mais coerente e aderente às práticas

---

2 Atualmente, a maior alíquota é de 31,5% em Portugal, que pode vir a ser superada pelos Estados Unidos se a proposta de elevação do Plano Biden for aprovada (em torno de 32%, incluindo uma estimativa média de alíquotas subnacionais).

internacionais. Isto passa por seguir um conjunto de diretrizes que incluem: *i)* maior isonomia no tratamento tributário entre os rendimentos do trabalho e do acionista ou proprietário de empresas (inclusive nos pequenos negócios); *ii)* maior isonomia na tributação entre as diversas fontes de renda do capital (dividendos, aplicações financeiras ou ganhos de capital); e *iii)* adoção de um mecanismo consistente de integração do imposto de renda nos níveis pessoal e da empresa, com alíquotas não desalinhadas em relação aos padrões internacionais.

Há algumas alternativas de modelos discutidos na literatura especializada. Uma primeira abordagem é introduzir procedimentos para viabilizar a tributação abrangente da renda, submetendo-se a totalidade dos rendimentos dos contribuintes à tabela progressiva do IRPF (sejam eles provenientes do trabalho ou da propriedade do capital), de maneira integrada ao IRPJ.[3] Basicamente, esta abordagem visa operacionalizar a tributação progressiva do aumento no poder de compra do patrimônio do contribuinte, em conformidade com os princípios originários do modelo abrangente de IRPF. Dado que toda a renda, sem exceção, é incluída na base tributável e submetida às alíquotas progressivas, assegura-se um tratamento uniforme às diversas fontes de renda. Sua desvantagem é que os procedimentos exigidos são de difícil operacionalização e na prática nenhum país conseguiu implementá-los integralmente.

Uma segunda alternativa, mais factível do ponto de vista operacional, é o "modelo dual", adotado inicialmente nos países nórdicos na década de 1990, sob contínuas revisões, e que vem inspirando formulações de reformas tributárias ao redor do mundo, a exemplo da reforma do Chile de 2014. Este modelo preserva uma estrutura dual que provê tratamento diferenciado entre os rendimentos do trabalho, submetidos à tabela progressiva do IRPF, e os rendimentos do capital, tributados de maneira ampla por alíquotas lineares alinhadas entre si. No modelo "semidual" adotado no Brasil, ao contrário, a base é restringida pelas inúmeras isenções e as alíquotas estão desalinhadas.

---

[3] Estes procedimentos incluem: i) a adoção do critério de competência para a contabilização dos rendimentos do acionista, de modo que o conceito relevante passa a ser o de renda atribuída (independentemente de o lucro ter sido retido ou distribuído como dividendos) para lidar com o problema de represamento (*lock-in*) de lucros; ii) o estabelecimento de um sistema de créditos para prover plena integração com o IRPJ, ao permitir compensar o imposto já pago pela empresa (isto é, o IRPJ é tratado como uma antecipação que gera créditos a serem compensados no IRPF); iii) mecanismos de atualização monetária para tributar somente os ganhos reais com aplicações financeiras; e iv) mecanismos de atualização monetária e de cálculo retroativo do imposto devido no ato da realização dos ganhos de capital, evitando-se o problema de falta de liquidez quando estes ganhos são tributados por competência.

Uma possível configuração para um modelo dual passa por estabelecer uma alíquota única de, digamos, 20% sobre uma base ampla de rendimentos do capital no nível pessoal (dividendos, aplicações financeiras e ganhos de capital) e sobre o lucro no nível da empresa. No caso específico da renda atribuída ao acionista (ou seja, a soma dos dividendos e ganhos de capital das participações na empresa), pode-se (ou não) conceder uma dedução até o limite do retorno normal do capital. Com isto, o lucro normal seria tributado exclusivamente no nível da empresa pela alíquota de 20%, alinhando-se à tributação das aplicações financeiras e dos demais ganhos de capital. Já a tributação sobre os lucros excedentes poderia chegar a 36%, somando-se os 20% pagos na pessoa jurídica e mais 16% na física (isto é, 0,8*20% correspondentes à alíquota que incide sobe os rendimentos do acionista acima do retorno normal). Ao final, a tributação integrada dos lucros variaria entre 20% e 36%, de acordo com o maior ou menor volume de lucros excedentes. A simetria deste modelo pressupõe que a alíquota máxima da tabela progressiva do IRPF, que incide sobre os rendimentos do trabalho, seja estabelecida em um nível próximo destes mesmos 36%.

Também se faz necessário introduzir um mecanismo de divisão da renda do proprietário ou acionista das pequenas empresas entre os retornos normal e excedente. Retorno normal é considerado remuneração do capital, fica sujeito ao imposto sobre o lucro da empresa (20%) e isento, quando distribuído à pessoa física; já o retorno excedente deve ser considerado remuneração do trabalho e submetido às alíquotas progressivas do IRPF. Frise-se que não há prejuízo à opção de um trabalhador autônomo ou uma pequena empresa por não adotar este regime especial e se sujeitar às alíquotas da tabela progressiva do IRPF. O resultado destes mecanismos é que tanto a tributação dos rendimentos atribuídos aos sócios ou proprietários das empresas (integrando os níveis da empresa e pessoal, independentemente do porte da empresa) quanto a tributação dos rendimentos dos trabalhadores autônomos ou assalariados ficariam mais alinhadas em, no máximo, 36%.[4]

---

[4] A principal experiência deste formato de modelo dual é a da Noruega após a reforma de 2006, com uma alíquota do capital no nível pessoal de 28%, tributação da renda do acionista entre 28% e 48,2% (28%+0,72*28%) e alíquotas da tabela progressiva variando de 28% a 48%. O método de cálculo do retorno normal do capital é semelhante ao que se utiliza hoje no Brasil para apurar os juros sobre o capital próprio (JSCP) e corresponde a aplicar uma taxa de juros de longo prazo sobre o patrimônio da empresa (inclusive nos regimes especiais de PMEs), porém o cálculo é feito no nível da pessoa física mais imune a práticas de planejamento tributário.

A virtude deste modelo dual é combinar, por um lado, a simplicidade e operacionalidade da tributação na fonte com alíquotas lineares para os rendimentos do capital, e, por outro lado, um alinhamento de alíquotas que confere tratamento mais isonômico entre as diversas fontes de rendas. As principais experiências de modelo dual indicam que promoveu ganhos arrecadatórios no imposto de renda devido à uniformização e ampliação da base de incidência. Assim como ampliou sua progressividade, ao promover a revisão de benefícios tributários concedidos aos rendimentos do capital, eliminar incentivos a fenômenos de transfiguração de renda e fechar brechas para elisão e evasão tributárias. Vale dizer, são geralmente os mais ricos, que contam com especialistas em planejamento tributário, os que mais se beneficiam destes benefícios e práticas.

As maiores críticas estão relacionadas com a manutenção de alíquotas lineares para os rendimentos do capital e da dedução que isenta o retorno normal do acionista, mesmo havendo uma série de justificativas teóricas para tributá-lo em algum nível. Estas características restringem o grau de progressividade do IRPF no topo da distribuição, tema que é particularmente relevante em um país tão desigual como o Brasil. Devido a esta restrição, torna-se justificável que o modelo dual de IRPF seja reforçado por um imposto que incida sobre o patrimônio dos mais ricos, se o objetivo for perseguir maior progressividade, diferentemente do modelo abrangente que pode prescindir de um alcance tão amplo deste tipo de imposto.

Este tipo de imposto sobre patrimônio vem recebendo crescente interesse nos últimos anos devido ao renovado foco sobre o papel da tributação em regular a concentração de renda e riqueza no topo. Tal revisão reflete desenvolvimentos recentes no ambiente internacional de ampliação das desigualdades e de avanço da agenda global de transparência fiscal, que estabeleceu novos instrumentos de prevenção para evitar que a renda do capital e o patrimônio sejam escondidos no exterior (*offshore*) e minimizou o grau de distorção destes impostos.

4. Simulação dos resultados do resgate da progressividade

Infelizmente, os dados fiscais hoje disponíveis ao público em geral não nos permitem simular com maior grau de precisão os resultados da alternativa de modelo abrangente. Por isto, vamos nos restringir a apresentar estimativas que tomam como base duas referências de modelo dual:

a) Modelo 1: unificação em 20% da alíquota sobre o lucro da empresa e os principais rendimentos pessoais do capital e aumento da alíquota máxima da tabela progressiva do IRPF para 35%;
b) Modelo 2: alíquota de 22,5% sobre o lucro e os rendimentos pessoais do capital e alíquota máxima da tabela progressiva do IRPF de 40%.

A primeira alternativa equivale a aproximar as alíquotas brasileiras às de países como Chile e México, enquanto na segunda ficaríamos um pouco abaixo das médias praticadas nos países da OCDE. Além do realinhamento de alíquotas, as estimações consideram revisões de deduções, isenções e regimes especiais que ampliam a base de cálculo do imposto.[5] Os parâmetros dos modelos estão calibrados para assegurar maior equilíbrio na tributação de renda entre as empresas de diferentes portes e entre os rendimentos do acionista ou proprietário de empresas e dos trabalhadores autônomos ou assalariados. Desta maneira, busca-se ampliar a progressividade do imposto tanto pela elevação de alíquotas quanto pela eliminação de brechas de planejamento tributário e de incentivos a fenômenos de transfiguração da renda como a "pejotização".

O gráfico 2 permite comparar as alíquotas médias do IRPF na estrutura atual e nos dois modelos simulados, deixando claro o aumento de progressividade. A alíquota média entre todos os declarantes subiria de 7,6% para 11% (modelo dual 1) ou 11,6% (modelo dual 2), com a maior parte do aumento concentrado no centésimo mais rico. Deve-se manter em mente a ressalva de que os modelos simulados atenuam, sem eliminar, a quebra de progressividade no milésimo mais rico.

---

[5] Entre as quais: a imposição de teto para a dedução de despesas médicas; eliminação de isenções de dividendos e aplicações financeiras (LCIs, LCAs etc.); substituição da dedução dos juros sobre o capital próprio; e a restrição do volume de dividendos isentos nos regimes de PMEs aos percentuais presumidos (ou arbitrados) pela legislação. Ver a seção 6.3 de Paiva e colaboradores (2021) para mais detalhes sobre os parâmetros das simulações.

Gráfico 2
Alíquotas médias do IRPF ao longo da distribuição de renda na estrutura atual e em dois modelos duais simulados, com ou sem um imposto sobre patrimônio

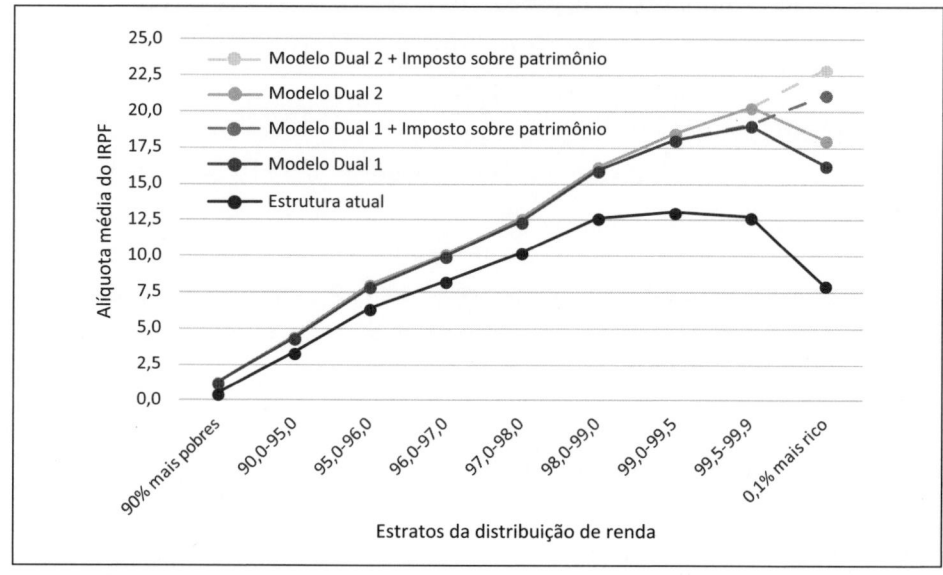

Fonte: Elaboração do autor.

Para contornar esta limitação, os resultados do gráfico 2 incluem simulações que complementam o modelo dual de IRPF com um imposto sobre patrimônio das pessoas físicas (ou imposto sobre grandes fortunas). Há inúmeros desenhos possíveis para este imposto e, por simplicidade, a simulação está referenciada nos limiares e faixas de alíquotas adotados na Espanha. Esse país possui um imposto com alíquotas progressivas de 0,2% a 2,5%, sobre o valor do patrimônio que excede o limite de isenção de € 700.000 (ou R$ 2.526.082, ao câmbio médio de R$ 3,61 do ano de 2017).[6] Transpondo para os dados disponíveis no Brasil, o imposto incidiria sobre 240,7 mil contribuintes que, em função da íntima relação entre distribuição de renda e riqueza, estão concentrados basicamente no estrato dos 0,16% adultos com maiores rendimentos no país.

---

[6] Os resultados foram calculados a partir de uma *proxy* da base de cálculo, calculada a partir de informações de patrimônio das declarações de IRPF, e de uma estimativa de eficiência arrecadatória calibrada em 80%. Ver Paiva e colaboradores (2021) para mais detalhes.

Como se pode observar no gráfico 2, a principal consequência do imposto sobre patrimônio é ampliar a alíquota média sobre os rendimentos do milésimo mais rico do país: de 16,3% para 21,2% quando combinado com o primeiro modelo dual, ou de 18,0% para 22,9% com o segundo modelo. Assim, o imposto sobre patrimônio elimina a quebra na escala de progressividade no extremo topo da distribuição e supre uma limitação do modelo dual de IRPF.

Do ponto de vista arrecadatório, as simulações sugerem receitas da ordem de 0,9% do PIB na primeira alternativa e 1,5% do PIB na segunda alternativa de modelo de IRPF (R$ 75,2 bilhões e R$ 127,0 bilhões em valores de 2021, respectivamente), sem contar mais 0,3% do PIB (R$ 26,2 bilhões) proveniente do imposto sobre patrimônio.[7] Ou seja, uma agenda bem desenhada de resgate da progressividade da tributação de renda tem potencial de levantar receitas de até 1,8% do PIB (R$ 153,2 bilhões), ao final de um período de transição com implementação gradual.

Por fim, é digno de nota que a opção por apresentar exclusivamente os resultados do modelo dual de IRPF se deve ao fato de que suas simulações são menos demandantes de informações. Resultados semelhantes poderiam ter sido alcançados por uma calibração equivalente de modelo abrangente de IRPF, cujas informações necessárias para simulações não estão disponíveis. Independentemente do formato, o mais importante é que se busque um modelo que confira tratamento mais consistente às diversas fontes de rendas e assim elimine brechas para fenômenos de transfiguração de renda. Caso contrário, há grande risco de que o resgate da progressividade não se concretize e que distorções atuais sejam até mesmo amplificadas, como pode ser o caso de inúmeras propostas simplistas de reforma do tipo "lista de mercado" que desconsideram tais riscos.

---

[7] Vale reiterar que o desenho dos modelos duais passa por uma redução das alíquotas estatutárias do IRPJ/CSLL, com consequente perda de arrecadação no nível da empresa. Uma parte desta perda poderia ser neutralizada pelas já previstas revisões da dedução dos JSCP e dos regimes especiais de PMEs, ou por medidas complementares, como a adoção de alíquotas mínimas e procedimentos para coibir práticas de erosão da base de cálculo e migração de lucros. A redução de alíquotas abre uma janela de oportunidade para se avançar na direção de um modelo de tributação do lucro de base mais ampla. Mesmo assim, restaria a necessidade de compensar a outra parcela da perda de arrecadatória com receitas no nível da pessoa física e as estimativas de receitas já consideram esta compensação. Ver Paiva et al. (2021).

Referências

GOBETTI, S.; ORAIR, R. Taxation and distribution of income in Brazil: new evidence from personal income tax data. *Brazilian Journal of Political Economy*, v. 37, n. 2, p. 267-286, 2017.

ORAIR, R.; GOBETTI, S. Reforma tributária no Brasil: princípios norteadores e propostas em debate. *Novos Estudos Cebrap*, v. 37, n. 2, p. 213-244, 2018.

PAIVA, L. H.; BARTHOLO, L.; SOUZA, P. H. G.; ORAIR, R. O. *A reformulação das transferências de renda no Brasil*: simulações e desafios. Brasília: Ipea, 2021. (Texto para Discussão, no prelo).

16. A reforma tributária de Biden e o Brasil

Nelson Barbosa

O governo Biden anunciou três iniciativas fiscais baseadas no princípio de gastar hoje e tributar depois (*spend and tax*). No Plano de Resgate (Rescue Plan), já aprovado pelo Congresso norte-americano, Biden injetará US$ 1,9 trilhão na economia dos EUA em 2021-22. No Plano de Empregos (American Jobs Plan) e no Plano das Famílias (American Families Plan), a proposta prevê novo estímulo fiscal de US$ 2,3 trilhões e de US$ 1,9 trilhão, respectivamente, distribuídos ao longo de vários anos e financiados, parcialmente, por aumento de impostos.

O plano tributário de Biden é modesto em algumas coisas e ousado em outras. Algumas ações apenas corrigem excessos dos últimos 40 anos, isto é, desde a grande desoneração do capital iniciada por Reagan, nos anos 1980. Em contraste, algumas propostas de Biden podem mudar permanentemente a lógica de tributação da renda do capital, além de promover um combate internacional mais efetivo ao planejamento tributário via paraísos fiscais. Nesse texto analisarei as principais medidas tributárias de Biden e sua aplicabilidade ou não no Brasil.

Principais medidas tributárias de Biden

Começando pelo plano de emprego de Biden (White House, 2021a; Durante et al., 2021), as três principais medidas tributárias são:

1. Aumentar a alíquota estatutária de imposto de renda sobre pessoas jurídicas (equivalente ao nosso IRPJ), de 21% para 28%, desfazendo parte da desoneração implementada por Trump, em 2017. Neste ponto Biden foi modesto, uma vez que a alíquota pré-Trump era de 35%;

2. Criação de alíquota mínima de 15% sobre o lucro contábil de empresas com ganho superior a US$ 2 bilhões por ano. Neste ponto Biden foi ousado, propondo piso para pagamento de IRPJ por grandes empresas, uma vez que na prática grandes corporações pagam bem menos do que a alíquota estatutária;
3. Criação de alíquota mínima de 21% sobre lucros no exterior, de modo a evitar que multinacionais evadam tributos colocando suas sedes em paraísos fiscais. Nesse ponto Biden também foi ousado, pois até 2020 o governo norte-americano relutou em apoiar esse tipo de iniciativa no âmbito do G7 ou da OCDE.

Passando ao plano Biden de auxílio às famílias (White House, 2021b; Watson et al., 2021), as principais propostas tributárias também incluem mudanças incrementais e estruturais. Especificamente:

1. Elevação da alíquota máxima de imposto de renda sobre pessoas físicas (IRPF), de 35% para 39,6%, antecipando o fim da desoneração realizada por Trump em 2017, que estava prevista para acabar em 2026;
2. Tributação de ganhos de capital, lucros e dividendos acima de US$ 1 milhão por ano, recebidos por pessoas físicas, pela mesma alíquota aplicada à renda do trabalho, mais adicional de 3,8%, no cálculo do IRPF. Nesse ponto Biden foi ousadíssimo, acabando com a desoneração do capital em relação ao trabalho na arrecadação de imposto de renda, mas somente para grandes contribuintes, de modo a não desestimular a poupança pela classe média;
3. Tributar o ganho de capital implícito em ativos transferidos por herança, de modo a eliminar uma distorção na legislação dos EUA, que zerava ganhos de preço no momento de transferência do bem ou direito para herdeiros. Caso a proposta de Biden seja aprovada, haverá dois pagamentos: um de IRPF sobre ganho de capital pela valorização do ativo durante a vida de quem deixou a herança, outro de imposto sobre a grande herança em si.

O que Biden propôs de tributação não é exatamente novo em termos de teoria econômica. Há décadas, vários economistas norte-americanos enfatizam a necessidade de política tributária mais progressiva, para atenuar tensões políticas e promover crescimento econômico.[1] A novidade de Biden é mais política: a principal economia do mundo parece ter mudado de posição em relação à tributação da renda do capital e ao papel do Estado na sociedade. Uma mudança desse porte tende a influenciar o resto do mundo ocidental.

Para analisar a viabilidade das propostas de Biden no Brasil, vale a pena uma breve descrição de nossa tributação.

O imbróglio da tributação indireta no Brasil

Começando por nossos tributos indiretos, temos um dos sistemas mais complexos do mundo. Há tributo federal, estadual e municipal sobre vendas, com incidência cumulativa (sobre faturamento) ou não cumulativa (sobre valor adicionado). No sistema não cumulativo, nem todos os insumos geram crédito tributário para pagamento do imposto devido nas vendas, o que cria passivos tributários bilionários entre empresas e governo, devido a divergências de interpretação sobre como aplicar a legislação.

Para piorar a situação, a existência de tributação indireta na origem (ponto de produção) e no destino (ponto de venda) estimula a guerra fiscal entre estados. Como? Para resumir uma longa história, suponha que um estado conceda desoneração sobre a produção local, mas reporte às demais unidades da federação brasileira que a empresa em questão pagou o imposto total na origem. O resultado desta medida é criar um crédito tributário fictício: o direito de abater parte do imposto devido no ponto de venda por um imposto que não foi efetivamente pago no ponto de produção. Sabendo dessa artimanha, o governo do estado onde ocorre a venda da mercadoria não aceita o crédito tributário fictício, o que por sua vez gera outro acúmulo bilionário de passivos tributários.

Como os EUA não têm esse problema,[2] a reforma tributária de Biden enfatizou a tributação direta. Por aqui o desafio é maior. Temos que reformar nossa tributação indireta e direta. Teoricamente, as duas coisas podem andar juntas, em projetos de lei (PL) ou propostas de emenda constitucional (PEC) separadas.

---

[1] Bowles et al. (1984, 1990); Gordon (1996); Baker (2006); Galbraith (2008).
[2] Nos EUA a principal tributação indireta é estadual, totalmente no destino e sobre o consumo.

Desde meados dos anos 1990, a prioridade do governo brasileiro tem sido começar nossa reforma tributária pela tributação indireta, falhando em todas as tentativas (Junqueira, 2011). Independente do histórico ruim, o esforço continua em torno de três princípios (Varsano, 1996; Orair e Gobetti, 2016):

1. *Tributação no destino*: o tributo deve pertencer ao estado e município da venda do produto, acabando com a guerra fiscal via produção de crédito tributário fictício no estado ou município de produção do bem ou serviço (modelo europeu);
2. *Tributação sobre valor adicionado*: todo imposto pago na compra de insumo deve gerar crédito tributário, acabando com a "separação de nota fiscal" na apuração do tributo sobre valor adicionado (modelo europeu);
3. *Alíquota única por território*: todos os bens e serviços devem pagar a mesma alíquota municipal, estadual e federal, mas cada estado e município deve poder fixar o percentual a ser cobrado em seu território (modelo do *sales tax* estadual dos EUA).

Apesar de a maioria dos economistas concordar com esses princípios, o diabo aparece nos detalhes. Adotar tributação indireta sobre valor adicionado e com alíquota única sobre bens e serviços fará com que o setor de serviços pague mais tributos indiretos em relação à situação atual, enquanto a indústria pagará menos. Isso acontece porque a maioria das empresas de serviços está hoje no regime cumulativo, pagando uma alíquota pequena sobre seu faturamento. Passando ao regime não cumulativo, haverá aumento de carga tributária.

Um exemplo numérico ajuda a ilustrar a questão: considere uma empresa com faturamento de R$ 100, dos quais R$ 80 são valor adicionado (salários e lucros) e, portanto, R$ 20 são custo de produção. No regime atual de tributação federal cumulativa, essa empresa paga 3,65% de PIS e Cofins sobre o faturamento bruto, ou seja, R$ 3,65 de tributo indireto federal.[3] Caso o sistema migre para uma alíquota de 10% sobre o valor adicionado, essa empresa pagará R$ 8 de PIS

---

[3] Estou considerando alíquota "por dentro" para não complicar a análise. Recentemente, o STF decidiu que o PIS e Cofins devem incidir "por fora", ou seja, o tributo deve ser 3,65% sobre o preço sem imposto. Como toda alíquota por dentro tem uma alíquota correspondente por fora, usei o caso mais simples no exemplo.

e Cofins. Haverá aumento de carga tributária de R$ 4,35 e, por esse motivo, as empresas de serviços resistem à mudança.[4]

No caso da indústria, o valor adicionado é uma pequena parcela do valor bruto da produção e, portanto, vale a pena pagar uma alíquota maior sobre lucros e salários do que uma alíquota menor sobre faturamento. Voltando ao exemplo anterior, considere outra empresa com os mesmos R$ 100 de faturamento, mas onde apenas R$ 20 correspondem a lucros e salários. Nesse caso, o regime de tributação não cumulativo com alíquota de 10% resulta no pagamento R$ 2, ou seja, menos do que os R$ 3,65 que seriam pagos no regime cumulativo. Por esse motivo, a indústria prefere tributação sobre valor adicionado, desde que todo seu gasto com insumo possa ser excluído da base de cálculo do imposto.

A maioria dos economistas defende que a tributação indireta incida sobre o valor adicionado em vez de sobre o valor bruto da produção. Por quê? Quando a tributação é cumulativa, uma empresa pode internalizar algumas atividades para pagar menos impostos, mesmo quando as atividades em questão possam ser feitas de modo mais eficiente por terceiros. Em outras palavras, tributo cumulativo desincentiva a divisão do trabalho e, portanto, a eficiência econômica.

Nossa tributação indireta deve ser uniforme sobre valor adicionado, não importando o tipo de atividade ou produto, como acontece nas principais potências industriais do mundo. A transição para o novo sistema implica tributar mais os serviços e menos a indústria, mas a economia como um todo ganhará nesse processo, com aumento de produtividade e crescimento. Porém, dado o peso do setor de serviços na política, a reforma da tributação indireta defendida pela maioria dos economistas enfrenta grande oposição no Congresso. Essa oposição tem sido o grande entrave a todas as tentativas de reforma nos últimos 30 anos.

A reforma de nossa tributação indireta também enfrenta desafios federativos, pois vários estados e municípios não querem renunciar à guerra fiscal sem obter compensação tributária por parte da União, ou seja, por todos os contribuintes do Brasil. A solução do impasse federativo é uma reforma gradual, com criação de fundos temporários de compensação e desenvolvimento regional. Todavia, deve-se evitar o padrão observado na jurisprudência brasileira, segundo a qual fundos provisórios acabam se tornando permanentes.

---

[4] Na sua proposta de reforma da tributação indireta (PL 3887/2020), o governo Bolsonaro propôs substituir o PIS-Cofins por uma Contribuição sobre Bens e Serviços (CBS), com alíquota de 12%. Uso 10% para facilitar o cálculo.

Por fim, a reforma da tributação indireta também esbarra na proliferação de regimes tributários especiais, para produtos, atividades, ou tipos de empresa (exemplo: Supersimples para micro e pequenas empresas), que por sua vez foram desenvolvidos justamente para minorar os efeitos deletérios da complexidade do sistema geral de tributação sobre a produtividade e competitividade do Brasil. Como várias empresas se beneficiam de créditos tributários que serão extintos na nova sistemática de arrecadação indireta, elas resistem ao modelo mais eficiente com receio de que o ganho de eficiência não compensará o aumento de alíquota nominal a ser pago. A saída do impasse é novamente uma transição gradual para o novo sistema, começando com alíquotas setoriais diferentes, mas convergindo para alíquota única no médio prazo.

Todas as ideias apresentadas anteriormente não são complicadas tecnicamente, mas como elas alteram substancialmente a distribuição de tributos indiretos entre setores, até hoje não houve consenso político para implementá-las no Brasil.[5]

O desafio da tributação direta no Brasil

Passando a temas tributários em que temos alguma proximidade com os EUA, o Brasil também precisa reformar nossa tributação direta.

Começando pela tributação dos lucros de pessoas jurídicas, a alíquota estatutária do Brasil é de 34%, sendo 25% de IRPF e 9% de Contribuição Social sobre o Lucro Líquido (CSLL).[6] O tributo incide só uma vez, quando da apuração do lucro. Desde 1995, a distribuição de dividendos é isenta de tributos, mas diante da evolução do assunto no mundo, a tendência atual é reduzir a alíquota sobre lucro retido e voltar a tributar dividendos (Gobetti, 2018).

Alguns países europeus reduziram recentemente sua alíquota de imposto de renda sobre lucros retidos, de modo a incentivar o investimento pelas empresas,

---

[5] Por iniciativa do Congresso, a Proposta Emenda Constitucional 45/2019 prevê unificação da tributação indireta federal, estadual e municipal em um Imposto sobre Bens e Serviços (IBS). Em paralelo, por iniciativa do Poder Executivo, o Congresso também discute o Projeto de Lei (PL) 3.887/2020, que transforma o PIS-Cofins em Contribuição sobre Bens e Serviços (CBS). As duas propostas seguem as linhas defendidas neste capítulo.

[6] As instituições financeiras pagam temporariamente mais IRPJ e CSLL.

com resultados iniciais positivos (Boissel e Matray, 2019). A mesma lógica pode ser aplicada no Brasil com, por exemplo, manutenção da soma de alíquotas de IRPJ e CSLL em 34%, mas com 20% na apuração do lucro e 14% na distribuição de dividendos.[7]

Além da mudança anterior, que alinharia o Brasil à prática de países mais desenvolvidos, a proposta de Biden, de criar alíquota mínima sobre lucros no país e no exterior, também pode e deve ser seguida pelo Brasil, pois isso diminuiria consideravelmente o espaço para evasão fiscal. De acordo com levantamento da Tax Justice Network (TJN, 2020), o Brasil é o quarto país mais afetado pelo planejamento tributário por parte de empresas multinacionais. Segundo a TJN, em termos absolutos, o governo brasileiro perde aproximadamente US$ 15 bilhões por ano (aproximadamente 1% do PIB de 2021) devido à elisão tributária via paraísos fiscais.

Passando à tributação sobre pessoas físicas, nossa tabela de IRPF é bem menos progressiva do que nos EUA, mas eventuais mudanças na legislação devem levar em consideração a diferença de renda *per capita* entre os dois países e o fato de que, no Brasil, a contribuição patronal para a previdência é bem maior do que nos EUA (Cardoso et al., 2017). Especificamente, nossas empresas pagam 20% sobre o salário integral do empregado, enquanto na economia norte americana a alíquota incide apenas até o teto de benefício da previdência social.[8] Traduzindo do economês, a contribuição patronal para o INSS funciona como um "imposto de renda disfarçado", reduzindo o rendimento líquido do trabalhador.

Mais um exemplo numérico ajuda a ilustrar a questão. Considere uma pessoa com rendimento tributável de R$ 20 mil por mês. Com base na tabela de IRPF de 2021, essa pessoa paga 23,15% de alíquota efetiva de imposto de renda, R$ 4.630,64. Porém, como a contribuição patronal ao INSS é de R$ 4 mil (20% de R$ 20 mil), precisamos calcular quanto seria o salário do empregado caso

---

[7] O governo brasileiro se moveu recentemente no sentido defendido neste capítulo, apresentando proposta de tributação dos dividendos em 20% do valor que exceder R$ 20 mil por mês. A proposta está atrelada à correção da tabela de imposto de renda sobre pessoa física e redução da tributação sobre lucros retidos, em 5 pontos percentuais, além da revisão de tributação sobre rendimentos financeiros (PL 2.337/2021).

[8] De acordo com a tabela de 2021, a contribuição patronal para a previdência e saúde (Medicare) é de 7,65% sobre o salário anual, até US$ 142.800. O que exceder esse valor não gera contribuição patronal nos EUA.

nossa legislação fosse igual ao praticado nos EUA e o empregado ficasse com a diferença de contribuição patronal.

Com base nos valores de 2021, o teto de contribuição ao INSS é de R$ 6.433,57. Caso a empresa pagasse 20% somente até tal valor, a contribuição patronal para a previdência seria de R$ 1.286,71. A diferença de R$ 2.173,19 em relação à contribuição efetiva de R$ 4 mil é o "imposto de renda disfarçado" quando comparamos Brasil e EUA. Se somarmos esse valor ao pagamento de IRPF, a alíquota efetiva paga pelo trabalhador sobe para 36,72%, ou seja, mais próxima do praticado nos EUA.

Em comparação com os norte-americanos, nós brasileiros tributamos renda do trabalho com baixa alíquota de IRPF, compensando essa escolha com alta alíquota de contribuição à previdência social. Não é adequado discutir uma coisa sem reformar a outra, o que nos leva a mais uma jabuticaba: nossa tributação sobre folha de pagamentos.

Folha de pagamento e "pejotização"

A folha de pagamento é altamente tributada no Brasil. Além da contribuição patronal de 20% ao INSS, temos contribuição compulsória para a educação (2,5%) e para o Sistema S e Incra (3,3%), "poupança forçada" via FGTS (8%) e seguro para acidentes de trabalho (em média 2%). Somando todos os itens, chegamos a 35,8% de encargos sobre a folha (De Oliveira, 2011), o que acaba empurrando trabalhadores ou para a informalidade, em contratos de baixos salários, ou para o planejamento tributário, em contratos de altos salários.

Assumindo que FGTS e seguro contra acidentes de trabalho são uma forma de salário indireto que deve ser preservada, a solução para a elevada oneração da folha de pagamento no Brasil passa pela revisão das contribuições ao INSS, Educação e Sistema S. Os EUA não têm esse problema na escala do Brasil.

Para desestimular a contratação de profissionais de altos salários como pessoas jurídicas (a "pejotização"), uma ideia seria limitar a incidência de contribuição patronal ao teto do INSS, compensando a perda de receita da previdência com contribuição pessoal maior sobre altos salários (aumento do IRPF sobre renda do trabalho) e altos lucros (aumento do IRPF sobre renda de capital), além do direcionamento de parcela maior da tributação indireta para a previdência e seguridade social (contribuição sobre valor adicionado em vez de sobre a folha).

No caso da renda pessoal oriunda do capital, temos um problema similar aos EUA, devido à baixa tributação de lucros e dividendos distribuídos a profissionais de alta renda que prestam serviços como empresas (o "pejotinha") em nosso sistema de "lucro presumido" ou no regime tributário especial para micro e pequenas empresas (o "Supersimples"). Para simplificar a explicação, abordarei apenas o regime de lucro presumido.[9]

Atualmente, várias empresas de prestação de serviços pagam IRPF e CSLL sobre um percentual do seu faturamento, o "lucro presumido" pela Receita Federal. Na legislação atual, o percentual é de 32%, ou seja, aplicam-se as alíquotas de imposto de renda e contribuição social a 32% do faturamento. Se o lucro efetivo da empresa for próximo de tal valor, não há distorção. Mas se o lucro efetivo for muito maior do que 32% do seu faturamento, há subtributação da renda do capital (Gobetti e Orair, 2016). Vejamos um último exemplo numérico.

Considere uma empresa de serviços no município de São Paulo, com faturamento mensal de R$ 20 mil. Segundo a legislação atual, a carga tributária dessa empresa corresponde a 16,33% de seu faturamento: sendo 3,65% de PIS-Cofins, 5% de imposto municipal sobre serviços (ISS) e 7,68% de tributação direta sobre o lucro presumido. O último valor equivale à aplicação das alíquotas de 15% de IRPJ e 9% de CSLL sobre 32% do faturamento.[10]

Para calcular o lucro real da empresa, suponha que seu custo operacional seja 10% do seu faturamento. Nesse caso, o lucro efetivo da empresa é 81,35% do seu faturamento (um menos 8,65% de tributação indireta e 10% de despesa operacional). Como a Receita Federal presume que o lucro foi de 32% do faturamento, há subtributação de 0,24 × (0,8135 - 0,32) = 11,84% do lucro efetivo da empresa. Caso o pagamento fosse pelo lucro efetivo, a arrecadação da Receita Federal aumentaria substancialmente.

---

9 Em linhas gerais, no Brasil de 2021, havia quatro regimes tributários de acordo com o faturamento anual da empresa: Microempreendedor Individual ou MEI (até R$ 81 mil), Micro e Pequenas Empresas ou MPE (até R$ 4,8 milhões), lucro presumido (até R$ 78 milhões) e lucro real. Os três primeiros regimes são opcionais e, no caso do MEI e MPE, há restrições de atividades e setores.
10 A parcela do lucro presumido que exceder R$ 20 mil por mês está sujeita a 10% de alíquota adicional de IRPJ, de modo a aproximar a tributação da empresa ao aplicado sobre grandes corporações, que pagam IRPJ+CSLL de 34% sobre seu lucro real.

A reforma proposta por Biden oferece uma solução para esse problema: tributar a renda do capital, acima de um determinado valor, pela alíquota de imposto de renda aplicada à renda do trabalho. No caso do exemplo anterior isso significaria que o sócio da empresa do nosso exemplo teria que declarar o lucro real de seus negócios uma vez por ano, por ocasião da declaração anual de IRPF. A parcela do lucro não tributado no regime de lucro presumido seria então tributada pela alíquota de IRPF ou de IRPJ+CSLL.[11] Obviamente, há outras soluções para o problema, mas como todas elas implicam diminuir a atual desoneração do setor de serviços, a mudança enfrenta grande oposição política no Congresso.

Tributação sobre herança no Brasil e nos EUA

Passando à tributação sobre herança, o Brasil está bem atrás dos EUA e seria beneficiado pela simples aplicação da legislação norte-americana antes das mudanças propostas por Biden (Fernandes et al., 2020). Em outras palavras, para o Brasil, a legislação praticada de Regan a Trump já seria um avanço, e isso, por si só, demonstra como nossa tributação sobre herança é falha.

Especificamente, no Brasil há tributação de heranças, de competência estadual, com alíquotas de 4% a 8%, sem progressividade (De Carvalho, 2011). Nos EUA e em vários países avançados a tributação sobre heranças é progressiva, com aumento de alíquota a partir de um valor elevado para não prejudicar a classe média. Por exemplo, segundo a tabela vigente nos EUA em 2021, paga-se imposto de 40% sobre o valor de herança ou doações em vida que exceder US$ 11,58 milhões por indivíduo (Ernst e Young, 2021).

Teoricamente, o governo brasileiro pode criar um imposto sobre grandes heranças (IGH) via regulamentação do Imposto sobre Grande Fortunas (IGF), de competência federal e já previsto pela Constituição de 1988. Houve uma tentativa nesse sentido durante o governo Dilma (PL 5205/2016), mas o *impeachment* ou golpe parlamentar (o leitor escolhe) enterrou o tema.[12] Se e quando for possível

---

[11] A segunda proposta foi feita pelo governo Dilma, no PL 5205/2016, mas rejeitada pelo Congresso. A recente proposta do governo Bolsonaro (PL 2.337/2021) vai no mesmo sentido, mas com maior elevação da alíquota sobre o lucro efetivo que exceder R$ 20 mil por mês.

[12] A proposta do governo Dilma era tributar o valor da herança que excedesse 5 milhões, com alíquota progressiva de 15%, 20% e 25%, ou seja, bem abaixo dos 40% praticados nos EUA.

voltar à discussão, a ideia básica seria copiar o que já funciona bem em países avançados como os EUA e Reino Unido.

Tributação seletiva e meio ambiente

O último tema de nossa agenda tributária é, assim como nos EUA, a revisão de tributos seletivos (*excise tax*), sobre produtos ou atividades com efeito negativo sobre a sociedade, mas não capturados pelos preços de mercado. No Brasil, como nos EUA, isso já se aplica na tributação especial sobre bebidas alcoólicas e cigarros, devido ao efeito negativo do consumo das duas substâncias sobre a saúde e consequente aumento de gasto do sistema de saúde pública.[13]

Diante do aquecimento global e necessidade de mudança de paradigma de desenvolvimento, com diminuição de geração de energia por fontes não renováveis e aumento de eficiência energética, também é necessário tributar a emissão de carbono via imposto seletivo. Do ponto de vista teórico, isso já existe no Brasil, via Contribuição de Intervenção no Domínio Econômico (CIDE) sobre combustíveis, mas a alíquota está atualmente zerada devido ao aumento recente de preços de gasolina e diesel.

Se e quando for possível retomar a discussão sobre preços de combustíveis fósseis, nossa agenda tributária também inclui a criação de um sistema de suavização de preços (Coady et al., 2012) e taxação da emissão de carbono, com recursos destinados à mudança do sistema de produção e distribuição de energia. Como prova de que esse tema é complicado aqui e nos EUA, a reforma tributária de Biden tocou marginalmente no assunto, com redução de algumas desonerações sobre combustíveis fósseis (McCormick, 2021).

Na questão ambiental, a proposta inicial do governo Biden é estimular inovação e mudança da matriz energética com gasto público (investimento e subsídios) em vez de aumento de impostos. Provavelmente, o mesmo caminho deve ser seguido no Brasil, pois para a agenda ambiental ser politicamente viável, é necessário demonstrar que investir em desenvolvimento sustentável gera emprego e renda antes de gerar carga tributária.

---

[13] Devido ao gasto de saúde pública com vítimas de acidentes de trânsito, o Estado brasileiro também destinava 45% da receita de seguro automotivo anual (o DPVAT) ao Sistema Único de Saúde (SUS), mas o governo Bolsonaro recentemente extinguiu tal contribuição sem colocar qualquer coisa no lugar.

Conclusão

Os Planos Biden de resgate, empregos e famílias são um sopro de esperança depois de 40 anos de aumento de desigualdade e aposta no Estado mínimo. A proposta de tributação mais progressiva para financiar investimentos e transferências de renda pode mudar o eixo do debate mundial sobre o tema, com influência no Brasil. A adesão dos EUA à proposta de alíquota mínima mundial sobre lucros domésticos e internacionais pode restringir ou até acabar com a evasão tributária via paraísos fiscais, beneficiando substancialmente o Brasil. E a virada norte-americana para tributar a renda do capital de modo mais progressivo e similar à renda do trabalho é um rumo a ser seguido também por aqui, respeitando as particularidades de nosso sistema tributário.

Em contraste com os EUA, nossa agenda de reforma tributária também inclui mudanças de tributação indireta, para eliminar a complexidade e desincentivos ao crescimento gerados pela atual estrutura de PIS, Cofins, ICMS e ISS. E, no Brasil, também precisamos combinar a reforma da tributação direta sobre rendimento do trabalho com mudanças na tributação sobre folha de pagamento, de modo a ampliar a base de financiamento da previdência social e explicitar a alíquota marginal implícita sobre rendimentos de emprego formal.

Todos os temas analisados anteriormente têm solução técnica. Aqui, como nos EUA, a dificuldade é mais política: construir apoio parlamentar mínimo em torno da proposta de reforma. Por enquanto, fracassamos nas diversas tentativas de melhorar nossa tributação, mas assim como no combate à inflação, que levou mais de 10 anos e requereu sete planos de estabilização até dar certo, o fracasso não é uma opção. A reforma tributária continua sendo prioritária para o governo atual ou para o governo que for eleito em 2022, agora com o reforço de algumas ideias progressistas baseadas nas propostas do governo Biden.

Referências

BAKER, D. *The conservative nanny state*: how the wealthy use the government to stay rich and get richer. Washington, DC: Lulu, 2006.

BOISSEL, C.; MATRAY, A. Higher dividend taxes, no problem! evidence from taxing entrepreneurs in France. In: *Proceedings of Paris december 2020 Finance Meeting Eurofidai* — ESSEC, 2019. Paris: Eurofidai — Essec 2019.

BOWLES, S.; GORDON, D. M.; WEISSKOPF, T. E. *After the waste land*: democratic economics for the year 2000. Londres: Routledge, 1990.

____; ____; ____. *Beyond the wasteland*: a democratic alternative to economic decline. Nova York: Verso, 1984.

CARDOSO, D.; DOMINGUES, E.; BRITTO, G. *Assimetrias na tributação da renda do trabalho e do capital*: impactos de modificações na estrutura de tributação da renda de pessoa física no Brasil. TD 557. Belo Horizonte: Cedeplar-UFMG, 2017.

COADY, D.; GRANADO, J. A. del; EYRAUD, L.; JIN, H.; THAKOOR, V.; TULADHAR, A.; NEMETH, L. *Automatic fuel pricing mechanisms with price smoothing*: design, implementation, and fiscal implications. Washington, DC: IMF Technical Notes and Manuals, 2012.

DE CARVALHO, P. H. B. *As discussões sobre a regulamentação do Imposto sobre Grandes Fortunas*: a situação no Brasil e a experiência internacional. Nota Técnica. Brasília: Ipea, 2011.

DE OLIVEIRA, C. R. Encargos sociais e desoneração da folha de pagamentos. In: *Progressividade da Tributação e Desoneração da Folha de Pagamento*, DIEESE, 2011.

DURANTE, A.; CALLEN, C.; LI, H.; MCBRIDE, W. *Details and analysis of president Biden's American jobs plan*. Washington, DC: Tax Foundation, 2021.

ERNST & YOUNG. *Worldwide estate and inheritance tax guide 2021*. Ernst & Young, 2021.

FERNANDES, R. C., CAMPOLINA, B.; SILVEIRA, F. G. *Imposto de renda e distribuição de renda no Brasil*. Ipea TD 2449, 2020.

GALBRAITH, J. K. *The predator State*: how conservatives abandoned the free market and why liberals should too. Free Press, 2008.

GOBETTI, S. W. *Tributação do capital no Brasil e no mundo*. Ipea TD 2380, 2018.

GOBETTI, S. W.; ORAIR, R. *Progressividade tributária*: a agenda negligenciada. Ipea TD 2190, 2016.

GORDON, D. *Fat and mean*: The corporate squeeze of working Americans and the managerial downsizing. Free Press, 1996.

JUNQUEIRA, M. de O. O nó tributário: porque não se aprova uma reforma tributária no Brasil. In: ENCONTRO ANUAL DA ANPOCS, 35., 2011.

MCCORMICK, M. Carbon price is missing from Biden's overhaul of climate policy. *Financial Times*, 26 abr. 2021.

ORAIR, R.; GOBETTI, S. W. Reforma tributária no Brasil: princípios norteadores e propostas em debate. *Novos Estudos Cebrap*, São Paulo, v. 37, n. 2, 2018.

STOFT, S. *Carbonomics*: how to fix the climate and charge it to Opec. Diamond, 2008.

TAX JUSTICE NETWORK. *The state of tax justice 2020*. Tax Justice Network, 2020.

VARSANO, R. *A evolução do sistema tributário brasileiro ao longo do século*: anotações e reflexões para futuras reformas. TD 405, Ipea, 1996.

WATSON, W.; LI, H.; DURANTE, A.; YORK E. Details and analysis of tax proposals in president Biden's American Families Plan. Washington, DC: Tax Foundation, 2021.

WHITE HOUSE. *Fact sheet*: the American Families Plan. Washington, DC: The White House, 2021b.

_____ *Fact sheet*: the American Jobs Plan. Washington, DC: The White House, 2021a.

17. Aplicação do novo consenso fiscal para o Brasil

Manoel Pires

1. Introdução

A importância da atuação governamental durante a pandemia é inegável. No mundo inteiro, o governo adotou ações para: (i) amenizar a queda de renda das famílias com transferências sociais, (ii) ampliar a capacidade dos sistemas hospitalares, (iii) repor recursos para estados e municípios administrarem as cidades e; (iv) evitar a quebra das empresas com adiamento de impostos, subsídios ao crédito e complementos salariais para reduzir a jornada dos trabalhadores e sustentar as políticas de distanciamento social.

A crise persiste com a segunda (e uma possível terceira) onda e o atraso das vacinas. Preocupações com a recuperação econômica em um mundo com setor privado mais endividado e com maior concentração de mercado podem inibir investimentos, competição e inovação. Ao mesmo tempo, os governos deverão lidar com maior endividamento público devido à necessidade de se gastar mais, principalmente com investimentos.

As inescapáveis medidas fiscais expansionistas sem precedentes revelam um equilíbrio difícil dada a importância de se sinalizar com o controle do endividamento para evitar crises fiscais que abortem a recuperação. Em um contexto como este, a resposta escolhida para compatibilizar o controle da dívida com mais investimento público e suporte à economia tem sido ampliar a arrecadação governamental.

O Governo Biden divulgou The Made in America Tax Plan que eleva a tributação das empresas para 28% e propõe a alíquota global mínima para multinacionais que operam em outras jurisdições para 21%. O G-7 aprovou um acordo para criar um imposto global mínimo de 15% que deve arrecadar algo como US$ 100 bilhões (Barake et al., 2021).

A reforma prevê apoio aos demais mecanismos de coordenação global para adotar alíquotas mínimas e limitar a competição tributária (U.S. Department of the Treasury, 2021). Recentemente, avançou-se também na direção de elevar as alíquotas de imposto de renda sobre os mais ricos.[1] Essas medidas tributárias serão a principal fonte de financiamento de um programa de ampliação dos gastos de US$ 2 trilhões que envolve desde programas de desenvolvimento infantil até política industrial.

No Reino Unido, foi instituído o Spend Now, Pay Later, programa que manteve algumas medidas de suporte para a economia e instituiu a "superdedução" que permitirá que empresas abatam dos impostos devidos o equivalente a 130% dos gastos com investimento. Na prática, o governo irá financiar o investimento privado e capitalizar as empresas. As medidas de recomposição tributária ocorrerão por meio do congelamento das deduções fiscais pessoais e o aumento do imposto corporativo de 19% para 25% a partir de 2023.

Vários países têm adotado expansões fiscais sem precedentes para sair da crise. Há muita confusão e dúvida na aplicação desse novo consenso fiscal para o Brasil. Esse capítulo tem como objetivo explicar os limites e desafios definidos por esse consenso.

2. O novo consenso macroeconômico

O novo consenso macroeconômico nos países desenvolvidos surge com a percepção de que a política monetária não consegue lidar sozinha com todos os tipos de choques. Em particular, quando choques são muito expressivos, a política monetária leva a taxa de juros ao seu limite mínimo[2] e perde eficácia no controle dos ciclos econômicos.

Com taxas de juros próximas a zero, surge uma situação favorável para a política fiscal. Taxa de juros baixas tornam o financiamento da dívida pública mais barato. Nessas situações, estímulos fiscais possuem impacto elevado sobre a economia porque a política monetária oferece suporte para a expansão fiscal.

---

[1] Ver: www.bloomberg.com/news/articles/2021-04-22/biden-to-propose-capital-gains-tax-as-high-as-43-4-for-wealthy. Acesso em: 21 jul. 2021.
[2] Conhecido como Zero Lower Bound, trata-se de um limite inferior que é atingido quando a taxa de juros nominal se aproxima de zero.

Com efeito, eleva-se seu efeito multiplicador e seu impacto sobre a dívida pública é minorado ou financiado por meio do crescimento do PIB (De Long e Summers, 2012).

Um dos pilares fundamentais do novo consenso é a ideia de que taxas de juros muito baixas representam um *novo normal*. Tal percepção é reforçada pela tese da estagnação secular, segundo a qual haveria crônico excesso de poupança sobre investimento agregado, baixo crescimento populacional e da produtividade. De forma mais direta: taxas de juros permanentemente muito baixas sinalizam fraqueza econômica.

Nessa visão, a política fiscal poderia ajudar na construção de um equilíbrio macroeconômico mais saudável. Seguindo esse raciocínio, Williams (2019) reconhece que os custos de manter a economia presa a um equilíbrio com juros permanentemente baixos são elevados e recomenda que essa situação seja evitada:

> As principais lições dessa pesquisa são válidas hoje e também serão no futuro. Em primeiro lugar, tome medidas rápidas quando confrontado com condições econômicas adversas. Em segundo lugar, mantenha as taxas de juros baixas por mais tempo. E, em terceiro lugar, adapte as estratégias de política monetária para ter sucesso no contexto de uma baixa taxa de juros de equilíbrio (r-star) e do limite mínimo da taxa de juros (ZLB). [tradução nossa]

De forma similar, Janet Yellen (2021) expressou a mesma lógica em uma entrevista para a Bloomberg:[3] "Se terminássemos em um ambiente de taxas de juros um pouco mais altas, seria realmente uma vantagem para o ponto de vista da sociedade e do Fed (*Banco Central dos EUA*)" (tradução nossa).

Há ainda uma terceira situação favorável para a política fiscal. A pandemia afeta de forma diferente setores essenciais — que não podem ser paralisados — e setores não essenciais, os quais são afetados pelas políticas de *lockdown*. Nestas condições, a política monetária tem eficácia limitada, uma vez que seu efeito sobre a economia é mais horizontal, isto é, possui impacto mais uniforme sobre os setores econômicos. A política fiscal consegue, por sua vez, atuar diretamente sobre os setores mais afetados e atenuar o transbordamento das políticas de *lockdown* sobre os setores essenciais.

---

[3] Disponível em: www.bloomberg.com/news/articles/2021-06-06/yellen-says-higher-interest-rates-would-be-plus-for-u-s-fed. Acesso em: 19 jul. 2021.

A crise da Covid-19 mostrou a importância da política fiscal mesmo em países com taxas de juros mais elevadas, ainda que moderadas. Dessa forma, é necessário avaliar o benefício da expansão fiscal a partir de cenários alternativos de financiamento via endividamento público, redução de outras despesas e aumento de impostos.

Romer (2021) argumenta que há uma evolução importante na aplicação prática da política fiscal. Ao estudarem os episódios de expansão fiscal anteriores à pandemia, Romer e Romer (2019) verificaram que o tamanho da dívida pública foi um determinante importante da expansão fiscal. Por outro lado, não encontraram correlação entre expansão fiscal e a taxa de juros de mercado ou a classificação da dívida pública (*rating*). Isso significa que os gestores de política econômica não aproveitaram as condições mais favoráveis de endividamento para delinear suas ações. Eles concluíram que uma postura antidívida assumiu papel crucial, em detrimento da adoção de análises de custo-benefício.

Ao revisitar o tema, Romer (2021) viu desaparecer, durante a pandemia, a correlação entre pacotes fiscais e tamanho das dívidas públicas. A ação fiscal se tornou mais pragmática e o viés antidívida não impediu as ações de política econômica. Isso se deveu ao amadurecimento em torno do novo consenso e da natureza da crise. Foram vários os exemplos de economistas que se posicionaram contra a expansão fiscal em 2008 e que revisaram sua posição distinta durante a pandemia.[4]

3. Condicionantes para aplicação do novo consenso em países emergentes

Será que o novo consenso pode ser aplicado diretamente para os países emergentes? Uma forma de responder a essa pergunta é avaliar (i) até que ponto as condições que estão postas nesse debate se aplicam aos países emergentes, em particular ao Brasil, e (ii) se os países emergentes possuem situações específicas em que tais elementos possuem pesos diferentes na compreensão do fenômeno.

---

[4] A melhor referência a refletir essa mudança de posição ocorreu com a economista Carmen Reinhart que cunhou o termo *"This time is truly different"* (desta vez será realmente diferente) em que defende a adoção de uma política *"whatever it takes"* (fazer o que for necessário). O título é uma referência a sua famosa pesquisa realizada com Kenneth Rogoff sobre crises fiscais, intitulada: "This time is different". Para maiores detalhes ver: www.project-syndicate.org/commentary/covid19-crisis-has-no-economic--precedent-by-carmen-reinhart-2020-03?barrier=accesspaylog. Acesso em: 19 jul. 2021.

Um aspecto importante do novo consenso é a caracterização de fraqueza da demanda agregada em termos de baixo crescimento e ausência de pressões inflacionárias que se materializa em situações de taxas de juros muito baixas.

A pandemia testou o limite inferior da taxa de juros em economias emergentes. As taxas de juros no Brasil situam-se excepcionalmente baixas para os padrões históricos.[5] Nessa situação, a Selic atingiu 2% e ocorreram desequilíbrios no mercado de ativos, depreciação excessiva da taxa de câmbio e dificuldades para a rolagem da dívida pública.

Será que é razoável assumir que as taxas de juros continuarão baixas por muito tempo? Para responder a esta questão é oportuno verificar o comportamento do hiato do produto (isto é, quanto da capacidade produtiva a economia está utilizando). A figura 1 apresenta a evolução do grau de ociosidade da economia a partir da média simples de três medidas de hiato do produto (LCA, IFI e Ibre/FGV). O índice mostra que a economia brasileira opera em alto grau de ociosidade desde a crise de 2015 e que a pandemia reforçou esse comportamento.[6]

Figura 1
Média dos hiatos do produto (% do PIB potencial)

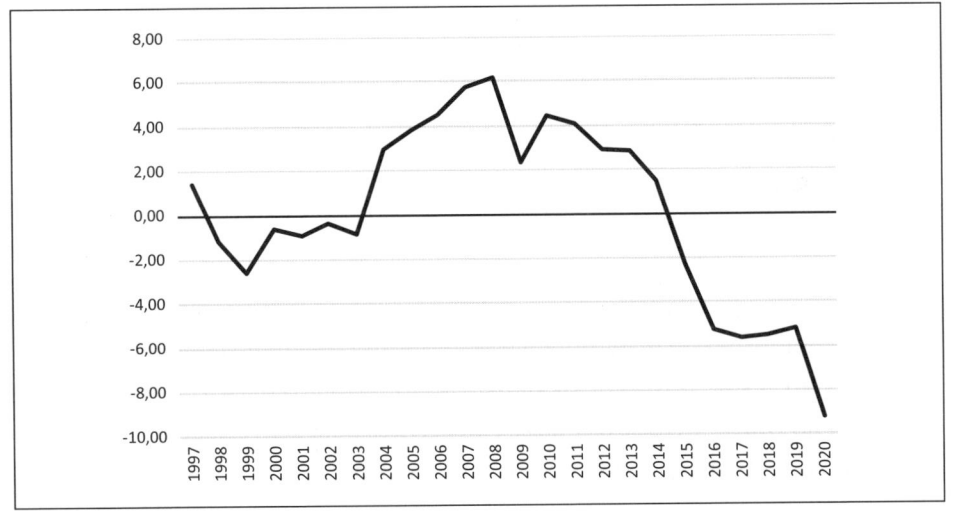

Fonte: Borges (2021).

---

[5] Vários países emergentes adotaram políticas monetárias não convencionais como alternativa de política monetária. Para uma avaliação, ver Sever, Drakopoulus, Papageourgiou (2020).

[6] Os dados estão disponíveis no Observatório de Política Fiscal. Ver: https://observatorio-politica-fiscal.ibre.fgv.br/posts/resultado-primario-estrutural-brasileiro-ligeiramente-positivo-e-impulso-fiscal-de-cerca-de-8. Acesso em: 19 jul. 2021.

Quando se observa a dinâmica da inflação a partir da média de três medidas alternativas de núcleo[7] mais correlacionadas com a atividade econômica, verifica-se um comportamento favorável, desde a crise de 2015-16, denotando a fraqueza da demanda agregada. Durante a pandemia, o índice apresentou uma rápida elevação causando uma reversão da política monetária ao longo de 2021.

A pressão inflacionária corrente resulta de restrições de oferta, dificuldades para importar insumos e pressões de custos decorrentes da depreciação da taxa de câmbio. O ciclo positivo de *commodities* iniciado no final de 2020 também exerce pressão inflacionária, ao elevar o preço internacional de alimentos, minérios e energia, bem como ao ampliar a demanda externa pelas exportações brasileiras.

Figura 2
Metas para inflação e núcleos de inflação (% a.a.)

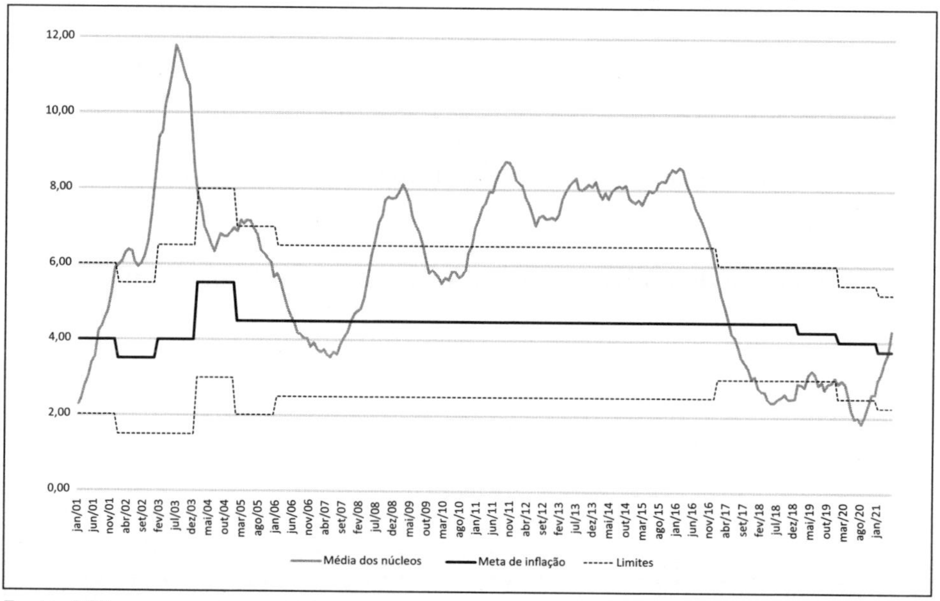

Fonte: BCB.
* Média dos seguintes índices: Ex2 e Ex3 e serviços subjacentes.

Há, portanto, uma preocupação de curto prazo com a inflação em torno de alguns efeitos passageiros e outros efeitos relacionados com o ciclo externo. A elevada ociosidade da economia parece ser a força prevalecente em horizontes

---

[7] Medidas de Núcleo de Inflação removem do índice o comportamento de preços muito voláteis e, portanto, sensíveis a mudanças sazonais, conjunturais e choques setoriais de oferta.

mais longos, principalmente se for confirmada a recuperação sem aumento nos níveis de emprego da força de trabalho.

O segundo aspecto destacado pelo novo consenso é que a taxa de juros deve ser inferior à taxa de crescimento da economia, situação em que é possível conciliar a existência de déficits fiscais com a sustentabilidade da dívida e, portanto, com baixo risco de crises fiscais.

No caso brasileiro, observa-se apenas de forma episódica a ocorrência de taxas de juros inferiores à taxa de crescimento da economia. A figura 4 apresenta o comportamento do crescimento do PIB nominal com duas medidas alternativas de endividamento público: (i) a taxa implícita da Dívida Bruta (DBGG)[8] e a (ii) taxa Selic.[9] A convergência da taxa de juros com o crescimento ocorreu entre 2007-08, 2011-13 e havia uma nova tendência de convergência entre 2018-19 até que a pandemia afetou a atividade econômica e o PIB caiu.

Durante a crise fiscal de 2015, o gráfico revela uma grande divergência entre essas duas variáveis. A crise de 2015 foi o resultado de uma série de choques que afetaram a economia e que culminaram na insustentabilidade da dívida pública. Uma vez dissipados os choques, a crise foi gradativamente sendo superada e os dois índices voltaram a apresentar comportamento mais convergente.[10]

Figura 3
Medidas de custo de dívida e crescimento da economia

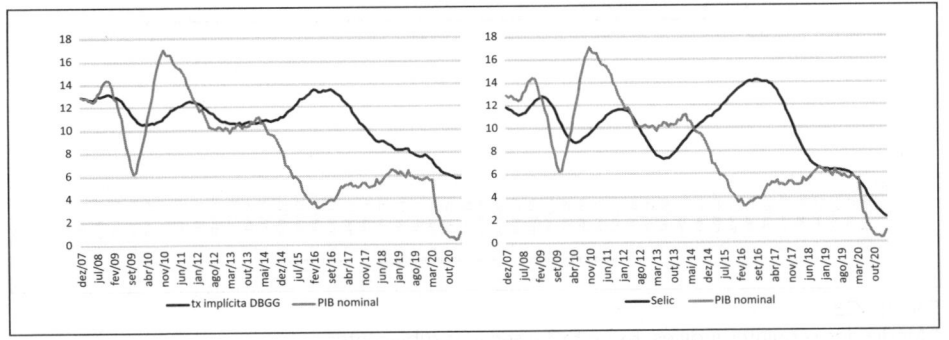

Fonte: BCB.

---

[8] De forma simplificada, como há diferentes tipos de títulos de dívida com taxas de juros variadas incidentes sobre diferentes maturidades, a taxa implícita mede a razão entre o montante gasto com serviço de juros da dívida e o valor do estoque total da dívida.
[9] A literatura se concentra em analisar a diferença entre taxas reais de juros e crescimento. Neste artigo, utilizarei as taxas nominais pelo fato de o deflator do PIB ser bastante superior ao IPCA, o que se desconsiderado induz a erros de avaliação não desprezíveis.
[10] Sobre crises fiscais, ver Pires (2020).

Blanchard, Felman e Subramanian (2021) examinam como o novo consenso pode ser aplicado aos países emergentes, verificando se há muita incerteza sobre o resultado primário e o diferencial entre juros e crescimento de modo que as condições financeiras possam ser extrapoladas com algum grau razoável de certeza. Os autores comparam os principais indicadores relevantes para a dinâmica da dívida pública em países emergentes (tabela 1). Suas conclusões são de que a principal diferença dos países emergentes está na elevada incerteza sobre o comportamento do diferencial entre as taxas de juros e de crescimento.

A elevada incerteza sobre esse componente impede a extrapolação de uma condição financeira favorável para aplicação de pacotes fiscais de longo prazo, pois a situação pode ser revertida rapidamente e as fragilidades financeiras podem surgir. É importante reconhecer que o mercado financeiro é muito pró-cíclico[11] em países emergentes, o que sempre traz muitas dificuldades quando as condições econômicas se tornam mais desfavoráveis.

Tabela 1
Comportamento das variáveis macroeconômicas: 2010-19

Países	Média		Desvio-padrão
	Resultado primário	Diferencial de juros e crescimento	Diferencial de juros e crescimento
Brasil	-0,2	-2	4,7
Índia	-2,8	-4,6	3,1
Indonésia	-0,5	-3,5	4,3
África do Sul	-1,4	1,2	2,2
Turquia	-0,3	-4,5	3,7
Estados Unidos	-4,1	-1,6	0,7

Fonte: Blanchard, Felman e Subramanian (2021).

---

[11] Isso significa que os mercados financeiros muitas vezes acentuam, em vez de moderar, os desequilíbrios ao longo dos ciclos econômicos, reforçando o superaquecimento nas expansões e agravando as tendências recessivas quando da reversão cíclica.

4. A condição fiscal do Brasil na saída da crise e algumas opções de política fiscal

Considerando a elevada volatilidade das economias emergentes em geral, uma forma de avaliar a condição fiscal é refletir sobre o equilíbrio macroeconômico que surge na economia brasileira no pós-pandemia e verificar de que modo esse novo equilíbrio afeta as condições de sustentabilidade da dívida pública para entender sua dinâmica de forma prospectiva.

A economia brasileira foi atingida pela pandemia com uma dívida pública bastante elevada para o padrão dos países emergentes. À época, a dívida bruta caminhava para se estabilizar ao redor de 75% do PIB enquanto a dívida líquida se aproximava de 55% do PIB em 2019. Em função do elevado déficit primário que atingiu 9,44% do PIB, a dívida bruta se acelerou em 2020 e alcançou 88,8%.

Nos últimos meses, vários analistas revisaram as projeções para a dívida pública apontando a possibilidade de queda para este ano. As revisões mais recentes apontam que a dívida bruta pode cair para 84% do PIB. Apesar do gasto adicional da pandemia estimado, pelo Tesouro, em R$ 101 bilhões, os indicadores de endividamento público já apontam para uma inflexão.

Figura 4
Indicadores de endividamento no Brasil

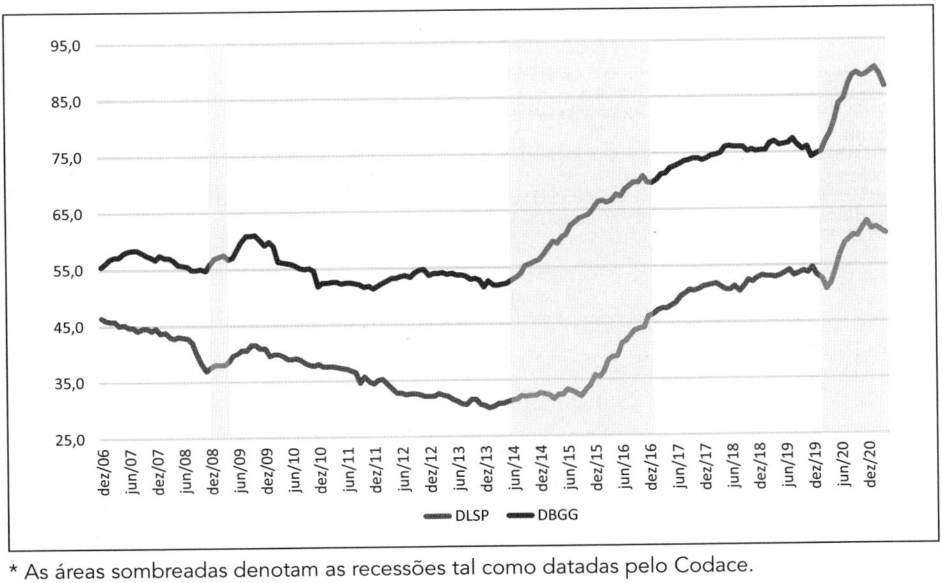

* As áreas sombreadas denotam as recessões tal como datadas pelo Codace.

A principal razão para essas revisões está no padrão de recuperação econômica que reúne fatores mais favoráveis à dinâmica da dívida pública. O choque externo positivo gerado pelos estímulos econômicos em outros países e o ciclo das *commodities* atuam de forma similar a um choque positivo de demanda.

O choque positivo de demanda tem como resposta a elevação da taxa de juros que leva à apreciação do câmbio. Ao longo desse processo, temos crescimento econômico e saldos comerciais mais elevados, taxa de juros em normalização e câmbio mais apreciado. Tal padrão exerce um conjunto de forças econômicas que são mais favoráveis à estabilização fiscal no curto prazo.

O crescimento econômico contém a razão dívida-PIB e recupera mais rapidamente o resultado primário pelo maior nível de receitas. O choque de *commodities* amplia a diferença entre o deflator do PIB e o IPCA reforçando o efeito redutor ao elevar o PIB nominal. Associadas a esse novo ciclo econômico, portanto, temos três forças que atuam de forma favorável na dinâmica da dívida pública e a política monetária que atua na direção oposta.

O equilíbrio macroeconômico atuou de forma oposta na crise de 2015. Na ocasião, a economia não se recuperou, o que causou uma deterioração permanente das condições fiscais e de crescimento. A aceleração da inflação elevou a taxa de juros que atuou de forma mais favorável apenas quando os choques se dissiparam e a inflação cedeu. A fraqueza da economia mundial colapsou os preços das *commodities* e o deflator do PIB desacelerou convergindo para o IPCA. A resultante das forças que emergiu daquele equilíbrio macroeconômico acelerou a dívida exigindo um esforço fiscal elevado.

A percepção de que esse novo equilíbrio está prevalecendo reduz o risco de refinanciamento da dívida e melhora sua dinâmica. Projeções para cenários distintos de taxa de juros e crescimento indicam que o resultado primário requerido para estabilizar a dívida, nos cenários mais prováveis, é da ordem de 0,5% a 0,7% do PIB.

A projeção de déficit primário para 2021 é de R$ 170,4 bilhões, o que equivale a 1,9% do PIB. Parece expressivo sair de um déficit de 1,9% do PIB para um superávit de 0,7% do PIB, mas os indicadores correntes não dão uma dimensão precisa do tamanho do problema por serem sensíveis ao ciclo econômico. Assim, é oportuno verificar o resultado primário estrutural, que expurga os efeitos temporários do ciclo econômico. Borges (2021) estimou que o resultado primário estrutural se encontra próximo de zero porque a ociosidade da economia ainda é elevada.

Tabela 2
Cálculo do resultado primário de equilíbrio

Taxa real da dívida	Crescimento econômico			
	1,8%	2,0%	2,2%	2,5%
3,3%	0,46%	0,28%	0,09%	-0,19%
3,6%	0,68%	0,49%	0,30%	0,03%
3,8%	0,89%	0,70%	0,52%	0,24%
4,1%	1,11%	0,92%	0,73%	0,45%
4,3%	1,32%	1,13%	0,94%	0,66%
Média	0,89%	0,70%	0,52%	0,24%

* Cenário base assume base monetária de 4,5% do PIB, IPCA de 3,6%, diferença com o deflator de 0,7% e dívida convergindo para 90% do PIB e Selic variando entre 6% e 7%, conforme cenário de taxa real da dívida.

Figura 5
Resultado primário de equilíbrio (% do PIB potencial)

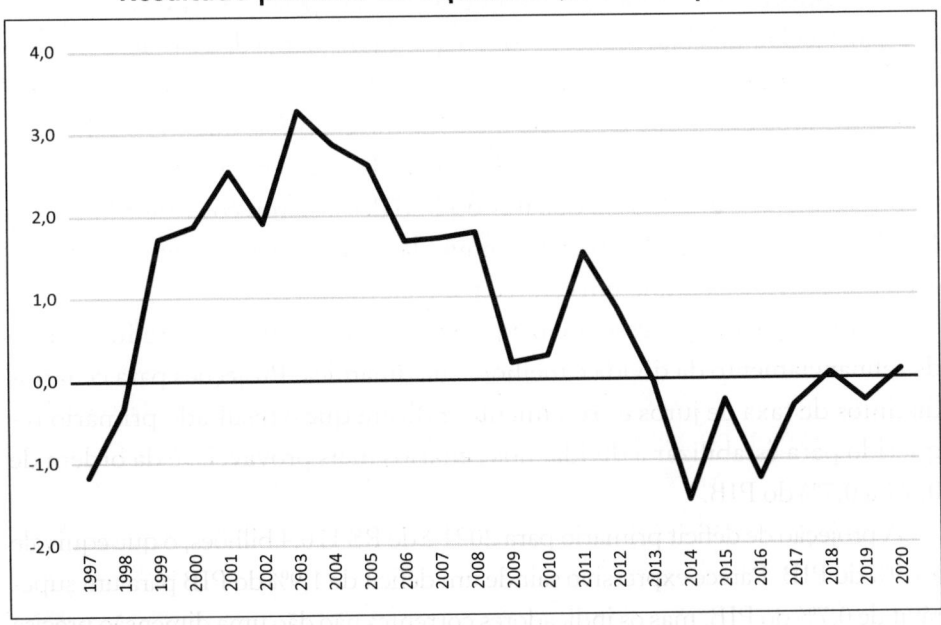

Fonte: Observatório de Política Fiscal.

Evidentemente, este cálculo se apoia em muitas premissas, o que gera incerteza, mas o novo equilíbrio macro reduzirá a diferença entre os dois indicadores dando uma dimensão mais precisa do esforço fiscal necessário. A conta do ajuste fiscal necessário deve ser conservadora para lidar com a possibilidade de frustração desses parâmetros e a eventual reversão do cenário de curto prazo, mas é importante observar que o normal da economia brasileira não é o que observamos entre 2017-19.

Este cenário enfrenta dois riscos principais. O primeiro é o aumento da taxa de juros internacional, evento que parece cada vez mais próximo. Nesse caso, haverá necessidade de maior elevação da taxa de juros doméstica, mas isso dependerá da intensidade do processo e se o FED irá atuar na direção de reverter o novo equilíbrio macro ou apenas para moderá-lo, o que parece ser o mais provável.

O segundo risco é a pressão a ser exercida por uma recuperação sem empregos (*jobless recovery*), o que ocorre normalmente com as recuperações puxadas pelo setor externo. Em uma saída da crise sem empregos e com maior desigualdade e pobreza, a pressão por gastos públicos aumenta.

É importante separar as ações temporárias para corrigir eventuais sequelas da crise de programas permanentes que buscam lidar com políticas mais profundas como desenvolvimento e diversificação produtiva, ampliação da infraestrutura e combate à pobreza e que precisam de financiamento adequado.

Muitos desses programas possuem impacto econômico relevante para a economia brasileira em uma condição de elevada ociosidade. Pires (2014) estimou que os multiplicadores de investimentos públicos são superiores à unidade. Na mesma linha, Orair e Siqueira (2018) estimaram que o multiplicador dos investimentos públicos é superior a 2 durante as recessões. Isso significa que cada R$ 1 gasto pelo Estado ocasiona uma elevação de R$ 2 da renda agregada. Este efeito amortece o impacto do gasto sobre a trajetória da dívida pública.

Estimativas do *Staff* do FMI (2015) sugerem que a existência de ineficiências do investimento público em países emergentes e de baixa renda seja responsável por uma perda de 30%. A melhoria da governança pode ampliar o efeito econômico dessas políticas a partir da melhor estruturação de projetos, adoção de um orçamento plurianual e a constituição de uma agência de investimentos. Recentemente, economistas do FMI propuseram medidas similares para ampliar a eficiência do investimento público no Brasil (Curristine e Pereira, 2021).

5. Algumas opções de política fiscal

As regras fiscais devem controlar o endividamento em tempos de bonança e privilegiar gastos de alto retorno social abrindo condições para mais investimentos. Assim, é importante rediscutir o regime fiscal para redirecionar recursos do orçamento para financiar gastos mais produtivos e adotar uma política anticíclica que possa atenuar a volatilidade criada pela dinâmica das *commodities*.

Além do novo consenso fiscal, existe um novo consenso político criado a partir da percepção de que a pandemia elevará a desigualdade social e que décadas de redução da carga tributária sobre empresas e sobre os mais ricos não geraram crescimento, apenas desigualdade. Esses fatores estão sendo responsáveis por reordenar a discussão na direção de ampliar as fontes de arrecadação governamental e os mecanismos de distribuição de renda.

Assim, a solução para o financiamento dessas políticas expansionistas virá de três fontes. A primeira fonte de financiamento é o excesso de poupanças que foi acumulado durante a crise e que aumentou a desigualdade social fragilizando a recuperação. Em vários países, a renda cresceu e com a restrição de consumo resultante das políticas de *lockdown* a poupança agregada das famílias se elevou.

A figura 6 mostra a diferença entre a renda das famílias e o nível de produção para os países do G7. O comportamento da renda agregada não acompanhou a queda dos níveis de produção. Parte da renda das famílias foi utilizada para aumentar as poupanças e não para consumo que evitaria a queda da produção. Em muitos países, a renda agregada, inclusive, aumentou apesar da queda da atividade econômica.

A segunda fonte de financiamento virá da revisão dos sistemas tributários. Desde os anos 1980, a queda da tributação sobre o capital foi justificada pela ideia de que seria favorável para o crescimento. Com o tempo, percebeu-se que essa iniciativa estimulou a remuneração de acionistas, transfigurou a renda do trabalho em renda do capital e abriu brechas indevidas para o planejamento tributário gerando mais desigualdade do que crescimento econômico e investimento.[12] A escolha pela tributação do capital para financiar a política fiscal em um mundo pós-Covid reverte a tendência das últimas décadas em reduzir esses tributos.

---

12 Ver Saez e Zucman (2019).

Figura 6
Excesso de poupança global (2007 Q1=100)

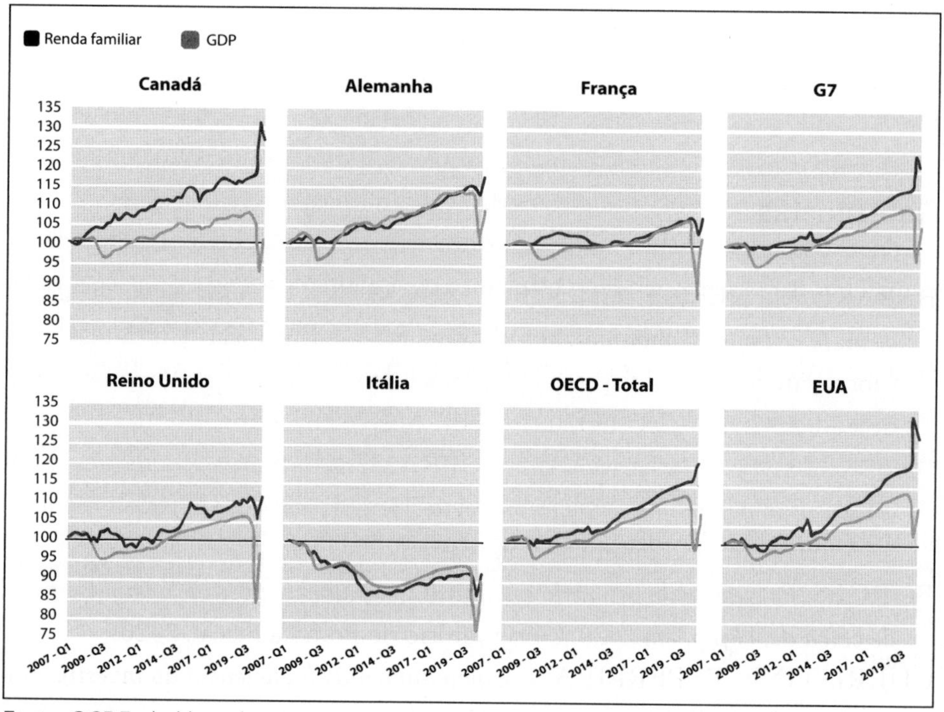
Renda familiar
GDP
Canadá
Alemanha
França
G7
Reino Unido
Itália
OECD - Total
EUA
135
130
125
120
115
110
105
100
95
90
85
80
75
2007 - Q1
2009 - Q3
2012 - Q1
2014 - Q3
2017 - Q1
2019 - Q3

Fonte: OCDE, dashboard.

A terceira fonte de financiamento é mais particular para o caso brasileiro. Vários programas públicos podem ser reavaliados para criar espaço fiscal. O Brasil investe muito pouco e o nível atual não é capaz de repor a depreciação do capital, o que amplia nosso déficit de infraestrutura. Uma parte importante dos recursos atuais é utilizada para financiar despesas correntes que geram iniquidades importantes que devem ser combatidas.

A ampliação das despesas produz efeitos encadeados sobre a atividade econômica, elevando endogenamente a arrecadação governamental. Nesse sentido, os efeitos multiplicadores da política fiscal devem ser considerados no desenho das medidas a serem implementadas.

A reconstrução das economias envolve mais política fiscal tanto em gastos produtivos quanto em tributação sobre segmentos da sociedade historicamente subtributados. É importante reconhecer que, mesmo nos países que largaram na frente da expansão fiscal, não existem pacotes fiscais que joguem todo o custo para a dívida pública. Não se pode confundir um alívio conjuntural decorrente de uma situação econômica mais favorável com possibilidades permanentes de expansão fiscal. O Brasil tem meios para enfrentar seus desafios de forma equilibrada, o desafio mais uma vez é político.

Referências

BARAKE, M.; NEEF, T.; CHOUC, P.; ZUCMAN, G. *Collecting the tax deficit of multinational companies*: simulations for the European Union. EU Tax Observatory, 2021. Disponível em: www.taxobservatory.eu/wp-content/uploads/2021/06/EUTO2021-1.pdf. Acesso em: 10 jul. 2021.

BLANCHARD, O.; FELMAN, J.; SUBRAMANIAN, A. *Does the new fiscal consensus in advanced economies travel to emerging markets?* Peterson Institute for International Economics, Policy Brief, 2021.

BORGES, B. *Resultado primário estrutural ligeiramente positive e impulso fiscal de cerca de +8p.p. em 2020.* Observatório de Política Fiscal, 2020.

CURRISTINE, T.; PEREIRA, J. *Como aumentar a eficiência do investimento público no Brasil*. Blog do FMI, 2021. Disponível em: www.imf.org/pt/News/Articles/2018/12/14/blog-making-public-investment-in-brazil--more-efficient#.YL0NaQJK1qk.twitter. Acesso em: 17 jul. 2021.

DE LONG, B. e SUMMERS, L. Fiscal policy in a depressed economy. *Brooking Papers on Economic Activity*, v. 43, n. 1, p. 233-297, 2012.

FMI. *Making public investment more efficient*. Staff Report, 2015. Disponível em: https://www.imf.org/external/np/pp/eng/2015/061115.pdf. Acesso em: 3 jun. 2021.

ORAIR, R.; SIQUEIRA, F. Investimento público no Brasil e suas relações com ciclo econômico e regime fiscal. *Economia e Sociedade*, v. 27, n. 3, 2018.

PIRES, M. *Crises fiscais*: um arcabouço simplificado. Observatório de Política Fiscal, 2020.

_____. Política fiscal e ciclos econômicos. *Economia Aplicada*, v. 18, p. 69-90, 2014.

ROMER, C. The fiscal policy response to the pandemic. *Brooking Papers on Economic Activity*, Conference Draft, 2021.

_____; ROMER, D. Fiscal space and the aftermath of financial crises: how it matters and why". *Brooking Papers on Economic Activity*, p. 239-313, 2019.

SAEZ, E.; ZUCMAN, G. *The triumph of injustice*: how the rich dodge taxes and how to make them pay. W. W. Norton & Company, 2019.

SEVER, C.; DRAKOPOULUS, D.; PAPAGEORGIOU, E. *Effects of emerging market asset purchase program announcements on financial markets during the Covid-19 pandemic*. IMF Working Paper, 292, 2020.

U.S. DEPARTMENT OF THE TREASURY. *The made in America tax plan*. 2021. Disponível em: https://home.treasury.gov/system/files/136/MadeInAmericaTaxPlan_Report.pdf. Acesso em: 21 jul. 2021.

WILLIAMS, J. Living life near the ZLB. In: ANNUAL MEETING OF THE CENTRAL BANK RESEARCH ASSOCIATION (CEBRA), 2019. Disponível em: www.bis.org/review/r190719a.htm. Acesso em: 3 jun. 2021.

18. Bidenomics na era pós-Covid: o papel da política monetária no mundo e no Brasil

Bráulio Borges

A política monetária nas economias centrais

Antes mesmo da emergência das crises sanitária e econômica causadas pela pandemia do novo coronavírus em 2020, diversos bancos centrais de países avançados já vinham estudando revisões em seus arcabouços e estratégias de política monetária, levando em conta ao menos duas constatações: i) a tendência de queda das taxas de juros reais de equilíbrio, para valores próximos de zero ou mesmo negativos,[1] tornando mais frequentes os episódios em que reduções das taxas de juros nominais teriam como restrição o chamado Zero Lower Bound (juro nominal zerado ou ligeiramente negativo); e ii) a persistência de taxas de inflação muito baixas, inferiores aos alvos perseguidos pelas autoridades monetárias, fenômeno umbilicalmente associado à recuperação muito lenta das economias centrais após a crise de 2008-09 (foram necessários quase 10 anos para preencher o excesso de ociosidade produtiva gerado por aquela crise, como atestam as diversas estimativas de hiato do produto para esses países).

O Federal Reserve norte-americano iniciou esse processo de revisão abrangente em 2019, tendo concluído isso em agosto de 2020. Entre as modificações propostas, destaque para a opção pela migração de um regime de Flexible Inflation Targeting (*de facto* entre meados dos anos 1980 e 2011; *de facto* e *de jure* de 2012 em diante) para um arcabouço de Average Inflation Targeting (AIT). Vale notar que, ao longo desse processo de reavaliação, outras opções foram consideradas, como o Price Level Targeting (PLT) e mesmo o Nominal GDP Targeting (NGDPT).[2]

---

[1] Para mais detalhes, ver as estimativas atualizadas trimestralmente pelo Federal Reserve de Nova York, para as principais economias avançadas.
[2] Os regimes de metas de inflação (Inflation Targeting ou IT) começaram a ser disseminar mundo afora a partir dos anos 1990. Sua principal característica é a definição de um objetivo numérico para a inflação prospectiva como principal âncora monetária, com o Banco Central devendo atuar para assegurar

O AIT incorpora de maneira mais evidente o aspecto de dependência da trajetória (*path dependence*), abrindo espaço para compensações, no presente e no futuro, de taxas de inflação abaixo das metas em períodos pretéritos — algo que o FIT incorpora muito indiretamente, basicamente pelo impacto da inflação passada sobre a inflação corrente (via inércia/indexação) e sobre as expectativas.

Essa mudança para o AIT reforça ainda mais a necessidade de uma elevada autonomia operacional da autoridade monetária, de modo a não desancorar as expectativas inflacionárias em prazos mais longos — o que elevaria a chamada "taxa de sacrifício" (isto é, o custo de desinflacionar a economia)[3] —, além de evitar a ocorrência de ciclos político-eleitorais da política monetária (os quais não necessariamente coincidem com os ciclos econômicos "tradicionais", isto é, hiato do produto negativo ou positivo).

Para além dessa mudança de referencial a ser perseguido pela política monetária norte-americana — que, na prática, acabou introduzindo um grau maior de discricionariedade/flexibilidade para os *policymakers*, já que não foram explicitados o ponto de partida nem o prazo que será observado para a apuração da inflação média —, os integrantes do Federal Reserve também optaram por passar a tratar de forma assimétrica os desvios da atividade econômica em relação ao que seria seu nível de pleno-emprego.

---

o cumprimento dessa meta na maior parte do tempo. Há pelo menos dois tipos de IT: o Strict Inflation Targeting (SIT), em que a autoridade monetária busca cumprir a meta de inflação independente dos custos que isso pode gerar em termos de atividade econômica; e o Flexible Inflation Targeting (FIT), em que esses custos não são ignorados, fazendo com que, na prática, o banco central busque balancear o cumprimento da meta e o desempenho econômico, muitas vezes por meio da utilização de intervalos para as metas e por meio de alteração nos horizontes de convergência da inflação às metas. Em muitos casos, o SIT é o regime *de jure*, mas o FIT é o regime *de facto*. No Average Inflation Targeting (AIT), ou meta de inflação média, o alvo numérico de inflação deixa de ser apenas a inflação futura, passando a considerar também a inflação passada, por meio do cômputo de uma média, a qual baliza as decisões de política monetária. No Price Level Targeting (PLT), ou meta de nível de preços, o objetivo passa a ser uma determinada trajetória do nível de preços agregado da economia (cuja taxa de variação corresponde à inflação). Por fim, o regime denominado Nominal GDP Targeting (NGDPT), ou metas de PIB nominal, combina o PLT com a evolução do nível do PIB em volume, de modo que a política monetária passa a ser calibrada para assegurar uma determinada trajetória do PIB em valores correntes (embutindo uma trajetória para a variação em volume da atividade e também para a evolução do nível de preços agregado da economia).

[3] A taxa de sacrifício corresponde ao montante de desaceleração da atividade econômica necessária para gerar um determinando montante de redução da taxa de inflação. Quanto menor a credibilidade da autoridade monetária e da política econômica como um todo, maior tende a ser a taxa de sacrifício (e vice-versa).

Em período anterior, durante a vigência do Flexible Inflation Targeting, o Federal Reserve calibrava sua política monetária, convencional e não convencional, de modo a reagir a desvios absolutos da inflação esperada em relação à meta, bem como do desemprego efetivo, corrente e esperado, em relação ao natural. Já a nova estratégia adotada a partir de meados de 2020 passou a enfatizar uma atuação mais incisiva para combater déficits (*shortfalls*) de demanda agregada, apontando até mesmo como algo desejável a manutenção da economia operando ligeiramente acima do pleno-emprego (de modo a tornar o crescimento econômico mais inclusivo, ao permitir algum aumento do poder de barganha dos trabalhadores com menor capital humano — que são aqueles que mais sofrem em recessões, vale notar).

Implícita nessa mudança de abordagem do Fed está a avaliação da existência do fenômeno conhecido como histerese econômica[4] (ou *scarring*, como tem sido mais utilizado no debate cotidiano, sobretudo nos documentos do FMI). Ou seja: os ciclos econômicos podem afetar a tendência ou o potencial de crescimento, por vários canais de transmissão, desde a acumulação de capital humano (sobretudo habilidades adquiridas no ambiente de trabalho) até por questões de maior ou menor estabilidade política.

Trata-se, sem dúvida, de uma mudança importante de postura em relação àquilo que foi defendido nas últimas décadas. Nos últimos 40 anos, a visão predominante entre os economistas na academia, nos governos e no "mercado" tratou os ciclos econômicos de maneira praticamente independente das discussões sobre crescimento/desenvolvimento (com exceção da escola dos ciclos reais de negócios, que considerava que a economia estaria o tempo todo no pleno-emprego — algo que soa pouco razoável, embora essa literatura tenha influenciado bastante o consenso macroeconômico *mainstream*).

As políticas tradicionais de gestão da demanda agregada (monetária e fiscal) eram vistas como podendo afetar apenas distúrbios passageiros, com pouca ou nenhuma influência sobre o PIB potencial (isto é, sobre a capacidade de oferta de bens e serviços da economia). E mais: aquela visão preconizava que a política monetária deveria ser a estrela desse "espetáculo" — amparada no resultado

---

[4] Para mais detalhes sobre esse tema, ver o ótimo *survey* feito por economistas do FMI em meados de 2020 (Cerra, Fatas e Saxena, 2020).

conhecido como "divina coincidência" —, relegando à política fiscal um papel de mera figurante, nem mesmo coadjuvante (na esteira da visão antigoverno/Estado que emergiu com força nos anos 1970 e que somente agora começa a ser reavaliada pelo *mainstream*).

Nesse contexto, a mudança de estratégia promovida pelo Federal Reserve em 2020 e a própria reação agressiva da política fiscal norte-americana à crise da Covid-19, em especial após a eleição de Joe Biden, estão altamente alinhadas à avaliação de que, na presença de histerese econômica, os custos dos choques cíclicos desfavoráveis ou da falta de ação dos formuladores de políticas são muito maiores por causa das cicatrizes permanentes que eles podem deixar na atividade produtiva e no bem-estar dos trabalhadores. Isso significa dizer que, nas recessões, ações agressivas e rápidas se tornam a política ideal (na contramão da cautela sugerida pelo chamado *princípio de Brainard*). Nas expansões, o custo de agir muito cedo com medo de pressão inflacionária também pode reduzir o crescimento potencial ou impedir uma evolução mais favorável do mercado de trabalho.

No caso do Banco Central Europeu (BCE), uma primeira mudança de postura importante aconteceu muito antes da pandemia, com a troca no comando ocorrida no final de 2011, quando Mario Draghi assumiu a presidência do banco central da Zona do Euro substituindo Jean-Claude Trichet. Não é exagero dizer que esse episódio deve ter evitado um evento de cauda oriundo daquela região, associado à ruptura da união monetária.

Contudo, a despeito da política de "fazer o que for necessário" (*whatever it takes*) de Draghi, a Zona do Euro, tal como os EUA, levou quase uma década, após a crise de 2008-09, para retomar um quadro de pleno-emprego em termos agregados (e com muita heterogeneidade entre os países, resultado, entre outras coisas, do excesso de cautela da política fiscal alemã e da insistência na política de "desvalorizações internas" para resolver os desequilíbrios de competitividade intrabloco).

Foi nesse contexto que, em janeiro de 2020, o BCE, já sob uma nova presidência, de Christine Lagarde, também iniciou um processo de revisão de seu arcabouço de política monetária — que, atualmente, se aproxima mais de um Strict Inflation Targeting (SIT) do que da versão flexível adotada por boa parte dos bancos centrais que opera sob o regime de metas de inflação. A principal meta formal do BCE é a de perseguir a "estabilidade de preços", algo que, na prática, tem sido interpretado como uma taxa de inflação algo abaixo dos 2% a.a. no médio prazo.

Embora essa revisão ainda não tenha sido concluída, parece ser bem provável que o BCE caminhe na direção das mudanças anunciadas pelo Federal Reserve em agosto de 2020, talvez até mesmo indo além (especula-se, por exemplo, que o BCE poderia adotar uma meta de PIB nominal).

É importante assinalar, ademais, que as experiências de duas grandes crises separadas por apenas uma década têm reforçado a avaliação de que a política monetária não deve ser a única responsável pela tarefa de estabilização macroeconômica (tarefa que, em um mundo sob presença de histerese, também contribui para elevar o PIB potencial, complementada por outras políticas mais institucionais/microeconômicas). Cada vez mais tem sido defendida uma atuação altamente proativa da política fiscal em relação ao ciclo econômico (entre os vários outros objetivos das políticas de tributação e gasto público), até mesmo para complementar a atuação da política monetária em um ambiente de juros reais de equilíbrio muito baixos que estreita a margem de manobra do principal instrumento da autoridade monetária.

Com efeito, política monetária e política fiscal devem atuar de forma coordenada, em termos da estabilização macroeconômica. Vale notar que a manutenção e eventual reforço da autonomia operacional da autoridade monetária se faz ainda mais importante nesse contexto, já que as políticas monetárias não convencionais, como a aquisição de ativos financeiros emitidos pelo setor público (e também pelo privado), tendem a ser cada vez mais frequentes nesse "novo normal" (juros reais de equilíbrio muito baixos e que podem continuar recuando por mais alguns anos em função de fatores demográficos, bem como pelo forte aumento do endividamento do setor privado gerado pela crise da Covid-19).

Esses novos arranjos de política monetária já vêm sendo testados na prática com a crise gerada pela pandemia do novo coronavírus. Federal Reserve, BCE e outros bancos centrais de economias avançadas foram extremamente agressivos no início da crise, atuando como garantidores, emprestadores e mesmo *market--makers* de última instância.

Mais recentemente, mesmo com os prognósticos apontando uma recuperação mais rápida das expressivas perdas de produto de 2020, à medida em que a vacinação em massa avança e que os efeitos dos pacotes de estímulo monetário e fiscal introduzidos em 2020-21 começam a surtir efeito sobre a demanda agregada, esses bancos centrais têm sido extremamente pacientes e cautelosos em sinalizar/implementar a normalização da política monetária, evitando incorrer no mesmo erro de 2010-11, quando a retirada de estímulos, monetários e fiscais, foi bastante precipitada nas economias centrais.

Os efeitos dessa mudança de postura da política econômica são bem evidentes no caso dos EUA: atualmente, as expectativas para o PIB da maior economia do mundo indicam que, em 2022, a economia já estará de volta ao pleno-emprego e, em 2023, o PIB se situará em nível superior àquele projetado no período pré-pandemia. Ademais, a despeito de as projeções de curto prazo apontarem para uma inflação cheia acima dos 3%, as expectativas de médio e longo prazos continuam bem ancoradas, em torno do alvo central, de cerca de 2% a.a. (em termos do deflator do Personal Consumer Expenditure, o PCE).

Na Europa o quadro não é tão favorável como nos EUA, até mesmo por conta de todas as fragilidades inerentes à união monetária e do fato de que o BCE ainda não oficializou seu novo arcabouço e estratégia de política monetária. Ainda assim, a postura efetiva da política monetária, incluindo a comunicação/retórica, é bem distinta daquela adotada em 2010-11, quando a taxa básica de juros chegou a ser elevada, poucos meses antes da crise de dívida soberana na periferia da Zona do Euro, que viria a gerar uma recuperação pós 2008-09 em formato de "W" naquela região.

Por fim, vale notar que esse "mundo novo" de juros nominais de equilíbrio mais baixos traz novos desafios envolvendo também a estabilidade financeira, temática que também deve cada vez mais incorporar aspectos envolvendo as mudanças climáticas e a disseminação das criptomoedas.

A política monetária no Brasil

O fim do superciclo de *commodities* anterior, que durou de 1999 a 2011 e que teve um "fundo do poço" em meados de 2016, representou um expressivo choque de demanda negativo para a economia brasileira — exportadora líquida desses produtos — a partir de 2012, como atesta o gráfico seguinte.

Gráfico 1
PIB Brasil vs. preços internacionais de commodities
(estimativa de consenso para o PIB no 2T21)

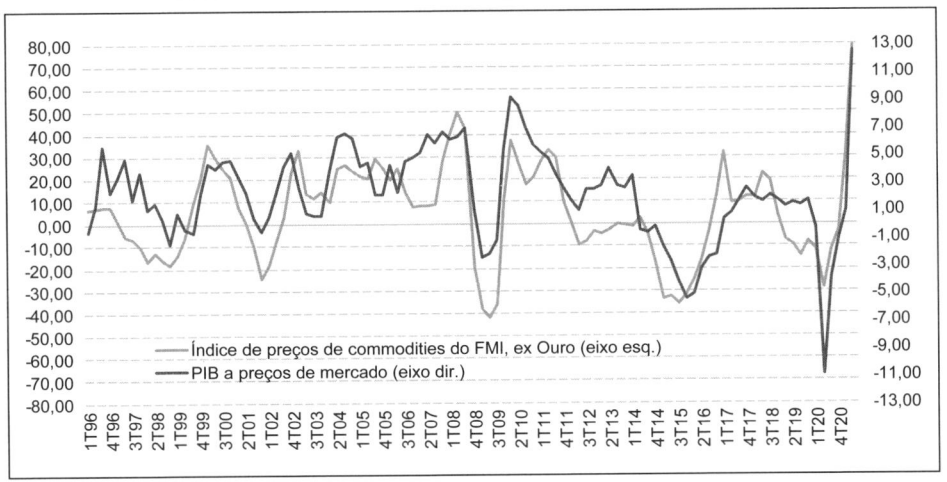

[Gráfico de linhas mostrando Índice de preços de commodities do FMI, ex Ouro (eixo esq.) e PIB a preços de mercado (eixo dir.), de 1T96 a 4T20]

Fontes: FMI e IBGE.

É importante assinalar que, embora o peso direto do setor de *commodities* na economia brasileira não seja tão grande (cerca de 8% do PIB VAPB na média 1996-2020, somando os PIBs Agropecuário e da Indústria Extrativa Mineral), os efeitos indiretos das oscilações dos preços internacionais desses produtos sobre nossa economia (e política) são bem expressivos, não somente em termos de encadeamentos para trás e para frente (agroindústria, bens de capital específicos para esses segmentos etc.), mas principalmente os *spillovers* financeiros (impactos sobre percepção de solvência externa, risco-país, fluxos de capitais, taxa de câmbio nominal e real, preços relativos de bens de capital e duráveis, entre outros).

Entre 2012 e 2014, até mesmo por conta de uma eleição presidencial doméstica neste último ano, a execução da política fiscal doméstica tentou mitigar esse choque desfavorável, por meio de um impulso fiscal positivo de cerca de 3 p.p. do PIB potencial, como revela o gráfico seguinte. A política monetária também foi excessivamente frouxa em 2012-14, como será apontado mais à frente.

Gráfico 2
Brasil: resultado primário estrutural do Governo Geral
(Resultado primário *recorrente*, livre dos impactos estimados do ciclo econômico sobre as receitas *recorrentes*. Em % do PIB potencial)

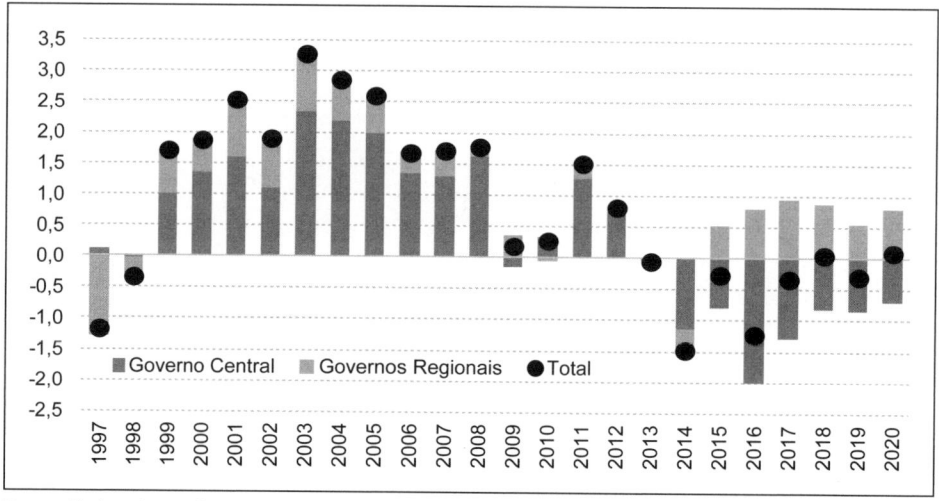

■ Governo Central ■ Governos Regionais ● Total

Fonte: Estimativa própria.

Contudo, foi preciso corrigir isso e vários outros desequilíbrios acumulados nos anos anteriores a partir de 2015, passadas as eleições — e em meio à continuidade do colapso dos preços das *commodities*, que persistiria até meados de 2016. Ou seja: a crise que o Brasil viria a observar nos anos seguintes é fruto tanto de "má sorte" (*bad luck*) como de "políticas ruins" (*bad policy*).

A abordagem escolhida para corrigir esses desequilíbrios foi mais assemelhada a um tratamento de choque, em vez de uma abordagem mais gradualista, ao menos em um primeiro momento. Isso acabou aprofundando os efeitos negativos do choque de demanda desfavorável associado ao colapso dos preços internacionais de *commodities*, tendo como resultado uma sequência de dois anos em que o PIB brasileiro recuou cerca de 3,5% a.a. (2015-16).

Dali em diante, e até a crise da Covid-19, o Brasil viria a apresentar uma trajetória de recuperação econômica atipicamente lenta em relação a outros episódios recessivos, mesmo na comparação com aqueles que foram tão intensos e duradouros quanto a recessão de 2014-16.

A economia brasileira poderia ter crescido mais nesse período, sobretudo em 2017-19? O gráfico 4 sugere que a resposta a esse questionamento é um sonoro "sim".

Gráfico 3
Brasil: padrão de evolução do PIB dessazonalizado em recessões
(pico anterior ao início da recessão = T = 100)

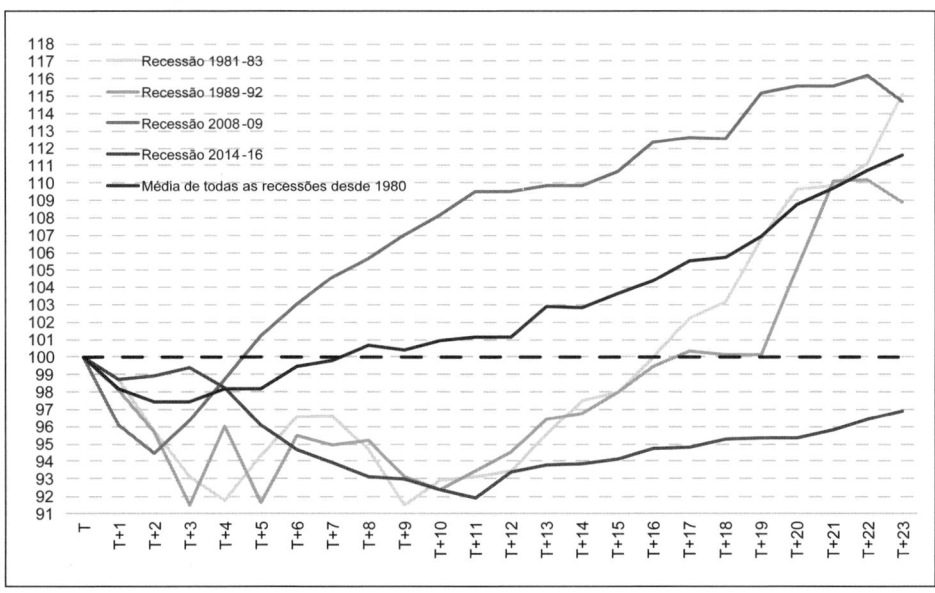

Fontes: Codace/FGV, IBGE e Ipea.

Gráfico 4
Medidas de posição cíclica da economia brasileira

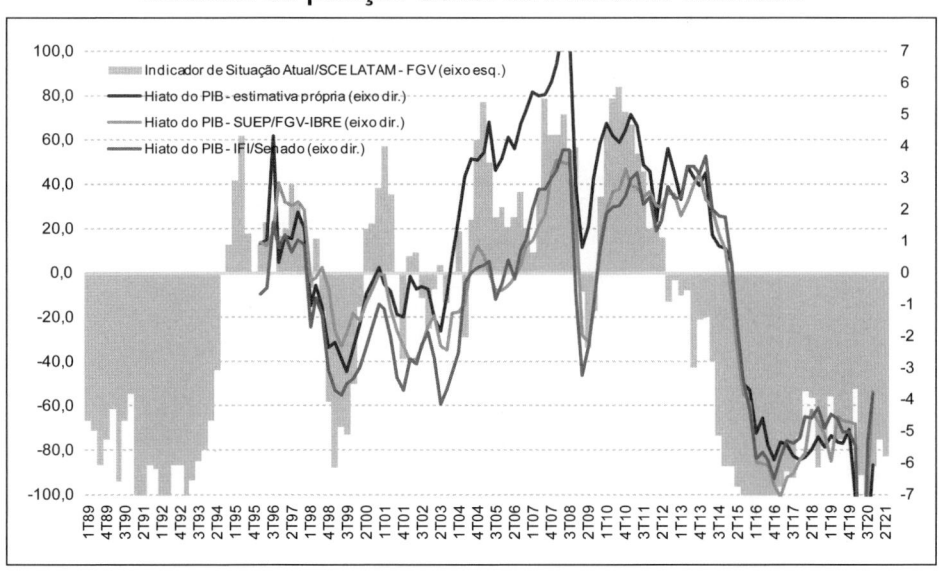

Então, porque a economia brasileira não ocupou, em 2017-19, boa parte desse grande excesso de ociosidade gerado pela recessão de 2014-16?

O *mix* de política econômica doméstica praticado no período foi inadequado e combinou-se a uma aposta ingênua de que a "fada da confiança" iria impulsionar fortemente a economia após a transição de governo e aprovação de algumas reformas. Isto explica ao menos uma parcela desse desempenho modesto e frustrante. Vale lembrar que, no final de 2016, logo após a aprovação do teto de gastos, algumas grandes instituições nacionais chegaram a projetar alta do PIB brasileiro de cerca de 2% a.a. em 2017 (e o PIB cresceu metade disso, com inflação abaixo do piso da meta). Da mesma forma, no começo de 2018 e também no início de 2019, as expectativas de consenso indicavam taxas de crescimento do PIB na faixa de 2,5% a 3% em cada um daqueles anos, com inflação na meta — e o PIB efetivo cresceu menos da metade disso, com a inflação cheia correndo na maior parte do tempo abaixo da meta (e os núcleos correndo em torno do piso do intervalo de metas, ver gráfico seguinte). Portanto, faltou demanda e não capacidade de oferta (ao menos em termos agregados).

Gráfico 5
IPCA cheio *vs.* média das medidas de núcleo
(var. % anual, dez./dez.)

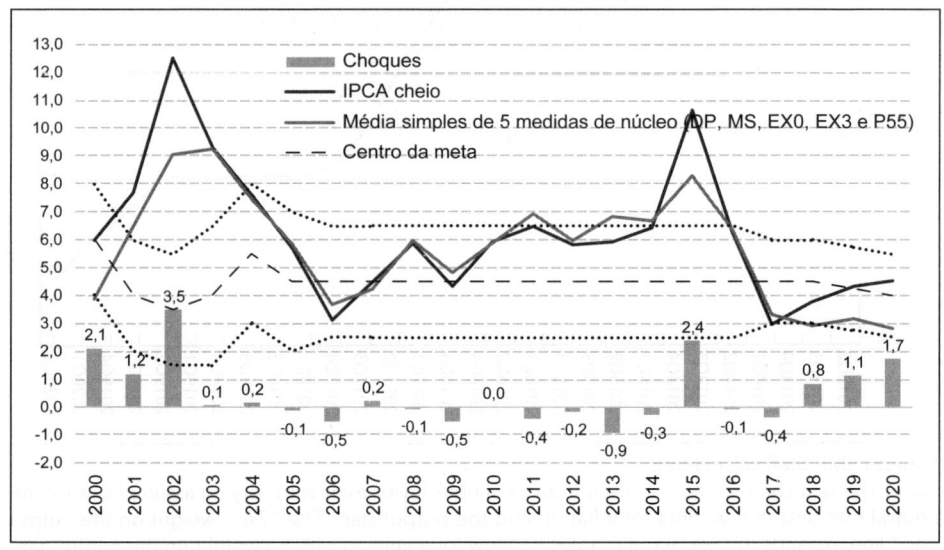

Fontes: Diversas.

Dado o espaço exíguo para mais estímulos fiscais (e uma regra fiscal, o teto de gastos, que penalizou desproporcionalmente o investimento público, despesa com multiplicador fiscal tipicamente acima de 1,0), bem como a decisão de reduzir bastante o tamanho do BNDES, a postura da política monetária acabou se revelando excessivamente conservadora.

O próprio FMI reconheceu isso, ainda que somente em termos *a posteriori*, no relatório *Article IV* para o Brasil publicado no final de 2020. O gráfico seguinte, obtido neste relatório, apresenta um exercício dos economistas do Fundo. Foram estimadas 27 regras de Taylor para a economia brasileira, usando diferentes medidas de hiato e juro neutro, além de parâmetros "comportamentais" distintos (coeficientes de *interest rate smoothing* e de resposta da Selic aos *gaps* de inflação esperada e de produto).

Gráfico 6
Policy Rate and Simple Taylor-Rule Implied Policy Rate

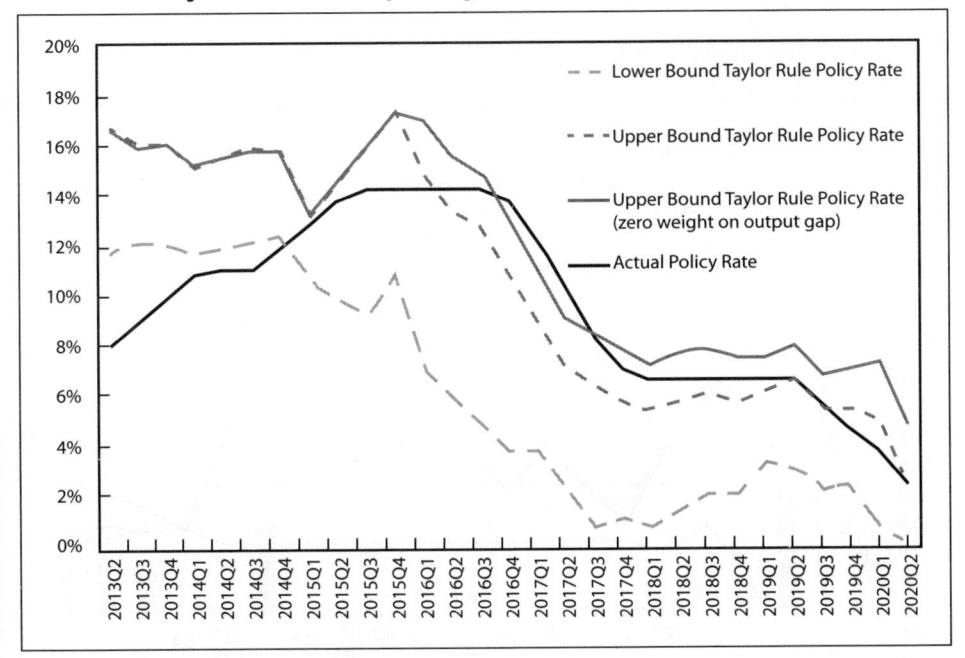

Sources: IMF Staff calculations.
Note: The text chart shows the result from 27 simple Taylor rules with varying assumptions for the neutral rate and the weights for inflation and the output gap. The "Zero weight on the output gap" line expands the set of policy rules to allow for a version with no weight on the output gap. Negative implied policy rate.

Como pode ser notado, após ter se situado abaixo dos referenciais sugeridos pelas regras de política monetária entre 2013 e 2014 (denotando uma postura excessivamente frouxa da política monetária, justamente em um período eleitoral), a Selic efetivamente definida pelo BCB oscilou, durante boa parte do período 2016-19, entre o limite superior das várias regras de Taylor estimadas (linha pontilhada vermelha) e a trajetória sugerida pela linha vermelha cheia, associada a um Banco Central *"inflation nutter"* (isto é, que atribui peso nulo ao hiato do produto em suas decisões de política monetária). Foi somente a partir de meados de 2019 que a Selic passou a se situar dentro do canal sugerido pelas linhas pontilhadas vermelha e verde (e mesmo assim mais próxima do limite superior).

É nesse contexto que a aprovação no começo de 2021, após quase dois anos de tramitação no Congresso, do projeto que ampliou a autonomia e também o mandato formal do BCB parece ter representado um avanço importante.

De fato, havia bastante espaço para evoluir no que toca à dimensão da autonomia — como revela o gráfico seguinte. Trata-se de algo importante em um mundo em que os ciclos político-eleitorais são a regra e no qual há um enorme incentivo, em democracias, para se adotar políticas inconsistentes intertemporalmente.[5] Importante notar que a autonomia do Bacen foi elevada, mas não foi concedida a independência total à autoridade monetária (já que a meta de inflação, por exemplo, continua sendo definida pelo CMN).

Mas ainda há muito mais para avançar nessa dimensão da autonomia, com destaque para a criação do depósito voluntário remunerado — um novo instrumento de gestão da liquidez, já disponível para boa parte dos demais BCs mundo afora e que permitiria que o BCB reduzisse a dependência excessiva das operações compromissadas (a qual demandam um vínculo com o Tesouro Nacional, o qual emite o "lastro" para essas operações, uma vez que o BCB foi proibido de emitir títulos próprios com a promulgação da LRF, em 2000).

A legislação que elevou a autonomia também trouxe uma bem-vinda ampliação do mandato do BCB. Nossa autoridade monetária já tinha dois objetivos: o de buscar uma inflação baixa e estável (compatível com as metas numéricas de inflação definidas pelo CMN) e o de zelar pela solidez e eficiência do sistema

---

[5] Ver, por exemplo, Atolia, Grace Li, Marto e Melina (2017).

Gráfico 7
Índice de independência do BC (*de jure*)

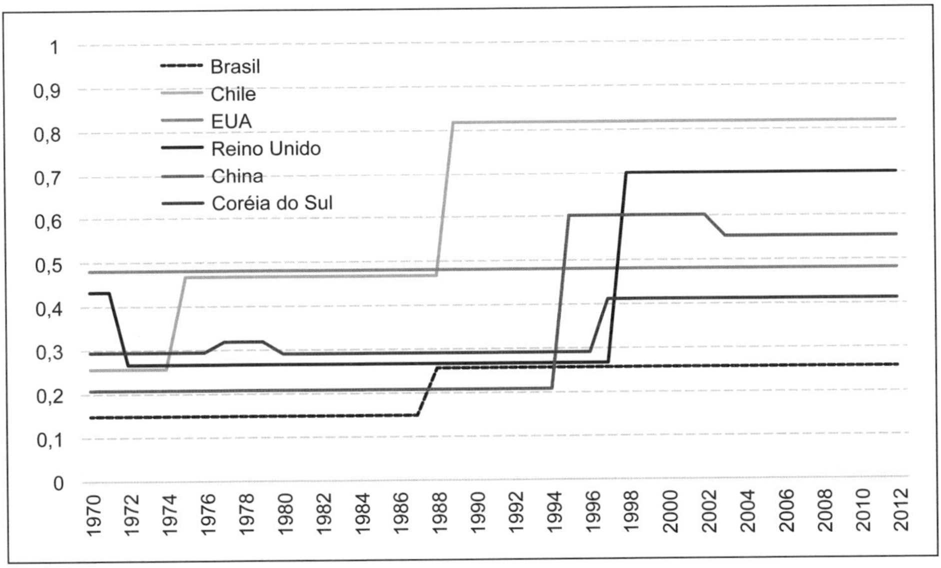

Legenda: Brasil, Chile, EUA, Reino Unido, China, Coréia do Sul

Fonte: Garriga (2016).

financeiro (sem nenhuma métrica objetiva definida externamente ao BCB), com alguma sobreposição entre eles (já que, sem um mínimo de estabilidade financeira, a política monetária se torna ineficaz). O projeto aprovado pelo Congresso neste ano de 2021 incluiu um terceiro objetivo, o de "suavizar as flutuações do nível de atividade e fomentar o pleno-emprego".

Isso aproxima os objetivos formais do BCB daqueles praticados em termos *de jure* e *de facto* em boa parte das economias centrais, bem como dos resultados mais recentes sugeridos pela teoria econômica. Trata-se de um grande avanço para o Brasil, sobretudo quando se leva em conta que, em 2017-19, enfrentamos uma situação de *monetary overkill* — isto é, um excesso de conservadorismo monetário —, que pode inclusive ter gerado efeitos deletérios sobre o potencial de crescimento, via histerese, além de ter impedido uma consolidação fiscal mais rápida (tanto pelo efeito denominador da relação dívida/PIB como pelo efeito numerador, já que o excesso de ociosidade subtraiu cerca de 2 p.p. do PIB, ao ano, de receitas recorrentes do governo geral ao longo desse período — como aponta o gráfico seguinte, obtido no Observatório de Política Fiscal do FGV-Ibre).

Gráfico 8
Brasil: impacto estimado do ciclo econômico sobre o resultado primário recorrente do Governo Geral
(em p.p. do PIB)

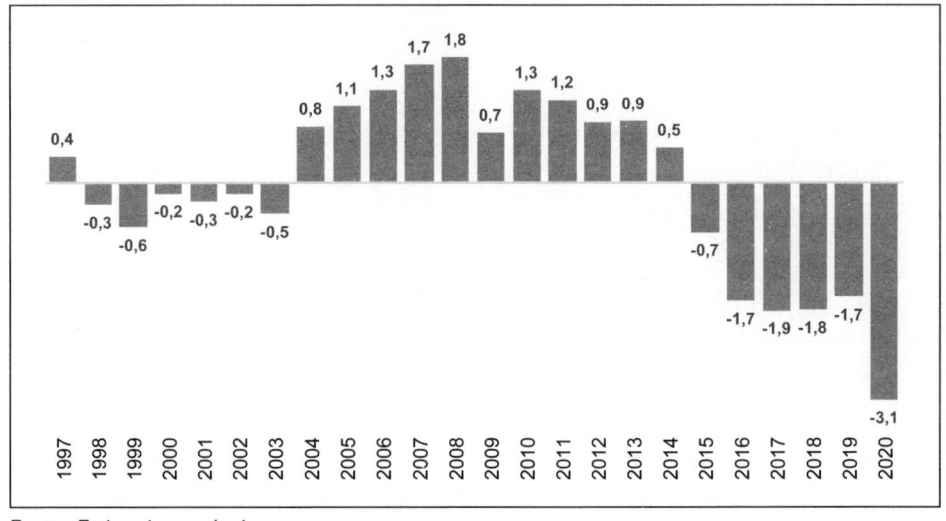

Ano	Valor
1997	0,4
1998	-0,3
1999	-0,6
2000	-0,2
2001	-0,3
2002	-0,2
2003	-0,5
2004	0,8
2005	1,1
2006	1,3
2007	1,7
2008	1,8
2009	0,7
2010	1,3
2011	1,2
2012	0,9
2013	0,9
2014	0,5
2015	-0,7
2016	-1,7
2017	-1,9
2018	-1,8
2019	-1,7
2020	-3,1

Fonte: Estimativas próprias.

Contudo, embora o novo mandato tenha sido aprovado em fevereiro de 2021, somente dois meses depois disso o BCB atualizou formalmente seus objetivos no *website* e nos documentos — e, mesmo assim, ele não foi preciso, adotando uma liberdade interpretativa que transformou o trecho da LC 179/2021 que aponta que o BCB também deve "[...] suavizar as flutuações do nível de atividade e fomentar o pleno-emprego" em "[...] fomentar o bem-estar econômico da sociedade". Isso revela uma certa resistência da autoridade monetária em "abraçar" seu novo objetivo, mesmo que a legislação defina claramente uma hierarquia, com esse novo objetivo sendo secundário.

É amplamente sabido que boa parte dos integrantes do BCB e do mercado financeiro doméstico não vê com bons olhos o chamado "duplo mandato", com inflação e atividade fazendo parte do objetivo formal da política monetária. A incorporação desse novo objetivo ao mandato correspondeu apenas a uma concessão política para viabilizar a aprovação do aumento da autonomia operacional.

Com efeito, na prática, quase nada mudou em termos da condução e comunicação da política monetária doméstica, sugerindo que, por ora, o novo objetivo é algo que está apenas no papel. O BCB até o momento não passou a divulgar suas projeções próprias para o hiato do produto para todo o horizonte relevante (e somente a partir de meados de 2020 passou a divulgar suas próprias estimativas para a série histórica dessa variável não observável), além de também ainda não divulgar suas projeções para algumas medidas de núcleo de inflação, mais aderentes à atividade por excluir os impactos diretos de diversos choques/ruídos. Ademais, no final de 2020 o BCB revelou que a variável "hiato do produto" não entra na regra de Taylor de seu modelo semiestrutural de pequeno porte.[6]

Uma mudança nessa postura parece ser pouco provável, mesmo com uma eventual mudança de governo a partir de 2023 — já que vários integrantes do Comitê de Política Monetária (Copom) deverão ser os mesmos, já levando em conta os efeitos práticos do aumento da autonomia aprovado em 2021, com mandatos fixos e não coincidentes do presidente e da diretoria. Ademais, há um problema de incentivos perversos, associado ao fenômeno das "portas giratórias": o presidente e os diretores do BCB têm um claro incentivo para não permanecerem muito tempo nos cargos, bem como para serem "falcões" (e não "pombos"), pois muitos deles acabam utilizando o tempo de experiência no BCB como um trampolim para a carreira no setor privado, sobretudo no mercado financeiro — segmento que claramente valoriza mais os falcões (*inflation hawks*).

Neste sentido, o debate sobre o papel da política monetária no Brasil, ao menos até agora, parece impermeável a todas as mudanças ocorridas nas economias centrais em termos de reavaliação do papel e das estratégias de política monetária. Estas mudanças já vinham acontecendo antes da pandemia e ganharam ainda mais força com a crise global de 2020 e com a troca de governo na maior economia do mundo.

Some-se a isso a grande resistência em aprimorar a regra do teto de gastos (que tem problemas importantes de desenho e calibragem) e temos, como resultado, uma perspectiva de que a economia brasileira, mesmo avançando cerca de 7% em 2021-22, ainda estará, em 2024, 4% abaixo dos níveis projetados para o mesmo ano no começo de 2020, antes da eclosão da pandemia — cenário aquele que já era pouco alvissareiro, uma vez que no final de 2019 o PIB brasileiro ainda estava 3% abaixo do pico pré-recessão de 2014-16.

---

[6] Conforme pode ser atestado pela observação da equação 3, na página 75, do Relatório trimestral de inflação de dezembro de 2020.

Ou seja: no Brasil, "estabilização macroeconômica" continua sendo entendida pela maior parte dos analistas como basicamente a manutenção da inflação (cheia) na meta no horizonte relevante e o gasto primário total do setor público estável em termos reais (independentemente da composição dessas despesas e das implicações disso para o potencial de crescimento). Talvez essa visão mude a partir de 2023, a depender dos resultados das eleições gerais que irão acontecer aqui no final de 2022 e do próprio sucesso do chamado Bidenomics nos EUA.

Referências

ATOLIA, M.; GRACE LI, B.; MARTO, R.; MELINA, G. *Investing in public infrastructure*: roads or schools? IMF Working Paper 17/105, 2017.

BANCO CENTRAL DO BRASIL. *Relatório de Inflação*, v. 22, n. 4, dez. 2020.

CERRA, V.; FATAS, A.; SAXENA, S. C. *Hysteresis and business cycles*. IMF Working Paper 20/73, 2020.

FEDERAL RESERVE. *Review of monetary policy strategy, tools and communications*. 2020. Acesso em: 16 jun. 2021.

GARRIGA, Ana Carolina. Central bank Independence in the world: a new dataset. *International Interactions*, v. 42, n. 5, p. 849-868, 2016.

IMF. Brazil: 2020 *Article IV Consultation-Press Release; Staff Report; and Statement by the Executive Director for Brazil*. IMF Country Report 20/311, 2020.

OBSERVATÓRIO DE POLÍTICA FISCAL DO FGV-IBRE. *Resultado primário estrutural brasileiro ligeiramente positivo e impulso fiscal de cerca de +8 p.p. em 2020*. 2021. Acesso em 16 jun. 2021.

19. Como financiar o investimento público?

Luiz Carlos Bresser-Pereira
*Nelson Marconi**

Neste artigo fazemos uma proposta para a superação da quase-estagnação de longo prazo da economia brasileira que poderá ser surpreendente, mas é resultado de um pensamento amadurecido. Uma das relações econômicas mais simples e mais confirmadas por pesquisas diz que, quanto maior for a taxa de investimento de um país, maior será sua taxa de crescimento do PIB. Já não é tão simples saber quanto desse investimento deva ser realizado pelo setor privado, ou público. Nossa premissa é que o investimento deve ser privado sempre que houver concorrência no setor. O mercado é uma instituição de coordenação econômica insuperável quando existe concorrência. Se não existe, o Estado deve assumir a liderança dos projetos de investimento — deve comandá-los diretamente ou os manter firmemente regulados. Setores como o de estradas de rodagem, produção, transmissão e distribuição de energia, empresas de saneamento fornecedoras de águas e esgotos, de mobilidade urbana, das redes de comunicação e informatização da economia, proteção do ambiente, e em áreas que envolvem externalidades positivas significativas como educação e saúde encaixam-se nesta situação.[1]

Nesses casos, não há *crowding-out*; os investimentos públicos não substituirão os investimentos privados, mas os complementarão, criando assim mais oportunidades de investimento para o setor privado. No Brasil, as empresas preferem investir em projetos cujo retorno seja mais curto, fazendo com que o

---

* Agradecemos os comentários de Andre Lara Rezende, Monica de Bolle, Manoel Pires e Marianne Nassuno, eximindo-os de qualquer responsabilidade por erros que sejam observados ao longo do texto.
[1] No Brasil, por exemplo, essa relação entre o investimento público (incluindo as empresas públicas) e o investimento total chegou em seu ápice em meados da década de 1970, atingindo pouco mais de 35%, sendo declinante após esse período, e atualmente corresponde a pouco mais de 15%; na década de 1980, atingiu a média de 27% e, na década de 1990, de 20%.

setor público termine arcando com a tarefa, muitas vezes também não cumprida por falta de recursos, das obras de infraestrutura em regiões mais carentes ou que impliquem longa maturação.

O FMI, por meio do Fiscal Monitor, publicou em 2020 relatório sobre a importância do investimento público (IMF, 2020:xiii). No sumário executivo do relatório, o FMI salienta o alto retorno do investimento público:

> estimativas empíricas baseadas em 400 mil empresas em um grande número de países mostram [...] que nos países avançados e emergentes o multiplicador fiscal alcança seu máximo em dois anos. O aumento do investimento público nessas economias em 1% do PIB pode criar 7 milhões de empregos diretamente, e entre 20 e 33 milhões de empregos quando se consideram os efeitos macroeconômicos indiretos.

De fato, quando observamos a economia brasileira no período de maior crescimento, nos anos 1970, a taxa anual de investimento público (incluindo as empresas públicas e os três níveis de governo) chegou a superar 10% do PIB, conforme podemos observar no gráfico 1. Mas caiu nas décadas seguintes, recuperando-se apenas entre 2008 e 2012; esse fato contribuiu para postergar, para a década seguinte, os efeitos da crise de 2008 e da decorrente redução de preços das *commodities* e de nossas exportações de manufaturados. Em 2020, essa taxa alcançou parcos 2,6% do PIB.

Depois de 40 anos de desacertos, parece que voltamos ao bom-senso desenvolvimentista. Mas há dois problemas que precisam ser enfrentados.

O primeiro — o da necessidade de um estoque de projetos executivos para serem licitados — foi bem discutido por José Roberto Campos. Em artigo no *Valor*, publicado em 8 de outubro de 2020, ele analisou a oportunidade do relatório do FMI:

> Idealmente, os governos deveriam ter disponível um pipeline de projetos que pudesse ser executado em dois anos. Parece óbvio, mas não é — basta ver que desde o PPI do governo Temer até hoje são sempre as mesmas obras que surgem das gavetas, quando se quer anunciar algum plano, e voltam para elas depois (sim, a Ferrovia Norte-Sul ainda é uma delas). De 63 países submetidos a avaliação de gerenciamento, mais da metade não tem rol de projetos pronto. [Campos, 2020]

Gráfico 1
Investimento público/PIB (inclui os três níveis de governo)

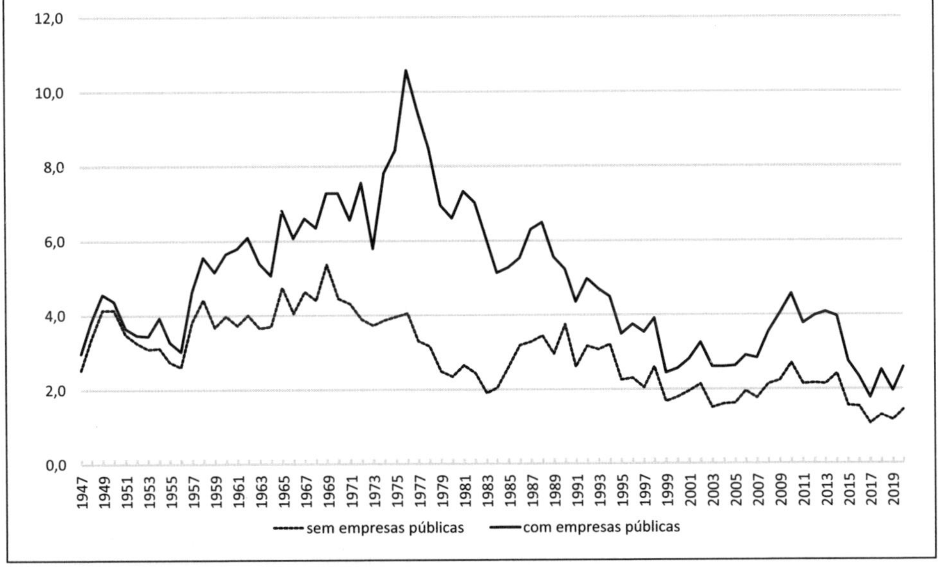

Fonte: Observatório Fiscal — Ibre/FGV.

Portanto, é necessário o fortalecimento institucional desta atividade no governo federal. Para isto, deve ser criada uma agência de investimentos públicos que apoie os ministérios na formulação e execução de projetos de investimento em consonância com outras agências públicas de financiamento ao investimento como a Finep e o BNDES, e trate dos problemas associados a eles, inclusive as questões ambientais inerentes à expansão da infraestrutura.

O segundo problema é o do financiamento. Desde que, nos anos 1980, quando o país enfrentava uma grande crise da dívida externa, configurou-se um grave problema interno que um dos autores denominou "crise fiscal do Estado": o Estado brasileiro deixou de gerar uma poupança pública para financiar seus investimentos.[2] E vemos defendendo responsabilidade fiscal e a associando à necessidade de se restabelecer a capacidade do Estado de ter uma poupança pública para financiar os investimentos públicos. Esta capacidade foi perdida ainda no regime militar, no início daquela década, quando a grande crise da dívida externa se somou à crise fiscal. A poupança pública, que girava em torno

---

[2] Os temas tratados por Bresser-Pereira no livro *A Crise do Estado* (1992) giravam todos em torno dessa crise fiscal.

de 4% do PIB na segunda metade dos anos 1960 e durante a década de 1970, tornou-se negativa a partir de meados dos anos 1980. Em meados dos anos 1990 essa crise foi superada, mas os governos democráticos se mostraram incapazes de recuperar a poupança pública.

No gráfico 2, podemos observar o comportamento da poupança pública (dessa vez sem considerar as empresas públicas, pois essa é a parcela da poupança que depende da gestão dos recursos fiscais — a poupança das empresas públicas é derivada de suas receitas próprias, em geral), comparada à evolução do investimento público sob o mesmo critério. Notamos que, até a crise da dívida externa dos anos 1980, a poupança pública, que corresponde à receita corrente subtraída da despesa corrente, era positiva, e após esse período voltou a ser positiva em raros anos (o último período foi o triênio 2010-12). A crise da dívida externa, seguida de nossas crescentes despesas correntes — mesmo quando o país gerava superávits primários, pois o governo paga, há décadas, um montante muito elevado de juros —, reduziu a capacidade de financiar os investimentos públicos com a poupança do próprio governo. A taxa de investimentos do governo *stricto sensu* foi reduzida para o patamar de 2% e assim permaneceu, situando-se atualmente ao redor de 1,5% do PIB.

Desta maneira, se nos perguntarem quais foram as duas razões principais que vêm mantendo a economia brasileira quase-estagnada desde 1980, não hesitaríamos em afirmar que foram os juros altos e a taxa de câmbio apreciada — que limitaram o investimento privado — e a poupança pública negativa — que limitou o investimento público, sendo tal poupança também prejudicada pela política de juros altos.

A manutenção da poupança pública negativa é explicada, por um lado, pela pressão dos rentistas e financistas por taxas de juros reais altas, oferecendo como justificativa "a necessidade de controlar a inflação". Na verdade, o que se estava fazendo — e ainda se faz, com raras exceções em alguns meses de 2020 e 2021 — era atender a essa pressão e, ao mesmo tempo, praticar a política aparentemente sensata, mas intrinsecamente equivocada — populista cambial — de atrair capitais para "crescer com poupança externa".

Por outro lado, a poupança negativa também é explicada pela pressão das empresas e de entidades da sociedade civil por desonerações fiscais e criação de subsídios, da alta burocracia pública por elevados salários e, nesse último caso legítima, dos assalariados por serviços sociais universais e de melhor qualidade. Sobrava (e continua sobrando), assim, muito pouco para os investimentos.

Gráfico 2
**Investimento e poupança (em % do PIB) do governo *stricto sensu*
(inclui os três níveis de governo e exclui as empresas estatais)**

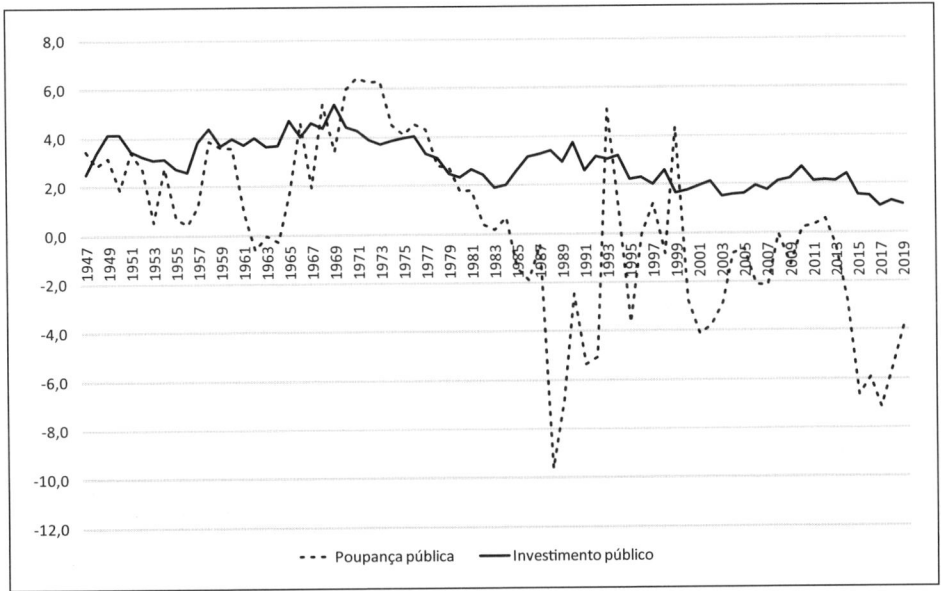

[Gráfico de linhas mostrando Poupança pública (linha tracejada) e Investimento público (linha contínua) de 1947 a 2019, com valores variando entre -12,0 e 8,0% do PIB]

Fonte: Contas Nacionais — IBGE e Observatório de Política Fiscal — Ibre/FGV.

Não vemos perspectivas de solução para esse quadro de falta de poupança pública senão o país retomar o caminho do crescimento. A economia brasileira está, portanto, presa em um círculo vicioso. Não cresce porque não realiza os investimentos públicos necessários, mas não faz esses investimentos porque seu PIB não cresce de maneira satisfatória. Como sair dessa condição? Uma forma é o país realizar uma reforma tributária progressiva enquanto reduz as despesas com subsídios e adota uma gestão mais racional dos salários dos servidores públicos, mas, principalmente, faz-se necessário manter baixo o nível da taxa de juros e manter competitiva a taxa de câmbio.

Nos últimos anos está ocorrendo uma revolução macroeconômica que oferece uma solução para o problema do financiamento dos investimentos públicos: o financiamento monetário. Após 2008, os bancos centrais dos países ricos, ao realizarem a política de *quantitative easing*, tinham como objetivo aumentar a liquidez do sistema econômico ou baixar a taxa de juros, enquanto em 2020 voltaram a emitir moeda, desta vez para financiar as despesas relativas ao combate à Covid-19. Nos dois casos ficou demonstrado que a emissão de moeda *não* causa inflação desde que a economia esteja distante da situação de pleno-emprego. Esse é um fato que os economistas pós-keynesianos já sabiam quando diziam que a moeda é endógena, e está no centro da teoria da inflação inercial desde os anos 1980. Os economistas inercialistas afirmavam que o dinheiro não é um fator causador, mas é o fator "sancionador" da inflação (Bresser-Pereira e Nakano, 1984:5-21). Assim, em um cenário de capacidade ociosa, há espaço para que financiemos os investimentos públicos com recursos monetários.

Gráfico 3
Percentual do estoque de dívida pública que se encontra na carteira dos Bancos Centrais

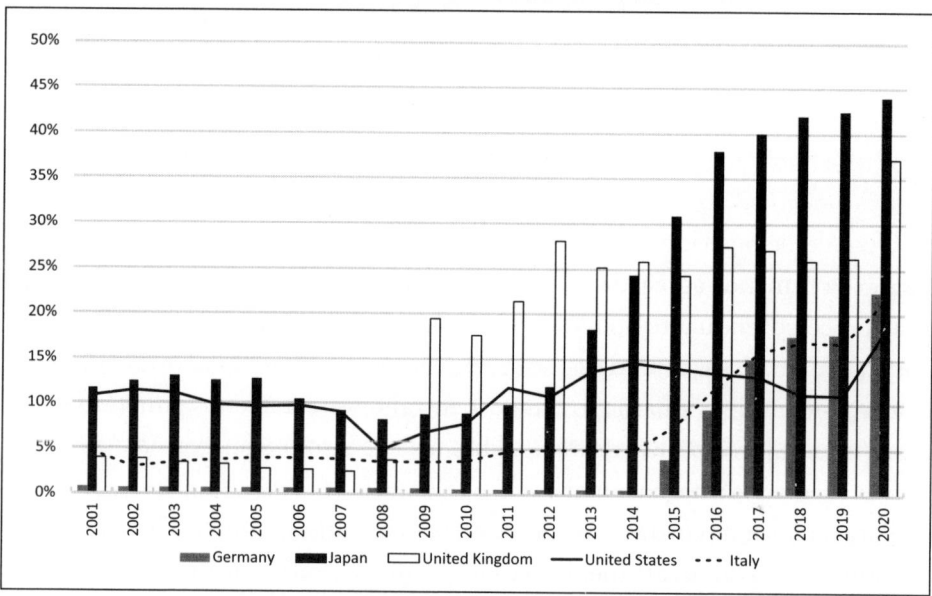

Fonte: Sovereign Debt Investor Base for Advanced Economies, FMI, versão de 30 de abril de 2021.

  Embora os governos dos países avançados não afirmem que praticam o financiamento monetário, eles não têm hesitado em recorrer a ele. Os bancos centrais americano, europeu (neste caso, adotando como *proxy* as dívidas alemã e italiana), inglês e japonês expandiram fortemente a compra de títulos dos respectivos Tesouros durante a pandemia, como podemos observar no gráfico 3. Alguns deles já o vinham fazendo antes mesmo. Sabemos que não possuímos semelhante estabilidade macroeconômica à observada neste grupo de países, mas a adoção de uma estratégia como tal em nossa economia, devidamente monitorada e com um escritório de projetos bem estruturado, tecnicamente capaz e bem articulado politicamente, inclusive com os demais níveis de governo e o setor privado, poderá nos ajudar a sair do atual *imbróglio* que restringe a retomada do crescimento econômico.

A prática adotada pelos bancos centrais de países desenvolvidos nos últimos anos terminou demonstrando que é possível financiar o investimento público não apenas com a poupança pública, mas também com o crédito criado pelo próprio setor público em função de sua capacidade soberana de emitir moeda e, com isso, financiar seu endividamento. Há limites para a evolução deste último, pois seu crescimento exponencial pode (a) elevar demasiadamente as despesas com juros; (b) enfraquecer politicamente o próprio governo, que, nessa situação, perderia alguns graus de liberdade para realizar a política econômica desejada. Quando afirmamos que é possível adotar esta forma de financiamento para o investimento, está implícito que o gasto seja de boa qualidade, pois do contrário o governo também se defrontará com uma queda em sua credibilidade e capacidade de gerir não apenas a política econômica, mas todas as políticas públicas.

Quando bem gerido, o limite de utilização desse mecanismo é dado pela expansão da demanda agregada e a decorrente pressão inflacionária que pode surgir neste processo; enquanto houver capacidade ociosa relevante, esse problema não existirá. Além disso, entendemos que, exceto nos momentos em que a demanda está pressionando a inflação, o Banco Central deve determinar um *nível baixo* para a taxa de juros básica, de modo que a taxa de juros real permaneça em linha com os mercados internacionais.

Para a teoria novo-desenvolvimentista, a expansão tanto do investimento privado quanto do investimento público requer a prática de uma taxa de juros relativamente baixa. No caso dos investimentos privados, esse nível baixo de taxa de juros reduzirá os custos financeiros das empresas e, combinado com a neutralização da doença holandesa, as tornará competitivas internacionalmente. Já no caso dos investimentos públicos, essa taxa de juros baixa e a manutenção da taxa de câmbio em um patamar competitivo contribuirão para reduzir as restrições fiscais ao financiamento desses projetos.

Não apenas o investimento privado, mas também a expansão dos investimentos públicos é incompatível com a política de crescimento apoiada em déficits em transações correntes ("poupança externa") que o Brasil e os demais países latino--americanos praticam. E também com o populismo cambial que está presente sempre que a moeda nacional está apreciada. Essa política apoiada em déficits em transações correntes elevados é incompatível com o investimento privado porque esses déficits precisam ser financiados, requerem taxas de juros altas para atrair capital e implicam, portanto, um saldo positivo de entradas em relação às saídas de capitais que apreciam o câmbio enquanto o déficit em transações correntes estiver presente. Taxas de juros elevadas são também incompatíveis com o investimento público na medida que pressionam as despesas com o financiamento da dívida pública, enquanto a apreciação da moeda prejudica o nível de atividade por meio de seus reflexos sobre a demanda agregada a médio prazo e impacta na arrecadação fiscal. Ambos os fatores reduzem a disponibilidade de recursos orçamentários para financiar tais investimentos.

Finalmente, os desenvolvimentos mais recentes da teoria macroeconômica predominante vislumbraram que as políticas fiscal e monetária são absolutamente associadas e devem ser compatíveis; enquanto a política monetária assume um caráter mais endógeno, a política fiscal é vista como o principal determinante da demanda agregada. Assim, para que essa proposta seja bem-sucedida, é importante que ambas as políticas caminhem conjuntamente, e não apenas na situação em que se requer um estímulo para o nível de atividade; quando a demanda agregada passa a pressionar os preços, a própria despesa com investimentos públicos deverá se reduzir juntamente com a contração da política monetária.

De acordo com essas premissas, propomos:

1. Que seja autorizada a criação de uma agência pública, não autônoma, destinada a gerir os investimentos públicos, na forma de um escritório de projetos, e a financiar uma parcela deles, que atue de forma coordenada com outras agências públicas de fomento e financiamento ao investimento;
2. Que seja autorizada a emissão, por parte desta agência, de uma classe especial de títulos públicos exclusivamente destinados ao financiamento de projetos de investimentos públicos, em montante previsto no orçamento da União e equivalente ao definido para compra pelo Banco Central;
3. Que o Banco Central seja autorizado a comprar anualmente o montante equivalente a 3,5% do PIB (aproximadamente R$ 265 bilhões a valores atuais) de tais títulos públicos, após autorização pelo Conselho Monetário Nacional, para financiar projetos devidamente analisados e aprovados por esta agência;

4. Que estes recursos sejam alocados, juntamente com o valor que o orçamento fiscal deve reservar anualmente para despesas com investimentos, em um fundo a ser constituído, cuja destinação específica é a supracitada;
5. Que o CMN se reúna, com o suporte do Copom, a cada três meses para avaliar se a economia do país está se aproximando do pleno-emprego ou não e se essa política está prejudicando a gestão do regime de metas de inflação;
6. Se o CMN avaliar que esse é o caso, deverá suspender temporariamente a venda de títulos de tal agência ao Banco Central e o Executivo deverá suspender a aprovação de novos investimentos assim financiados, reduzindo os investimentos públicos previstos para o correspondente ano. Dessa forma, a medida também possuirá um caráter anticíclico que contribuirá para suavizar eventuais pressões inflacionárias, ao mesmo tempo que em períodos de desaquecimento será relevante para estimular a retomada do nível de atividade.

Dado que o ciclo de um investimento usualmente não se completa no período de um ano, ou suas etapas podem sofrer atrasos por fatores exógenos, uma parcela pequena dos valores não investidos em um ano poderá constituir reserva para investimento no ano seguinte.

Os governos federal, estadual e municipal investiram, com seus recursos fiscais, em média, 1,3% do PIB nos últimos cinco anos, e se somarmos uma expansão adicional da ordem de 3,5% do PIB resultante da proposta anterior, chegaríamos a um montante anual de investimentos públicos, dos três níveis de governo, equivalente a 4,8% do PIB. A título de comparação, na década de 1970 esse percentual atingiu, em média, 3,5% do PIB; entretanto, as empresas públicas, não incluídas neste cálculo, investiam mais que hoje (4,3% em média na década de 1970 em comparação a 0,9% do PIB nos últimos cinco anos). Logo, justifica-se que a despesa com investimentos públicos nos três níveis de governo, enquanto percentual do PIB, seja superior à observada na década de 1970, mesmo porque as demandas por infraestrutura social e de logística são crescentes, fato evidenciado pela pandemia e pela perda de competitividade da economia brasileira, e urge que os chamados "equipamentos" depreciados sejam substituídos ou modernizados. Cálculos da ABDIB indicam que seriam necessários investimentos públicos da ordem de aproximadamente 5% do PIB para recuperar, modernizar e ampliar nossa infraestrutura.

A decisão de expandir o investimento público, mais que triplicando o patamar atual registrado no chamado governo *stricto sensu*, por meio da forma de financiamento proposta neste texto, não significa que a disciplina fiscal seja secundária; ela continua sendo essencial para a realização responsável do gasto público e a boa gestão macroeconômica. Por isso mesmo, a reforma que estamos propondo deverá ser autorizada pelo CMN, e posta em prática de forma transparente e cuidadosamente executada. A qualidade do gasto será a variável determinante para o sucesso do programa, e todas as ações necessárias para garantir a aplicação criteriosa e a gestão bem-sucedida dos recursos deverão acompanhar a opção por esta forma de financiamento de uma parcela significativa dos investimentos públicos.

Referências

Bresser-Pereira, Luiz Carlos. *A crise do Estado*. Barueri: Nobel, 1992.

_____; NAKANO, Yoshiaki. Fatores aceleradores, mantenedores, e sancionadores da inflação. *Revista de Economia Política*, v. 4, n. 1, p. 5-21, jan. 1984.

Campos, José Roberto. Investir é legal, mas não é fácil. *Valor Econômico*, 8 out. 2020. Disponível em: https://valor.globo.com/opiniao/coluna/investir-e--legal-mas-nao-e-facil.ghtml. Acesso em: 27 jul. 2021.

INTERNATIONAL MONETARY FUND. *Fiscal monitor*: policies for recovery. Nova York: out. 2020. (World economic and financial surveys).

Epílogo

André Roncaglia
Nelson Barbosa

Novos desafios sociais promovem, com frequência, mudanças de opinião a respeito de temas que antes pareciam solidamente fundamentados. Depois de 40 anos, a promessa de uma organização social liderada pela sabedoria dispersa e massificada de mercados não entregou o crescimento prometido nem aumentou a participação das pessoas comuns nos frutos do esforço coletivo de produção. A pandemia apenas escancarou o esgotamento deste modelo de sociedade. Em muitos países, as desigualdades em múltiplas dimensões sociais ganharam contornos concretos na penúria material, na capacidade de trabalhar remotamente, no acesso a testes de detecção do vírus e no alarmante aumento do desemprego e falência de empresas em massa; além disso, geraram sentimentos profundos de dor, perda, impotência e solidão.

Este livro buscou mostrar que não precisamos recomeçar do zero. Muito conhecimento acumulado em diversas áreas da economia pode nos direcionar a uma reabertura da economia em novas bases. Sempre uma sutil professora, a ironia da história mostrou a importância do coletivo precisamente no momento em que o isolamento social nos protegia do vírus. Trata-se de uma nova hierarquia de valoração social, em que o cálculo da organização econômica considera os interesses de uma coletividade agora expandida em suas delimitações.

Neste novo concerto de coisas, a maximização da riqueza do acionista, vista por Milton Friedman como a principal contribuição do empresário à sociedade, agora deverá conviver, debater e dividir espaço (e lucro) com demandas sociais — em seus recortes de raça, gênero, orientação sexual etc. — e ambientais — com fontes limpas de energia, uso adequado de recursos naturais, processamento de resíduos e manutenção e restauração de biomas ameaçados. A mediação entre estas demandas jogou luz sobre a importância da capacidade de coordenação estatal.

O Estado ressurgiu, no debate público, inicialmente como uma agência seguradora contra catástrofes como a pandemia. Conforme foram ficando mais claras as repercussões da necessária paralisação da economia, viu-se uma acelerada reversão do típico cosmopolitismo econômico que confiava na complexa — e frágil — articulação das cadeias globais de valor. A escassez de equipamentos de proteção individual, de ventiladores mecânicos, de máscaras, de testes e de inúmeros insumos hospitalares pôs em relevo a importância da coordenação nacional da produção de bens e serviços essenciais. Ficou claro que o horizonte e o escopo de preocupações do mercado eram bastante limitados mediante as necessidades da sociedade. O Estado planejador e empreendedor reapareceu com nova roupagem e com um desafio monumental à sua frente. A política industrial voltou ao centro do palco e o debate público e acadêmico se deslocou de "se" para "como" fazê-la: com quais objetivos e com quais instrumentos?

É neste contexto que a eleição de Joe Biden nos EUA abre um novo capítulo para a história econômica. Não porque haja qualquer novidade em termos da teoria econômica que lhe dá suporte; ou de experiências históricas contemporâneas, em face do exuberante caso da China. Sua significância se dá pela reabilitação, após 40 anos de ostracismo e má reputação, das ideias de planejamento e coordenação estatais e sua reinserção no centro do poder da maior economia do planeta. A batalha no Congresso será intensa e, muito provavelmente, o plano será desidratado em diversas frentes ou terá sua execução diluída no tempo, para atender aos anseios republicanos por mais austeridade fiscal. Mesmo assim, Biden se mostra firme em seus propósitos de usar o poder da política econômica para promover um reequilíbrio das forças sociais por meio de um incremento acelerado no estoque de capital público nas infraestruturas físicas e sociais do país.

Guardadas as proporções e as possibilidades ao nosso dispor, esta disputa de visões nos EUA é bastante inspiradora para o Brasil. Afinal, nosso país compreende uma gama de experiências bem-sucedidas de iniciativas estatais, como o SUS, a Embraer, a Petrobras, a Embrapa, para ficar em exemplos mais conhecidos. Este livro buscou sondar o potencial das capacidades já construídas em nosso país para adequá-las aos anseios e aos desafios do século XXI. Além disso, buscou ilustrar as restrições que se impõem sobre nossas possibilidades econômicas de efetuar tal transição. Estado, empresas e famílias com elevados níveis de endividamento e cambaleante confiança no futuro deparam-se com um cenário de alta pressão inflacionária (doméstica e importada) e profunda crise social. Por este motivo, o conjunto de posturas políticas e econômicas conhecida como Bidenomics precisa de uma versão tropical. Este livro é um convite a este esforço de reflexão.

Sobre os organizadores

André Roncaglia é economista e professor na Universidade Federal de São Paulo (Unifesp) e pesquisador associado ao Cebrap. Escreveu com Paulo Gala o livro *Brasil, uma economia que não aprende*. É graduado em ciências econômicas, com mestrado em economia, pela Pontifícia Universidade Católica de São Paulo. Foi doutorando visitante na University of Massachusetts Amherst, com doutorado em economia do desenvolvimento pela FEA-USP. Tem experiência nos temas: inflação e política monetária, macroeconomia do desenvolvimento, história do pensamento econômico. Twitter: @andreroncaglia e Youtube: andreroncaglia.

Nelson Barbosa é pesquisador do Instituto Brasileiro de Economia (FGV-Ibre) e professor da Escola de Economia de São Paulo (Eesp, FGV) e da Universidade de Brasília. PhD em economia pela New School for Social Research em Nova York, foi ministro do Planejamento e Ministro da Fazenda no governo Dilma, e secretário de Monitoramento Econômico e secretário de Política Econômica no governo Lula.

Sobre os autores

Bráulio Borges é graduado em economia na FEA-USP e mestre em teoria econômica pela mesma instituição. Sua dissertação de mestrado, sobre sustentabilidade fiscal, ganhou o Prêmio Tesouro Nacional. É economista-sênior da área de macroeconomia da LCA Consultores desde 2004 e pesquisador-associado do FGV/Ibre desde 2015.

Camila Gramkow é economista pela Faculdade de Economia, Administração e Contabilidade da Universidade de São Paulo (USP). Tem mestrado em economia pelo Instituto de Economia da Universidade Federal do Rio de Janeiro e doutorado em economia da mudança climática pela Universidade de East Anglia, no Reino Unido. Atualmente, é oficial de Assuntos Econômicos no Escritório do Brasil da Comissão Econômica para a América Latina e o Caribe (Cepal) das Nações Unidas, onde tem trabalhado com o Grande Impulso (Big Push) para a Sustentabilidade

Carlos A. Grabois Gadelha é doutor em economia pelo Instituto de Economia da Universidade Federal do Rio de Janeiro (UFRJ). É coordenador do Centro de Estudos Estratégicos (CEE) da Presidência da Fiocruz. É líder do Grupo de Pesquisa sobre Desenvolvimento, Complexo Econômico-industrial e Inovação em Saúde na Fiocruz, cujo conceito, que norteou as políticas para seu desenvolvimento, formulou. Foi vice-presidente de Produção e Inovação em Saúde da Fiocruz (2007-11); secretário de Programas de Desenvolvimento Regional do Ministério de Integração Nacional (2003-06); secretário de Ciência e Tecnologia e Insumos Estratégicos do Ministério da Saúde (2011-15); e secretário de Desenvolvimento e Competitividade Industrial no Ministério do Desenvolvimento Indústria e Comércio Exterior (MDIC) (2015-16). Na atividade de ensino se destaca a coordenação do Mestrado Profissional em Política e Gestão de Ciência, Tecnologia e Inovação em Saúde da Escola Nacional de Saúde Pública Sérgio Arouca (Daps/Ensp/Fiocruz).

Débora Freire Cardoso é graduada em economia e professora adjunta do Departamento de Ciências Econômicas da UFMG. É doutora em economia pelo Cedeplar/UFMG, com estágio sanduíche na Universidade de Illinois em Urbana-Champaign (Uiuc) nos Estados Unidos. Possui graduação em ciências econômicas pela UFSJ e mestrado em economia aplicada pela UFV. Tem experiência na área de economia, com ênfase em renda e tributação, finanças públicas, economia dos programas de bem-estar social, métodos e modelos matemáticos e contabilidade nacional. Integrante dos grupos de pesquisa Núcleo de Estudos em Modelagem Econômica e Ambiental Aplicada (Nemea) e Políticas Públicas e Desenvolvimento, ambos no Cedeplar/UFMG. Recebeu o Prêmio de Melhor Tese em Economia no 37º Prêmio BNDES de Economia.

Felipe Augusto Machado é internacionalista, especialista em planejamento e estratégias de desenvolvimento, mestre em políticas públicas e desenvolvimento e servidor público federal da carreira de especialistas em políticas públicas e gestão governamental.

Gabriel Muricca Galípolo é formado em ciências econômicas e mestre em economia política, ambos pela Pontifícia Universidade Católica (PUC-SP). Foi chefe da Assessoria Econômica da Secretaria de Transportes Metropolitanos do estado de São Paulo (2007) e diretor da Unidade de Estruturação de Projetos da Secretaria de Economia e Planejamento do estado de São Paulo (2008). Em 2009, fundou a Galípolo Consultoria, da qual é sócio-diretor. Foi presidente do Banco Fator de 2017 a 2021. Foi professor da graduação da PUC-SP e do MBA de PPPs e Concessões da Fundação Escola de Sociologia e Política de São Paulo em parceria com a London School of Economics and Political Science. Escreveu com Luiz Gonzaga de Mello Belluzzo os livros *Manda quem pode, obedece quem tem prejuízo* e *A escassez na abundância capitalista*.

Guilherme Magacho possui PhD em Land Economy da Universidade de Cambridge. Atualmente é economista da Agence Française de Développement, além de professor do Programa de Pós-Graduação em Economia da UFABC e pesquisador associado do Cambridge Centre for Economic and Public Policy e da Fundação Getulio Vargas. Atua predominantemente nas áreas de economia do meio-ambiente, análise insumo-produto e macroeconomia do desenvolvimento.

Gustavo Pereira Serra é doutorando em economia na universidade The New School for Social Research (EUA), com mestrado em teoria econômica pela FEA-USP. Possui experiência profissional no mercado financeiro, em consultoria econômica e na academia. Suas áreas de interesse são crescimento e desenvolvimento macroeconômico, distribuição de renda e educação, já tendo publicado artigos científicos em periódicos acadêmicos nesses temas.

João Romero é professor adjunto do Departamento de Economia da UFMG, doutor em economia pela Universidade de Cambridge, Departamento *Land Economy*. Sua tese de doutorado foi vencedora do prêmio *BRICS Economic Research Award* em 2016, promovido pelo *EximBank* da Índia. Foi também por duas vezes vencedor do Prêmio CNI de Economia nas categorias: Intermediação Financeira e Crescimento Industrial em 2009, e Indústria Brasileira em 2015. É membro do *Cambridge Centre for Economic and Public Policy* (CCEPP), e coordenador do Grupo de Pesquisa em Políticas Públicas e Desenvolvimento (GPPD), do Cedeplar-UFMG. Possui publicações nas áreas de desenvolvimento, complexidade econômica, comércio internacional e economia aplicada.

Julia Braga é professora associada da Faculdade de Economia da UFF e participa do Programa de Pós-Graduação em Economia (PPGE) da UFF. Trabalhou como assessora econômica no Ministério do Planejamento.

Luis Felipe Giesteira, bacharel (UFRGS), mestre (UFRGS) e doutor (Unicamp) em economia, é desde 1997 membro da carreira de Especialista em Políticas Públicas e Gestão Governamental. Nesse cargo, ocupou funções em diversos governos nos Ministérios da Indústria, Fazenda, Saúde, Defesa e na Casa Civil, em assessoria econômica ou direção superior. Em 2019, assumiu a Coordenação de Estudos em Governança Internacional (Cogin/Dinte) do Ipea. Além desse tema, dedica-se desde então ao estudo do complexo de defesa e aeroespacial, com ênfase nos seus efeitos sobre o desenvolvimento tecnológico.

Luiz Carlos Bresser-Pereira é professor emérito da Fundação Getulio Vargas, onde leciona desde 1959, editor do *Brazilian Journal of Political Economy* desde 1981, e, desde dezembro de 2019, membro fundador da Comissão Arns de Defesa dos Direitos Humanos. Foi secretário de Governo do governador Franco Montoro (1985-86), ministro da Fazenda do governo José Sarney (1987), ministro da Administração Federal e Reforma do Estado no governo Fernando Henrique Cardoso (1995-98), e ministro da Ciência e Tecnologia. Desde 2001, vem construindo uma economia política e uma macroeconomia do desenvolvimento, o Novo Desenvolvimentismo. É autor de muitos livros, entre os quais, *A construção política do Brasil* (2014), *Macroeconomia desenvolvimentista* (com José Luis Oreiro e Nelson Marconi, 2016), *Em busca do desenvolvimento perdido* (2018).

Luiza Nassif-Pires é pesquisadora do programa Igualdade de Gênero e Economia e professora dos programas de pós-graduação em teoria econômica e políticas públicas do Levy Economics Institute do Bard College e pesquisadora associada ao Made-USP (centro de pesquisa em macroeconomia das desigualdades — FEA/USP). Seus interesses de pesquisa são economia política intersecional, economia do cuidado e teoria da reprodução social, teoria dos jogos e métodos de insumo-produto. Possui bacharelado em economia e mestrado em economia pela Universidade Federal do Rio de Janeiro, e PhD em economia pela The New School for Social Research.

Manoel Pires é pesquisador associado da FGV/IBRE. Leciona macroeconomia e métodos quantitativos no Mestrado Profissional em Economia e Finanças da FGV e na UnB. Coordena o Observatório de Política Fiscal do IBRE. Foi Secretário de Política Econômica no Ministério da Fazenda e Chefe da Assessoria Econômica do Ministério do Planejamento. Possui doutorado na UnB, mestrado na UFRJ e graduação pela UFF, todos em economia.

Nelson Marconi é professor de economia nos cursos de administração pública da FGV/Eaesp. Foi pesquisador visitante no Center for International Development da Kennedy School of Government na Universidade de Harvard. É coordenador do Fórum de Economia da FGV e do Centro de Estudos do Novo Desenvolvimentismo (CND), vinculado à FGV/Eaesp, e foi coordenador do programa de governo de Ciro Gomes nas eleições de 2018.

SOBRE OS AUTORES

Paulo Gala é graduado em economia pela FEA-USP. mestre e doutor em economia pela Fundação Getulio Vargas em São Paulo. Foi pesquisador visitante nas Universidades de Cambridge (UK) e Columbia (NY). É professor de economia na FGV-SP desde 2002. *Brasil, uma economia que não aprende* é seu último livro, escrito em parceria com André Roncaglia.

Roberto Andrés é urbanista e professor da UFMG. Pesquisa cidades, política e clima. Foi um dos fundadores da revista *Piseagrama* e da iniciativa Nossa América Verde. É colaborador da revista *Piauí*. Coorganizou os livros *Urbe urge* (Bdmg Cultural), *Escavar o futuro* (Fundação Clóvis Salgado) e *Guia morador* (Piseagrama).

Rodrigo Octávio Orair é economista pela Universidade Federal de Minas Gerais (UFMG, 2002) e mestre em teoria econômica pela Universidade Estadual de Campinas (Unicamp, 2006). É pesquisador do Instituto de Pesquisa Econômica Aplicada (Ipea) e pesquisador associado ao International Policy Centre for Inclusive Growth (IPC-IG). Exerceu o mandato de diretor da Instituição Fiscal Independente do Senado Federal. Especialista em macroeconomia e política fiscal, tendo publicado inúmeros estudos em tópicos relacionados com as finanças públicas nos níveis central e subnacional, assim como sobre as relações entre finanças públicas, distribuição de renda e desenvolvimento. Foi agraciado com inúmeros prêmios acadêmicos, como o primeiro lugar por quatro vezes no Prêmio Tesouro Nacional e o primeiro lugar por duas vezes no Prêmio SOF de Monografias.

Tulio Chiarini é analista em ciência e tecnologia (C&T) (área: gestão pública em C&T), atualmente lotado no Centro de Pesquisa em Ciência, Tecnologia e Sociedade do Instituto de Pesquisa Econômica Aplicada (Ipea). Possui títulos de bacharelado em ciências econômicas pela UFMG; mestrado em economia (ênfase em economia do desenvolvimento) pela UFRGS; mestrado em *management, innovazione e ingegneria dei servizi* pela Scuola Superiore Sant'Anna; e doutorado em ciências econômicas (ênfase em teoria econômica) pela Unicamp. Realizou estágio pós-doutoral no Istituto di Ricerche sulla Popolazione e le Politiche Sociali (IRPPS) do Consiglio Nazionale delle Ricerche (CNR). Contato: tulio.chiarini@ipea.gov.br.

Uallace Moreira é doutor em desenvolvimento econômico pelo Instituto de Economia da Universidade Estadual de Campinas (IE/Unicamp). Foi consultor do Banco Interamericano de Desenvolvimento (BID), pesquisador visitante do Korea Institute for International Economic Policy (Kiep), pesquisador convidado do Russian Institute for Strategic Studies (Riss), pesquisador visitante do Instituto de Pesquisa em Econômica Aplicada (Ipea) e pesquisador da Escola Superior do Ministério Público da União (Espmu). Atualmente é consultor do United Nations/Economic Commission for Latin America and the Caribbean Brazil e consultor do Centro de Gestão e Estudos Estratégicos (CGEE). É professor adjunto da Faculdade de Ciências Econômicas da Universidade Federal da Bahia (FCE/UFBA). Tem experiência nas áreas de economia internacional, organização industrial e inovação, economia brasileira, com ênfase em estudos sobre o setor externo e desenvolvimento industrial do Brasil e da Coreia do Sul.

Este livro foi impresso nas oficinas gráficas da Editora Vozes Ltda.,
Rua Frei Luís, 100 – Petrópolis, RJ.